핀테크,
기회를 잡아라

핀테크, 기회를 잡아라

— FinTech —

정유신 · 구태언 지음

한국경제신문

새로운 금융의 시대가 온다

핀테크가 금융시장의 화두가 된지도 1년여가 지났다. 그동안 핀테크란 이름으로 다양한 서비스가 소개되고, 포럼 발표와 지상에서의 활발한 의견 개진, 핀테크업체 창업도 꽤 늘어나서 나름 붐이 조성되고 있기는 하다. 그러나 사석에서 지인을 만나면 "핀테크, 그거 지급결제 말하는 것 아닌가?"라든가 "신용카드, 체크카드로도 충분히 편리하고 빠른데 왜 핀테크가 필요한 것인가?" 등의 질문이 아직 많다. 왜 그럴까. 아무래도 핀테크^{FinTech}란 용어의 뜻이 아직 모호하고 범위 또한 너무 넓기 때문이 아닌가 싶다. 어떻게 하면 핀테크를 쉽게 이해할 수 있을까. 핀테크는 Finance의 Fin과 Technology의 Tech를 합쳐서 보통 금융과 IT기술의 결합이란 뜻이라고 한다. 그러나 이래서는 최근 붐을 일으키고 있는 핀테크 현상을 이해하기에는 뭔가 조금 부족한 듯하다. 이제껏 나온 웬만한 금융 서비스치고 IT기술과 결합되지 않은 게 거의 없었기 때문이다.

부족분을 채우려면 어떤 용어가 필요할까. 개인적으론 '금융의 인터넷화' 또는 '금융의 모바일화'로 이해하면 도움이 되지 않을까 한다. 우리가 알게 모르게 금융 현상과 금융의 개념이 통째로 바뀌고 있기 때문이다. 그동안 우리가 익숙하게 마주했던 금융은 은행 지점이나 증권사 객장과 같은 영업점, 그곳에서 고객에게 상품을 설명해주는 직원, 그리고 건물 밖에 걸어둔 금융회사의 간판 등이다. 그러나 인터넷의 발달, 특히 모바일 시대가 되면서 금융의 개념에 대해 다시 생각해야 할 때가 되고 있다. 영업점은 모바일 스마트폰으로, 금융회사 직원은 스마트폰에 내장된 핀테크(금융IT) 서비스로, 금융회사는 다양한 핀테크 서비스를 종합적으로 제공하는 IT 플랫폼으로 대치되고 있기 때문이다. 한마디로 인터넷과 모바일이 발달하면 금융의 인터넷화·모바일화가 빠르게 진행되어 내 손안에 영업점과 금융 서비스, 금융회사를 쥐고 있을 수 있다는 얘기다.

앞으로는 금융 일과를 대부분 스마트폰으로 할 수 있다. 서둘러 출근하며 엠페사 결제 앱으로 딸에게 용돈을 보내고, 내 주식을 관리해주는 로봇 매니저에 어제 뉴욕 주가를 입력해둔다. 회사에선 트랜스퍼와이즈로 환전 부담 없이 해외 송금을 처리하고, 퇴근길에 크라우드 펀딩 사이트에서 신제품 제작자금을 조달한다. 이쯤 되면 개인, 기업의 금융 일과는 꽤 효율적일 것 같다. 우리가 먹고 자는 시간을 빼고 하루 중 약 10시간의 생산 활동을 한다고 하자. 만약 핀테크 활용으로 30분만 절약한다 해도 무려 5%의 생산성이 향상된다. 영업이익률 10% 내기도 어려운 우리 기업들, 일본과 중국 사이에 껴서 성장률 3%도 버거운 대한민국 정부 입장에서 곰곰이 생각해볼 일이다.

이미 세계 금융시장은 핀테크가 대세다. 새로운 산업성장을 선도하는 미국의 실리콘밸리는 물론, 세계 금융 일번지인 뉴욕 맨해튼과 영국 런던에서 은행과 투자은행들이 핀테크업체에 앞다퉈 투자하고 이노베이션 랩을 운영하고 있다. 도이치뱅크는 이미 500여 개 이상의 핀테크업체에 투자했다고 하며, 시티은행은 미국, 유럽, 아시아에서 유망 핀테크업체를 발굴하고 있다.

금융낙후국으로 알려졌던 중국은 우리를 더 놀라게 하고 있다. 전자상거래업체로 알려졌던 알리바바가 8개월 만에 결제상품 '알리페이'를 활용해 펀드 하나로 100조 원을 끌어 모으는가 하면, 알리바바, 텅쉰Tencent 등 인터넷업체들이 은행업에 진출하고 있다. 특히 최근 들어서 개인 간 대출을 중개하는 P2P 대출 붐이 대단하다. 한 달에 P2P 대출만 20조 원, 연간 250조 원, P2P 대출회사가 1,600개라고 한다. 2014년 뉴욕에 상장돼서 선풍적 인기를 끌었던 렌딩클럽을 무색하게 할 정도다.

이러한 글로벌 추세는 우리에게 무엇을 말하고 있는 것일까. 이미 글로벌 금융회사들은 핀테크 즉, 금융의 인터넷·모바일화를 미래 트렌드로 보고 '새로운 금융'을 준비하고 있다는 의미다. 리테일(소매금융)을 철수·축소하고 있는 외국 은행들이 핀테크로 재무장한 디지털뱅크로 탈바꿈할 날도 멀지 않았다고 본다.

물론 우리도 금융당국을 중심으로 금융회사들과 핀테크업체들이 발 빠른 대응을 하고 있다. 금융위원회의 핀테크 활성화 대책에 발맞추어 은행 등 금융회사들마다 핀테크 지원센터를 만들고 업체 발굴에 힘쓰고 있다. 그러나 세계의 인터넷·모바일 금융의 변화 속도를 보면 시간이 많이 남지 않은 것 같다. 우리도 보다 적극적인 노력과 핀테크 붐 조성이 필요하다는 생각에서 부족하지만 긴 글을 쓰게 되었다. 본문의 1~5장과 7장은 정유신 본인이, 6장은 핀테크 관련 법률 해석과 정책 수립으로 유명하신 구태언 변호사가 맡아주셨다. 구태언 변호사께 깊은 감사를 드린다.

또 이 책이 나오기까지는 많은 분들의 도움을 받았다. 금융위원회 임종룡 위원장님, 도규상 국장님, 김동환 과장님, 윤덕기 사무관님, 송현지 사무관님을 비롯한 관계자 여러분, 금융업계를 이끌고 계신 은행연합회 하영구 회장님, 금융투자협회 황영기 회장님, 생명보험협회 이수창 회장님, 손해보험협회 장남식 회장님, 여신금융협회 김근수 회장님, 저축은행중앙회 최규연 회장님, 핀테크 지원센터를 꼼꼼히 챙겨준 손정환 팀장님, 코멘트와 아이디어로 도와주신 박수용, 이군희, 김용진, 현대원, 이석근, 인호, 박세현 교수님께 감사의 말씀을 드린다. 또한 벤처업계 때부터 늘 격려해주시는 엔젤투자협회 고영하 회장님, 이민화 카이스트 교수님, 스타트업얼라이언스 임정욱 센터장님, Level39 천재원 대표님께도 감사 말씀을 드린다. 박소영, 김우섭, 황승익, 박상영, 배재광, 윤완수, 송치형, 구교식, 김태훈 대표님은 핀테크 업계의 현실을 자세히 코멘트 해주셨다. 자료 정리에 애쓴 배지후 조교와 김유림 조교, 출판을 적극 도와주신 한경BP 고광철 사장님과 출판사 관계자 여러분, 끝으로 핀테크 프로젝트를 처음 격려해 주신 박종수 전 금융투자협회장님께 깊은 감사의 마음을 전한다.

정유신

핀테크, 기회를 잡아라

차례

저자의 글 | 새로운 금융의 시대가 온다

CHAPTER 1

핀테크,
일상을 바꾸다

핀테크가 바꿔놓은 세계인의 일상

—

정보기술IT을 기반으로 한 새로운 형태의 금융 기술인 핀테크FinTech 가 본격적으로 시작되면 우리 일상은 어떻게 변할까? 미국인 소설 가 윌리엄 깁슨William Gibson은 "미래는 이미 와 있다. 단지 널리 퍼져 있지 않을 뿐"이라고 말했다. 이처럼 핀테크는 사실 이미 와 있다. 미국, 중국, 영국 등지에서 각기 다른 모습으로 발전해 현실에 뿌리 를 내리고 있는 중이다. 핀테크의 미래는 세계 곳곳에 흩뿌려져 있 지만 머지않아 널리 퍼져 우리의 자연스러운 일상이 될 것이다. 먼 저 핀테크가 지금 어떻게 하루를 만들어놓고 있는지 한번 세계인의 일상을 들여다보기로 하자.

오전 07:00 케냐 대학교 기숙사

핸드폰 번호가 은행 계좌가 되는 케냐의 '엠페사'

21세 망고 제인 앙가르는 세인트존슨대학교 대학생이다. 새학기를 맞아 기숙사에 입소한 그녀는 아직 등록금을 납부하지 못했다. 고향 에 있는 어머니에게 등록금과 용돈을 보내 달라는 문자를 보냈다.

어머니는 핸드폰을 열었다. 어제 휴대폰 결제 서비스를 제공하는 엠페사M-Pesa 대리점에 방문해 등록금을 낼 수 있을 만큼 핸드폰 요금을 충전해놓았다. 엠페사는 케냐 최대의 통신사인 사파리콤Safari-com(영국 통신사 보다폰의 자회사)이 제공하는 금융 서비스다. 이 엠페사 서비스를 이용하면 핸드폰 번호는 은행 계좌처럼 사용되고, 문자를 통해 송금도 할 수 있다. 그녀의 어머니는 〈＊150＊00#→SEND MONEY→학교 엠페사 번호→이체 금액→학생 고유 번호→1〉의 순서대로 버튼을 눌러 간단하게 등록금을 납부했다.

같은 방식으로 어머니는 문자를 보내 딸의 핸드폰 계좌로 용돈을 입금한다. 망고 제인 앙가르는 돈이 입금되었다는 확인 문자를 받았다. 오후에 학교에서 5분 거리에 있는 엠페사 대리점을 방문해 계좌에 있는 돈을 현금으로 인출할 계획이다.

은행이 발전하지 않은 케냐에서는 엠페사 서비스가 출시되기 전에는 등록금을 제때 납부하는 것이 너무 어려웠다. 고향에 있는 부모가 장롱 안에 숨겨둔 돈을 챙겨 고속버스 기사에게 맡기면, 그 기사로부터 돈을 전해받는 식이었다. 그런데 핸드폰 문자로 송금할 수 있는 엠페사 서비스가 출시되면서 등록금 납부가 매우 쉬워지게 된 것이다.

오전 11:00 베이징 오피스
자투리 돈으로 펀드에 투자하는 중국의 머니마켓펀드 '위어바오'

43세 왕마오 씨는 업무에 몰두하다 커피를 마시려고 자판기로 향했다. 커피 한 잔을 뽑아 한 모금 마시며 온라인 전용 펀드 위어바오余

^{額宝} 계좌에 접속했다. 30대 후반에 주식에 투자했다가 돈을 날린 적 있는 왕마오 씨는 다시는 주식에는 손을 대지 않겠다고 결심했었다. 버는 돈은 고스란히 은행에만 넣어뒀는데, 은행 금리가 3%대에 불과해 다른 방법이 없을까 고민하던 차에 머니마켓펀드^{MMF}와 유사한 위어바오를 알게 된 것이다.

신용카드처럼 매일 사용하는 온라인 결제 서비스 알리페이^{Alipay} 계좌에 남아 있는 소액을 이체하는 것만으로도 투자가 가능하고, 또 자유롭게 언제든 넣고 뺄 수 있다 해서 3천 위안의 소액으로 투자를 시작했다. 그런데 수익률이 5%대로 높아 첫 거래부터 만족스러웠다. 은행에 가만히 돈을 묵혀두는 것보다 좋은 것 같아 투자금을 조금씩 늘려나간 것이 벌써 5만 위안이다. 수익률을 가만 따져보니 5.5%나 되었다. 오늘의 용돈벌이는 했다는 흡족한 마음으로 사무실 자리로 돌아가 앉았다.

오후 12:30 뉴욕 점심시간

더치페이에 최적화된 미국의 간편 송금 서비스 '벤모'

26세 제니퍼는 점심시간이 되자 동료들과 함께 점심을 먹으러 나섰다. 오늘은 팀원 데이비드의 생일이다. 때문에 건물 꼭대기 층에 새로 생긴 스시 집에서 맛있는 점심을 먹으며 동료의 생일을 축하해주기로 했다. 팀원들은 스시를 종류대로 시켜 나눠 먹었다. 맛있는 음식과 더불어 유쾌한 이야기를 주고받은 즐거운 시간이었다.

계산은 늘 꼼꼼한 제니퍼의 몫이다. 제니퍼는 자신의 카드로 먼저 점심 값을 계산한 뒤 벤모^{Venmo}를 켰다. 벤모는 간편 송금이 가능한 애플리케이션이다. 젊은이들 사이에선 더치페이 애플리케이션으로 통하기도 한다. 제니퍼는 이 벤모에 점심 먹은 동료 4명을 초대했다. 그러고는 점심 값이 90달러가 나왔고, 1인당 16달러씩을 내면 된다고 공지한다. 더불어 "데이비드, 다시 한 번 생일 축하해. 저녁에는 가족들과 즐거운 시간 보내"라는 메시지도 남긴다.

동료들은 벤모 계좌에 입금해놓은 돈으로 한푼의 수수료도 지불하지 않고 아주 간편하게, 그것도 단 3초 만에 송금을 완료했다. 제니퍼는 해당 이벤트 상태를 '공개'로 표시해둔다. 데이비드 생일 축하를 위해 함께 스시 집에서 밥을 먹고 즐거운 시간을 보냈다는 것을 벤모를 사용하는 다른 지인들에게 알리기 위함이다.

오후 03:30 서울 수제맥주 가게
다수 투자자들에게 돈을 빌리는 한국의 P2P 대출 플랫폼 '8퍼센트'

이태원에서 수제맥주 가게를 운영하는 37세 김성후 씨는 가게가 날로 번창해 부산 해운대로 매장을 확장할 계획을 세웠다. 그런데 이미 금융권 대출이 꽉 차 있어서 추가 대출을 받을 여력이 되지 않았다. 사금융을 이용하자니 금리가 20%대로 높아 엄두가 나지 않았다.

그러다 김성후 씨는 다수의 투자자들에게 돈을 빌릴 수 있는 P2P peer to peer 투자 플랫폼 8퍼센트 서비스를 알게 되었고, 그곳에서 대출을 신청했다. 5천만 원을 연금리 10%로 12개월 동안 빌리고, 매월 25일 원리금을 균등상환하는 조건이었다. 수제맥주에 대한 애정 그리고 지난 3년간 가게를 알차게 운영해온 실적, 새로이 낼 매장에 대한 비전 등을 제시하며 대출을 요청했다. 좋은 목적을 가진 가게에 투자를 할 수 있고 은행에 예금하는 것보다 금리가 훨씬 높다는 이점이 있기에 사람들은 앞다퉈 투자하겠다고 나섰다. 투자 신청을 받은 지 8분 만에 5천만 원이라는 투자 목표가가 달성되었다. 게다가 돈을 대출받는 과정에서 수제맥주 가게 이름을 알리는 마케팅 효과까지 얻을 수 있었다.

오후 05:00 서울 바이어 접대
환전 없이 애플리케이션으로 결제하는 중국의 '알리페이'

33세 김현철 씨는 중국인 고객사와 미팅이 잡혔다. 명동 롯데호텔 카페에서 미팅을 진행했다. 이미 수십 통의 메일을 주고받은 터라 많은 것들이 확정되어 있었다. 서로 준비를 철저하게 한 덕분에 1시간도 채 안 되어서 미팅은 잘 마무리가 되었다. 계획보다 미팅이 일찍 끝나자 바이어 위엔위예 씨는 중심가인 명동을 좀 구경시켜줄 수 있겠냐고 물어왔다. 그렇게 해서 함께 명동 투어에 나서게 되었다.

국내 유명 화장품 매장에 들어선 위엔위예 씨는 아내에게 선물해야겠다며 주름 개선 제품을 골라 계산대로 향했다. 계산대 앞에서 위엔위예 씨는 지갑을 꺼내는 대신 스마트폰을 꺼내 결제 애플리케이션인 알리페이를 작동시켰다. 알리페이 앱을 단말기에 대자 띠익, 하고 결제가 바로 이뤄졌다. 위엔위예 씨는 '환전을 많이 해오기는 부담스럽고, 카드 결제를 하면 수수료가 많아 부담이 되는데 중국에서 늘 쓰던 알리페이를 서울에서도 간편하게 사용할 수 있어 좋다'며 흐뭇한 미소를 머금고 매장을 나섰다.

인터넷으로 대중에게 사업 투자를 받는 미국의 크라우드 펀딩 '킥스타터'

28세 페리 첸 씨. 거실 소파에 앉아 TV를 보는데 대학교 동창에게서 전화가 왔다. 평소 창업을 꿈꾸던 친구였다. 직장인이지만 동창 모임만 가면 무슨 사업이 좋을지 목소리를 높이던 친구였다. 열정이 많고 추진력이 있어 자기 사업을 잘 해낼 친구였다. 그 친구가 이번에 회사를 그만두고 오래된 빈티지 기름통을 이용해 기타를 만드는 사업을 준비 중이라고 했다. 크라우드 펀딩 Crowd Funding 사이트 킥스타터 Kick Starter에서 자금을 모으는 중이니 소액이라도 투자하는 게 어떻겠느냐 제안해왔다. 총 5만 달러를 모으고 있는데 크라우드 펀딩을 이용하면 개인들에게서 십시일반으로 투자금을 모을 수 있다는 것이다.

투자금은 2년 후에 상환 요청을 하거나 지분으로 받을 수 있다고 했다. 상환 요청을 하면 연이율 7%로 상환하고, 지분은 기업가치를 평가해 나눠준다고 했다. 평소 음악을 무척이나 좋아했던 페리 첸 씨는 투자해야겠다는 결심이 섰다. 좋아하는 친구라 돕고 싶었는데 투자금도 회수할 수 있다니 나쁠 게 없었다. 이왕이면 기타도 한 대 사기로 마음먹었다. 인터넷으로 바로 킥스타터에 접속해 5천 달러를 투자했다.

트렌드가 아니라 혁명이다

핀테크는 금융 Finance과 기술 Technology의 융합이며 기술이 주도하는 금융거래 혁명이다. 이 혁명은 기존 시스템의 파괴를 통해 일어난다. IT 기술은 금융을 혁신하고 파괴하고 있다. 금융과 기술의 융합은 이전에도 있어 왔지만, 과거에는 금융의 주도 아래 기술이 이용됐었다. 인터넷뱅킹, ATM 기기, 신용카드 등이 바로 금융기관의 필요에 따라 기술이 사용된 사례다. 이제는 온라인 전용 은행, 크라우드 펀딩, 모바일 결제 등 기술이 독자적으로 금융의 영역을 개척하며 선도하고 있는 추세다.

영국의 역사학자 아놀드 조셉 토인비Arnold Joseph Toynbee는 모든 인류 문명은 생성, 발전, 쇠퇴를 겪는다고 했다. 새로운 '도전'에 성공적으로 '응전'한 문명만이 살아남아 꽃필 수 있다. 애플이 스마트폰 '아이폰'으로 휴대폰 시장에 도전했을 때 응전에 성공하지 못한 노키아는 패망하고 말았다. 반면 갤럭시로 응전한 삼성은 현재 애플과 함께 시장을 견인하고 있다.

기술의 도전에 금융 역시 적극 응전하는 중이다. 금융회사는 핀테크 IT 기업과 제휴를 맺거나 인수를 추진하고 있으며, 사내 핀테크 부문을 강화하는 등 혁신에 돌입했다. 글로벌 컨설팅 기업 액센추어Accenture의 줄리안 스칸 이사는 '핀테크는 은행의 가치사슬Value Chain을 파괴할 것이다. 은행은 비즈니스모델에 도전을 받고 있다'고 말했다.[1] 기술과 융합한 금융이 앞으로 더 투명하고 편리하고 저렴하며 사용자 참여가 가능한 형태로 진화할 것임은 분명하다.

---

[1] 파이낸셜타임즈, 〈Investment in financial technology groups triples to $12bn in year〉, (2015. 03. 26).

그림 1 ··· 은행의 미래[2]

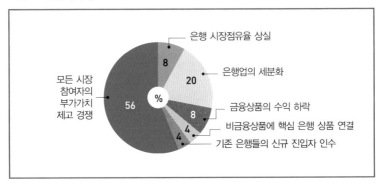

그럼 금융업 종사자들의 체감 온도는 어떨까? 액센추어는 금융업 임원 25명에게 핀테크의 출현에 대해 얼마나 준비되어 있는지, 그리고 과연 기존 시장을 얼마나 잠식할 것인지를 물었다. 응답자 중 56%는 더 큰 가치를 창출할 수 있을 것이라 답한 반면, 40%는 시장점유율을 잃거나 이익률이 줄어들 것이라며 염려의 의견을 내놓았다.

금융업은 진입 장벽이 높다는 특성상 내부 혁신이 크지 않았다. 소비자의 니즈에 적극 대응하기보다 기존 방식에 안주해온 것이다. 반면 아마존, 알리바바, 구글, 삼성, 애플 등 혁신이 DNA인 IT 기업들은 정체된 금융업에서 기회를 보고 신시장 개척에 나섰다. 아마존의 '아마존 페이먼트Amazon Payment', 알리바바의 '알리페이', 구글의 '구글 월렛Google Wallet', 삼성의 '삼성페이', 애플의 '애플페이Apple

---

2 액센추어 보고서, 〈The Future of Fintech and Banking: Digitally disrupted or reimagined〉.

Pay'를 비롯한 신개념 금융 서비스가 최근 10년 사이 잇따라 출시되었다.

금융은 IT 기업의 격전지가 되어가고 있다. 금융시장의 취약점에 IT의 강점을 접목한 핀테크는 다음과 같은 4가지 특성을 지닌다.

간소화(Simplify)

편리함을 추구하는 것은 인간의 본능이다. 핀테크는 '돈 좀 편하게 쓰고 싶다'는 소비자들의 강력한 요구에서 시작되었다. 성공한 모든 혁명이 그러하듯 핀테크 역시 대중의 필요가 응축됐을 때 등장했다. 지금까지의 금융거래 방식은 너무나 번거롭고 어려웠다. 인터넷으로 물건 하나 사려다 화가 나서 노트북을 던질 뻔했다는 얘기를 주위로부터 심심찮게 들었을 것이다. 핀테크는 간편하게 결제하는 솔루션을 발명해 소비자들을 블랙홀처럼 빨아들이고 있다.

핀테크의 원조는 미국의 온라인 결제 서비스 페이팔Paypal이다. 페이팔은 가상의 거래소다. 소비자가 페이팔 가상계좌에 돈을 넣어두면 판매자가 이곳에서 돈을 찾아간다. 자신의 개인정보를 판매자에게 노출하지 않아도 거래가 이뤄진다. 신용카드 본인인증을 통해 페이팔 계정을 만들고 나면 그 이후부터는 계정 접속만으로도 간편하게 결제할 수 있어 매우 편리하다. 페이팔 계정끼리 송금, 입금, 청구도 가능하다. 페이팔은 미국인들의 삶에 깊숙이 자리 잡았을 뿐 아니라 전 세계인들 역시 미국과 거래할 때 즐겨 사용한다.

미국에 페이팔이 있다면, 중국에는 알리페이가 있다. 온라인 지갑인 알리페이에 돈을 충전하거나 신용카드를 연동해두면, 손쉽게 온 · 오프라인 거래를 할 수 있다. 인터넷과 스마트폰 거래뿐 아니라 세금 납부, 대출, 펀드 가입 등 전방위 금융거래가 가능해 중국인 5명 중 3명이 사용한다.

가상(Virtual)

은행 없는 은행이 점차 늘어난다. 핀테크는 오프라인 지점 없이 오직 온라인에만 존재하는 '인터넷 전문은행'을 만들어내고 있다. 온라인 금융 서비스는 오프라인 지점 운영에 따르는 비용을 절약할 수 있기 때문에 저렴한 비용으로 서비스 제공이 가능하다.

한 예로, 뉴욕에서 시작된 핀테크 스타트업 온덱 OnDeck은 오프라인 매장을 운영하지 않는 P2P 대출중개업체다. 온덱은 까다로운 심사 절차 및 기준 그리고 대출을 받기까지 소요되는 긴 시간 탓에 기존 금융기관에서 대출을 제때 받지 못하는 자영업자들을 주요 고객으로 삼고 있다. 온덱은 수 분 안에 대출 가능 여부를 판단하고 24시간 내에 대출금을 입금해준다. 온덱은 자체 개발한 알고리즘을 통해 대출 신청자의 금융거래 내역, 현금 흐름, SNS 활동 등을 신속하게 분석한다. 온덱은 2014년 한 해에만 약 1억 5,800만 달러의 수입을 올렸으며 그 성장 잠재력을 인정받아 2014년 12월 뉴욕증시 상장에 성공했다.[3]

2009년 발행을 시작한 '비트코인 bitcoin'은 가상 디지털 화폐다.

---

3 CROWDFUND INSIDER, 〈OnDeck Reports Loan Origination of $369 Million for Q4; $1.2 Billion for 2014〉. (2015. 02. 25).

비트코인은 특정 개인이나 회사, 국가 등에서 발행하거나 관리하지 않는다. 전 세계 누구나 인터넷을 통해 비트코인을 채굴하고 다른 이와 자유롭게 거래할 수 있다. 환전을 거치지 않고도 다른 나라에서 쓰일 수 있다는 점 그리고 기존 금융기관을 필요로 하지 않아 별도의 수수료가 발생하지 않는다는 점에서 그 잠재력이 주목받고 있다. 개인정보 없이도 비트코인 계좌를 개설할 수 있어 익명성 또한 보장된다. 주로 유럽과 북미 지역에 비트코인 사용처가 몰려 있으며 아시아, 남미, 중동 등으로도 비트코인 결제가 점차 확대되는 추세다.

모바일(Mobile)

핀테크의 성장을 이끈 원동력 중 하나는 스마트폰의 등장이다. 모바일 금융은 과거 온라인 콘텐츠를 대상으로 하는 휴대폰 소액결제에서 시작되었다. 거래의 결제 수단에서 시작한 모바일 금융은 1990년대 말 모바일뱅킹 서비스의 개시와 함께 본격화됐고, 거래의 보조 수단이 아닌 하나의 산업으로 진화해왔다. 보험, 선물, 카드 등 다양한 분야의 금융산업이 모바일로 속속 진입했으며 스마트 기기의 보급과 함께 이전과는 비교할 수 없을 정도로 빠르게 성장 중이다. 오늘날에는 라이프스타일이 스마트폰을 중심으로 재편되면서 금융거래의 무게 중심도 모바일로 옮겨지고 있다.

'알리페이로 결제하면 바로 세금이 환급됩니다'. 중국 기업은 서울 명동 지하철역에서 중국인 관광객들을 대상으로 이렇게 '알리페이'를 광고한다. 중국인들은 명동에서 양손 가득 쇼핑을 하고 스마트폰에 내장된 알리페이로 결제를 한다. 알리페이 바코드를 매장 내 단말기에 찍으면 결제가 손쉽게 진행된다. 환전하지 않아도 한국 물건을 살 수 있기 때문에 중국인들은 알리페이 결제를 선호하는 것이다.

애플은 아이폰, 아이패드, 애플 워치 등 애플 기기로 결제하는 애플 금융 생태계를 만들고 있다. 애플은 '애플페이'를 출시하며 '지갑 없는 당신의 지갑'이라는 슬로건을 내세웠다. 상점에서 결제하기 위해 지갑을 찾고 카드를 꺼내느라 시간을 허비할 필요가 없다고 말한다. 애플페이는 'NFC Near Field Communication(근거리 무선 통신)'와 '지문 인식' 기술을 기반으로 하고 있다. 애플페이 단말기가 설치된 상점에서 물건을 사고 아이폰 홈버튼에 지문을 인식시키기만 하면 결제가 바로 이뤄진다.

광장(Square)

핀테크는 금융거래의 광장이다. 지금까지 거대 금융기관들이 금융 업무를 독점해왔다면, 핀테크는 누구나 금융거래의 주체로 참여할 수 있는 광장을 만든다. 소셜펀딩이라고도 일컬어지는 크라우드 펀딩은 '대중으로부터 자금을 모은다'라는 뜻으로 주로 온라인을 통해 익명의 다수에게서 투자를 받는 방식이다. 2002년 시작된 미국의 크라우드 펀딩 사이트 킥스타터 또한 스타트업들이 아이디어를 사이트에 올리면 관심 있는 대중들이 십시일반 후원하는 플랫폼이다. 2014년 한 해만 해도 킥스타터에서 22,252개의 프로젝트가 성공적으로 펀딩을 받았으며, 전 세계에서 약 330만 명이 펀딩에 참여해 총 529억 달러가 투자되었다.[4]

대출형 크라우드 펀딩 기업 렌딩클럽Lending Club은 돈을 빌려주고 싶은 사람과 돈을 빌리고 싶은 사람을 온라인으로 이어준다. 대출 희망자가 금융기관에 의존하지 않고 투자자를 만날 수 있는 플랫폼 이다. 기존에는 금융권에서 대출을 받지 못하는 이들은 어쩔 수 없 이 고금리를 감수하면서까지 대부업체를 찾아야만 한다. 렌딩클럽 의 서비스는 은행 대출 문턱을 넘지 못하는 대출 희망자들에겐 저금 리 대출이라는 장점을, 개인 투자자들에게는 고수익이라는 장점을 선사한다. 2014년 12월 렌딩클럽은 창업 7년 만에 뉴욕증권거래소 에 상장되었다. 시장조사기관인 리서치앤드마켓은 2025년 P2P 시 장 규모를 1조 달러(약 1천 조 원)로 전망하고 있다.[5]

글로벌 머니가 주목하는 핀테크 시장

돈은 미래 가능성을 향해 흐른다. 핀테크 부문의 글로벌 투자는 2008년 9억 3천만 달러[6]에서 2013년 40억 5천만 달러로 꾸준한 성 장세를 나타내다가 2014년 122억 1천만 달러로 전년 대비 3배 이상 으로 가파르게 확대되었다. 이러한 성장세의 배경에는 핀테크 기술

4 www.kickstarter.com, 〈2014: By The Numbers〉.

5 비즈니스와이어, 〈Research and Markets: Peer-to-Peer Lending 2014-2025: International Regulation, Platforms and Market Analysis of the Future Trillion Dol­lar Industry〉. (2015. 10. 13).

6 액센추어 보고서, 〈The Boom in Global Fintech Investment〉.

그림 2 ··· 핀테크 투자 7년 성장률(2008~2014)[7]

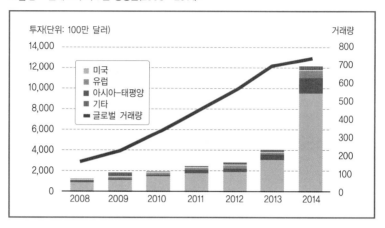

의 혁신과 관련 규제의 개혁, 핀테크에 대한 소비자 수요의 변화 등
이 자리하고 있다. 핀테크는 더욱 빠른 속도로 진화하면서 우리 삶
에 깊숙이 침투할 것으로 전망된다.

핀테크산업은 국제금융의 중심지인 미국 그리고 전통 금융 강국
인 영국과 유럽, 또 ICT산업이 급성장하고 있는 중국에서 급속히 발
달하고 있다. 세계적인 컨설팅 회사 KPMG는 핀테크 생태계를 융성
시킬 대표 지역 8곳을 꼽았다. 이에 따르면 핀테크산업을 이끌고 있
는 최대 중심지는 실리콘밸리, 뉴욕, 런던이다. 그 외에 더블린, 베
를린, 텔아비브, 홍콩, 싱가포르, 시드니가 핀테크산업의 잠재력을
내포한 도시들이다. 모두 자원과 인력이 풍부하며 혁신 기업과 창업
가 정신이 발달했다는 공통점을 지니고 있다.

---

7 액센추어 보고서, 〈The Future of Fintech and Banking〉.

그림 3 ⋯ 주요 지역별 핀테크 시장 성장률 [8]

그림 4 ⋯ 핀테크 사업 영역별 투자 비중 [9]　　(단위: %, 출처: 액센추어)

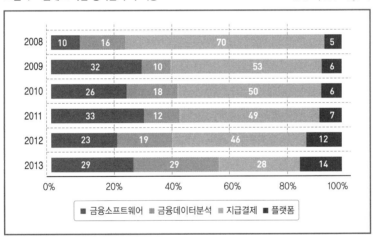

[8] KPMG 보고서, 〈Unlocking the potential: The Fintech opportunity〉.

[9] 액센추어, 유진투자증권, 〈핀테크, 금융에서 본 핀테크, IT에서 본 핀테크〉(2015) 재인용.

핀테크 기업들은 혁신적인 아이디어에 첨단 기술을 더해 새로운 금융 비즈니스모델을 창조해나가고 있다. 핀테크 비즈니스모델은 여러 영역으로 나뉜다. 정보통신 기술을 활용해 수수료가 저렴하고 이용이 편리한 지급결제 서비스를 제공하는 결제·송금 영역, 그리고 사용자들이 투자와 대출 등 금융거래를 할 수 있는 거래 기반을 제공하고 수수료를 받는 플랫폼 영역, 또 개인 내지 기업 고객의 다양한 데이터를 수집·분석해 금융 행위에 유용한 정보를 제공하는 금융 데이터 분석 영역, 정보통신 기술을 활용해 더욱 효율적이고 혁신적인 금융 업무를 수행할 수 있는 소프트웨어와 각종 솔루션을 제공하는 금융 소프트웨어 영역이 바로 그것이다.

산업 초기, 지급결제에 몰려 있던 산업은 다양한 영역으로 확산되고 다변화되고 있다. 액센추어의 자료에 따르면 지급결제 부문 투자는 2008년 전체 핀테크 투자금의 70%를 차지했으나, 2013년 28%로 비중이 크게 낮아졌다. 한편 금융 소프트웨어와 금융 데이터 분석 시장에 대한 투자는 점차 커지고 있다. 2008년 금융 소프트웨어에 대한 투자는 10%, 금융 데이터 분석은 16%에 그쳤었다. 하지만 2013년 전체 핀테크 투자 중 금융 소프트웨어와 금융 데이터에 대한 투자는 각각 29%를 차지해, 두 분야에 대한 투자가 핀테크 전체 투자 규모의 절반을 넘어섰다. 플랫폼 사업에 대한 투자도 커지고 있다. 2008년 5%에 불과했던 투자가 2011년 7%, 2013년 14%로 증가했다.

미국, 독보적 선두

미국은 핀테크 기업 수와 투자 규모 면에서 다른 국가들보다 크게 앞서 있다. 시장의 판도가 변하지 않는 한 미국의 선두는 계속될 전망이다. IT 시장조사업체 벤츠스캐너에 따르면 2014년 기준 일정 규모 이상의 전 세계 핀테크 기업 수는 미국 347개, 영국 57개, 싱가포르 15개, 중국 10개, 홍콩 7개, 일본 4개로 미국이 단연 가장 많은 핀테크 기업을 보유하고 있다. 또한 2013년을 기준으로 글로벌 핀테크 투자의 약 83%가 미국에서 발생했으며, 2014년 1분기에만 약 10억 달러(9억 460만 달러)에 가까운 자금이 미국 핀테크산업에 투자되었다.[10]

미국은 뉴욕이 지닌 금융력과 실리콘밸리가 가진 IT 기술을 기반으로 핀테크산업의 중심지로 자리 잡아가고 있다. 뉴욕은 대형 금융

그림 5 ⋯ 전 세계 핀테크 기업 수[11]

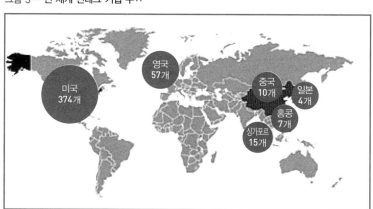

---

10 액센추어, 〈The Rise of Fintech〉.
11 액센추어, 유진투자증권, 〈핀테크, 금융에서 본 핀테크, IT에서 본 핀테크〉(2015) 재인용.

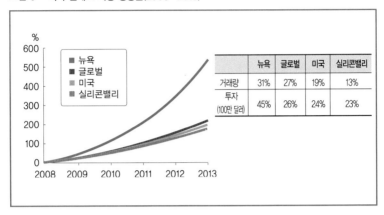

그림 6 … 미국 핀테크 시장 성장률(2008~2013)[12]

	뉴욕	글로벌	미국	실리콘밸리
거래량	31%	27%	19%	13%
투자 (100만 달러)	45%	26%	24%	23%

회사와 IT 기업이 밀집해 있을 뿐 아니라 연방정부, 주정부, 대학 등으로부터의 자금 지원이 원활하다. 뉴욕의 5년(2008~2013) 누적 핀테크산업 성장률은 31%로 실리콘밸리의 성장률 13%를 훨씬 능가한다. 한편 실리콘밸리의 핀테크산업도 풍부한 창업 기업, 벤처캐피털, 전문 인력을 바탕으로 급성장하고 있다.

영국, 유럽의 대표 주자

핀테크 부문 투자 규모는 유럽보다 미국이 훨씬 더 크지만 투자 증가율은 유럽이 앞서 있다. 유럽의 핀테크 시장을 선도하는 것은 단연 영국과 아일랜드다. 핀테크 투자 규모는 2008년 이후 연평균 70% 이상의 성장세를 기록했으며, 영국 정부가 스타트업 전용단지

---

12 액센추어 보고서, 〈The Rise of Fintech, New York's Opportunity for Tech Leadership'〉.

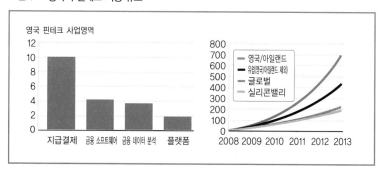

그림 7 ⋯ **영국의 핀테크 시장 규모**[13]

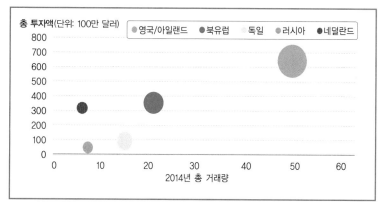

그림 8 ⋯ **2014년 유럽의 핀테크 투자 상위 5개 국가**[14]　　　　(원 크기: 총 거래량)

인 테크시티Tech City에 투자한 금액만도 7억 8,100만 달러다.

2013년 영국의 핀테크 시장 규모는 약 200억 파운드다. 사업 영역별로는 시급결제 영역 100억 파운드, 금융 소프트웨어 42억 파운드, 금융 데이터 분석 38억 파운드, 플랫폼 20억 파운드다.

---

13 한국인터넷진흥원, 〈Industrial Internet Issue Report – Fintech 편〉.
14 액센추어 보고서, 〈The Boom in Global Fintech Investment〉.

IT 기업이 핀테크 시장을 주도하는 미국, 중국과 달리 영국은 대형 은행들이 이끌고 있다. 2012년부터 영국 정부는 모건스탠리, 골드만삭스, 뱅크오브아메리카, 바클레이즈, 시티그룹 등의 대형 금융기관 및 컨설팅업체와 협력해 스타트업 액셀러레이터 프로그램 'The Fintech Innovation Lab'을 운영하고 있다.

무섭게 추격하는 중국

중국의 핀테크 열풍은 찻잔 속 태풍일까, 아니면 금융 혁명의 방아쇠일까. 중국은 핀테크산업을 든든히 받쳐줄 모바일 결제 수요 면에서 세계에서 가장 빠른 성장세를 보이고 있다. 중국 모바일 결제 시장 규모는 2011년 742억 위안(12조 5,200억 원)에서 2012년 1,445억 위안(24조 3,800억 원), 2013년 1조 3,010억 위안(210조 원)으로 대폭 성장했다.

중국 모바일 결제 시장의 성장을 이끌고 있는 것은 바로 전자상거래 포털사이트 '알리바바'가 출시한 '알리페이'다. 온라인 구매는 미리 돈을 내고 사후에 물건을 받는 시스템이다. 하지만 사업자에 대한 불신이 많은 중국 소비자들은 미리 돈을 내는 행위에 대한 두려움이 있었다. 때문에 소비자 돈을 대신 받아뒀다가, 소비자가 물건을 확인한 후 판매자에게 돈을 보내는 알리페이 서비스는 중국인들의 폭발적인 호응을 얻으며 성장했다. 알리페이 결제 금액만 하루 평균 106억 위안(1.2조 원)으로 중국인 하루 소비액의 17%를 차지한다.[16]

알리바바는 기업 간 전자상거래[B2B] 서비스 '알리바바닷컴'뿐 아니

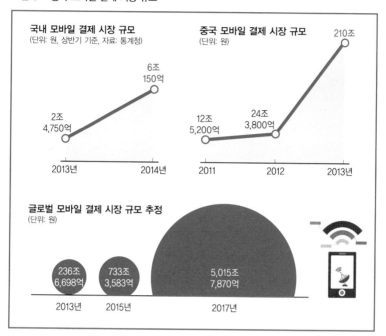

그림 9 ··· 중국 모바일 결제 시장 규모[15]

국내 모바일 결제 시장 규모
(단위: 원, 상반기 기준, 자료: 통계청)

- 6조 150억 (2014년)
- 2조 4,750억 (2013년)

중국 모바일 결제 시장 규모
(단위: 원)

- 210조 (2013년)
- 24조 3,800억 (2012년)
- 12조 5,200억 (2011년)

글로벌 모바일 결제 시장 규모 추정
(단위: 원)

- 236조 6,698억 (2013년)
- 733조 3,583억 (2015년)
- 5,015조 7,870억 (2017년)

라 기업과 소비자 간 전자상거래[B2C] 서비스 '티몰', 소비자 간 전자상거래[C2C] 서비스 '타오바오' 등으로 사업 영역을 확장해 전자상거래 종합쇼핑몰을 구축했다. 전자상거래에서 모바일 비중이 계속 높아짐에 따라 핀테크 시장에서 알리바바의 영향력도 더 커질 전망이다.

핀테크를 기반으로 한 대출과 자산운용 시장도 크게 성장하고 있다. 2015년 모바일 대출 규모는 전년 대비 110% 증가한 5천억 위안(약 90조 원)에 달할 것으로 예상된다. 또한 알리페이에서 2013년에

---

15 세계일보, 〈[S 스토리] 美 페이팔 · 中 알리페이 '빅2' 세계시장 주도〉. (2014. 10. 18).
16 디지털 타임스, 〈[포럼] 핀테크의 등장과 자본시장〉.

출시한 자산운용상품 위어바오는 1년 만에 100조 원 규모를 이뤄 세계 4대 MMF에 선정되었다. 가입자가 9천만 명으로, 중국 증권사들이 주식시장 출범 이후 23년간 확보한 가입자 수 6,700만 명을 훨씬 웃도는 수치다.[17]

과거 혁명과의 결정적 차이

핀테크가 열풍인 이유는 새로운 시대를 여는 패러다임 전환의 예고편이기 때문이다. 여기서 패러다임 전환이란 한 시대나 산업을 지탱하고 있던 뿌리가 바뀐다는 것을 의미한다.

농업혁명은 당시 떠돌아다니며 수렵과 채집으로 생계를 이어가던 사람들을 한 곳에 정착시키고 대가족으로 무리 지어 살도록 만들었다. 산업혁명은 농부를 기계와 함께 움직이는 노동자로 탈바꿈시켰으며, 이는 대량생산, 대량소비, 도시화, 인간소외 등으로 이어졌다. 또한 정보화 혁명은 군집으로 살아가던 인간을 개별적인 존재로 분해시켰다. 다양성이 존중되기 때문에 1인 가족, 동성애 가족 등 다양한 가족의 형태가 등장하고 일터도 종신 고용이 아닌 프리 에이전트 Free Agent 방식으로 전환시키고 있다.

핀테크는 삶의 전반에서 금융이 가동되는 방식을 바꿔놓고 있다.

---

17 금융투자 통권 166호, 〈핀테크 성장과 금융투자업계에서의 활용방안〉. (2015. 04).

오프라인으로 물건을 구매하던 행태를 벗어난 온라인화가 가속화되고, 모바일을 통한 결제나 자산관리가 원활해지며, 국경을 넘어선 개인 간 자금 거래도 더욱 활발해지고 쉬워질 것이다.

빅데이터Big Data는 고객의 수요를 정확하게 파악해 맞춤형 원스톱 서비스를 제공하고 기존 금융기관이 진행하던 방식보다 더 월등한 시스템으로 고객의 신용을 분석한다. 돈 거래 방식의 전환은 인간의 생활 방식 변화로, 또 전후방 산업의 성장으로 이어진다. 핀테크는 다른 산업이 움직이는 방식을 바꿀 것이고 더 많은 수익을 창출하면서 비용을 절감시킬 것이다.

전후방 효과가 크다

핀테크가 처음 등장할 때에는 상상하지 못했던 영역에서 혁신적인 핀테크 기업들이 등장하고 있다. 전자상거래에서 출발한 핀테크산업은 대출, 자산관리운용, 보험 등 다른 금융 서비스로까지 확장되면서 진화하고 있다. 크라우드 펀딩, P2P 대출, 로보어드바이저Roboadvisor, 비트코인 기반 결제 등 기존의 금융산업을 뛰어넘어 소비자의 필요와 요구를 더욱 효과적으로 만족시키는 서비스들이 등장하고 있는 것이다.

핀테크는 금융에만 머무는 것이 아니라 유통, 제조업 등 유관산업의 성장을 돕는다. 핀테크를 통해 세계인들이 자유롭게 금융거래를 할 수 있게 된다면 소비자들은 국경을 뛰어넘어 안방에서 편하게 해외 직구를 하는 것이 가능해진다. 제조업체들도 해외 소비자들과 저비용으로 효과적으로 만날 수 있다.

핀테크가 주목을 받으면서 보안 기술도 새로운 화두로 떠올랐다. 개인정보를 기반으로 한 핀테크가 전방위로 확산될 것으로 예상됨에 따라 보안에 대한 요구도 한층 더 강해진 것이다. 핀테크산업의 확장은 꽁꽁 묶인 금융제도의 개혁을 동반하게 된다. 규제가 완화되면 안정성에 대한 요구 수준이 높아지기 때문에 보안산업은 더 빠르고 강력하게 성장하게 될 것이다.

새로운 수익원을 만들어낸다

핀테크 기업이 각광을 받는 이유는 기존 금융사가 파악하지 못한 소비자의 니즈를 발견해 제공함으로써 시장 파이를 키우기 때문이다. 핀테크 기업들은 혁신적인 아이디어와 IT 기술로 기존 금융사가 미처 생각하지 못한 서비스를 창출해가고 있다. 핀테크를 잘 활용하면 경제 주체들 간에 작은 파이를 놓고 뺏고 뺏기는 관계가 아닌 상생적 관계를 맺는 것이 가능해진다.

트위터 공동 창업자로 잘 알려진 잭 도시Jack Dorsey는 2009년 스마트폰 등 IT 기기와 연결할 수 있는 카드 리더기 스퀘어Square를 출시했다. 카드 결제기를 구비하기 어려운 노점상에서도 스마트폰만으로도 쉽게 카드 결제를 할 수 있게 되었다. 2014년 한 해에만 스퀘어를 통해 약 30조 원의 거래액이 발생했다.

영국의 마켓인보이스Marketinvoice는 2001년 설립된 상업어음 온라인 할인 중개 플랫폼이다. 중소기업의 운영 자금 마련을 돕는다. 월평균 1천만 유로의 상업어음을 할인하고 있으며 2015년 5월까지 약 4억 달러에 달하는 어음이 이 플랫폼을 통해 거래되었다.

2003년 출범한 영국의 마킷Markit은 빅데이터를 활용해 새로운 수익 시장을 만들었다. 금융 정보를 분석하고 가공하는 마킷은 신용부도스 왑Credit Default Swap의 가격을 산정하는 서비스로 시작해 고객맞춤 기술 플랫폼 및 관리 서비스, 외환 · 대출 · 파생상품 거래 등으로 사업 영역을 넓혀갔다. 은행, 보험회사, 자산운용회사 등이 주 고객이다.

미국의 모티프 인베스팅Motif Investing은 빅데이터를 활용해 석유 가격, 금리, 사이버 보안 등 다양한 테마의 투자 포트폴리오를 제공하는 온라인 전용 위탁매매 서비스를 운영한다. 2015년 1월 중국 최대 소셜네트워킹서비스 런런RenRen은 모티프 인베스팅에 4천만 달러를 투자했다.

비용을 절감시킨다

전통적인 금융기관들은 오프라인 점포를 기반으로 성장해왔다. 이와 달리 핀테크 기업들은 스마트폰을 기반으로 하는 금융 서비스를 제공한다. 오프라인 점포 운영에 따르는 비용을 부담하지 않기 때문에 기존 금융기관보다 현저히 낮은 금액으로 서비스를 제공할 수 있다. 우리나라 최초로 객장 없이 인터넷 서비스만을 제공한 증권회사인 키움증권은 수수료를 대폭 절감하며 시장에 안착했다.

기술은 다양한 형태로 금융 비용을 절감시킨다. 영국의 글로벌 송금 서비스 회사 트랜스퍼와이즈는 약 5%로 형성돼왔던 해외 송금 수수료를 0.5%까지 낮췄다. 같은 지역에 사는, 외국으로 송금하려는 이와 외국에서 송금을 받으려는 이를 매칭하기 때문에 수수료 없이 해외 송금이 가능하다.

그림 10 … 전통적 금융기관과 트랜스퍼와이즈 해외 송금 구조[18]

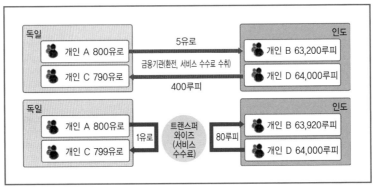

미국의 P2P 온라인 대부회사인 렌딩클럽은 돈이 필요한 대출자와 여분의 돈을 투자하고 싶은 투자자를 이어주는 서비스를 운영하고 있다. 렌딩클럽의 경우 대출의 전 과정을 IT 프로세스로 진행하기 때문에 서비스에 필요한 비용이 매우 적게 든다. 때문에 대출자에게는 적은 이자로 돈을 빌려주는 한편 투자자에게는 높은 수익률을 보장해주고 있다. 렌딩클럽의 공동 창립자 소울 타이트Soul Htite는 '렌딩클럽의 평균 대출 이자율(3년 만기 기준)은 11.4%로, 일반 금융기관보다 훨씬 낮고, 투자자의 수익은 연 7~8%로 역시 일반 예금 상품보다 높다'[19]고 말했다.

온라인으로 투자자문을 제공하는 미국의 베터먼트와 웰스프론트는 인간이 개입하지 않고 시스템으로 투자하기 때문에 기존 투자자문사보다 훨씬 저렴한 가격으로 서비스를 제공하고 있다.

---

18 http://www.connectinglab.net/wordpress/?p=11337
19 조선일보, 〈한국엔 남은 시간 별로 없어… P2P 대출산업에 문호 열어야〉. (2015. 05. 16).

더 싸게, 더 편리하게

핀테크는 금융이 장착된 IT를 통해 여러 가지 편익을 제공한다. 첫째, 핀테크는 기존의 금융 서비스를 더 낮은 비용으로 제공한다. 은행 입장에서는 대중화된 IT 플랫폼과 제휴해 기술에 대한 비용 투자를 줄일 수 있다. 글로벌 핀테크 기업을 유형별로 보면 결제·송금, P2P 대출, 주식 자금 조달·크라우드 펀딩, 개인 금융·은행, 개인·기관 자산관리, 기업 자금관리 등의 순으로 나타난다. 핀테크가 제공하는 이런 금융 서비스를 통해 핀테크 혁신이 단지 테크놀로지에서 비롯된 것이 아니라, 기존 금융의 한계 또는 문제점이 핀테크를 탄생시켰음을 알 수 있다. 핀테크의 혁신 서비스 발달로 고객들은 기존 IT가 제공했던 낮은 금융 비용과 편리한 금융 서비스를 누릴 수 있게 되었다.

둘째, 핀테크는 더 편리한 금융 서비스를 제공한다. 기존에는 매번 결제 정보를 입력해야 결제가 가능했지만 핀테크를 이용한 간편 결제 서비스를 이용하면 사전에 한 번만 결제 정보를 미리 저장해두면 된다. 언제나 또 어디에서나 아이디와 패스워드만으로 매우 쉽고 빠르게 결제를 마칠 수 있다.

셋째, 핀테크는 개인에게 더 많은 정보를 제공한다. SK플래닛의 자사 서비스를 모두 융합한 '시럽Syrup'을 예로 들면, 시럽은 GPS를 활용해 쇼핑 정보와 쿠폰을 제공하고 있으며 또 커피 전문점에서 음료를 바로 주문하고 결제할 수 있는 기능도 제공하고 있다.

넷째, 핀테크는 비용 절감 이상의 적극적인 이익 창출을 제공한다. IT가 표준화된다는 것은 비용·공간·시간들의 효율성을 극대화할 수 있을 뿐 아니라 다양한 기술들과의 결합이 가능해진다는 의미다. 핀테크 역시 새로운 서비스의 생성 가능성이 강력하고 시장 확장이 이뤄질 수 있는 영역이므로 높은 효율성을 통해 이익을 극대화할 수 있다.

빗장을 걸어도 막을 수 없다

전 세계적으로 핀테크산업의 규모가 빠르게 커지고 있다. 우리나라도 다소 늦긴 했지만 정책 당국과 금융회사, 핀테크업계의 공동 노력으로 점차 핀테크산업이 기지개를 켜고 있다. 금융위원회에서 2015년에만 다섯 번의 핀테크 활성화 방안을 내놓았고, 이를 보다 실천적으로 지원하기 위해 2015년 3월, 판교 테크노밸리에 핀테크 지원센터도 오픈했다. 핀테크 지원센터는 핀테크업체에 대한 자문과 매월 한 차례씩의 데모데이를 통해 금융회사와 투자업계로의 가교 역할을 하고 있다. 그럼에도 불구하고 국내 핀테크산업은 미국, 영국, 중국 등에 비하면 아직 3~4년 뒤처져 있다는 게 전문가들 평가다. 따라서 국내 핀테크산업이 활성화되지 않고 그 경쟁력이 제자리에 머문다면 관련 시장과 산업이 글로벌 핀테크 기업들에게 잠식되기 쉽다. 한편 저금리, 저성장으로 경영난을 겪는 금융회사들에게는 핀테크의 등장이 새로운 위기이자 기회다. 따라서 핀테크를 산업의 위험요인으로 바라보지 않고 오히려 산업을 한 단계 더 끌어올릴 수 있는 계기로 삼아야 한다. 적극적으로 핀테크 시장에 진출해 역량을 쌓는다면 세계 금융시장을 무대로 삼는 금융 선진국으로 발돋움할 수 있다.

코앞으로 다가온 금융 전면전

그동안 국내에서는 각종 규제 때문에 핀테크 경쟁에 참여할 수 있는 기업이 많지 않았다. 그러나 글로벌 핀테크 기업들이 꾸준히 진출을 꾀하고 있고 점점 핀테크 열풍이 거세지면서 정부에서도 관련 규제 완화 작업을 추진하게 되었다. 이로써 규제 장벽 안에서 보호받으며 사업을 진행하던 국내 금융업계는 더욱 치열한 경쟁에 직면하게 된 것이다. 미리 핀테크산업에 뛰어들어 역량과 규모를 키워온 세계 다수의 핀테크 기업을 상대로 시장 지배력을 다퉈야 할 때다.

미국, 중국, 유럽 등지의 핀테크 선진국들은 규제 완화, 핀테크 기업 투자 및 육성 등 핀테크산업 발전에 전력을 기울이고 있다. 핀테크산업의 규모가 꾸준히 커져가고 분야도 다양해짐에 따라 핀테크에 대한 관심과 투자도 상승세를 이어가고 있다. 글로벌 핀테크 기업들의 영향력도 전 세계를 대상으로 끊임없이 확장되어 핀테크가 시대적 큰 흐름으로 대두되고 있다.

글로벌 금융시장의 화두인 핀테크는 스마트폰의 표준성과 모바일의 확장성이 더해졌기에 높은 성장 잠재력이 있다고 볼 수 있다. 중국 알리페이의 경우 국내 금융사와의 제휴를 통해 국내 오프라인 시장 진출을 준비 중이다. 애플페이 역시 중국 현지 신용카드사인 유니온페이와의 협력을 통해 중국 앱스토어 결제 방식을 다각화하고 있다.

국내 금융사들이 제휴, 투자, 인큐베이팅, M&A 등을 통해 핀테크 경쟁력을 높여야 하는 이유다. 자회사, 관계회사 방식을 통해 핀테크 네트워크도 구축해야 한다. 정부도 이에 발맞춰 시장실패 및 취약 영역, 고용 창출 및 시장 확장성이 높은 영역을 중심으로 규제를 완화해나가야 한다. 정부와 금융기관의 협력을 통해 창의적 핀테크 모델을 개발하고 연구를 통한 산업 육성에 기울여야 하는 시점이다.

지급결제는 빙산의 일각

전 세계적으로 지급결제, 빅데이터, 인터넷 은행 등 다양한 형태의 핀테크 서비스가 활발히 등장하는 추세이지만, 국내에서는 아직 관심이 지급결제 부문에 많이 몰려 있다. 국내 핀테크산업이 발달하기에는 국내 금융기관과 소비자 모두 핀테크에 대한 이해나 관심이 부족한 상태다. 그럼에도 핀테크 기업들의 진출은 꾸준히 이뤄지고 있다. 정부의 핀테크 육성 정책과 맞물려 핀테크 기업들의 활동으로 핀테크 시장의 규모가 점차 확대될 것으로 예측된다.

우리나라 금융산업은 IMF 외환위기 이후 제도와 시스템이 세계화됐고 시장 참여자들도 다양화됐지만 글로벌 경쟁력이 아직 부족하다. 우리가 강점을 갖고 있는 IT와 인터넷 활용이 글로벌 금융시장에서 트렌드가 되고 있는 지금이야말로 우리의 금융 경쟁력을 세계시장에서 끌어올릴 수 있는 절호의 시점일지 모른다.

CHAPTER 2

돈의 흐름을
바꾸는
매직 키워드

온·오프라인 경계 허무는 모바일 금융

핀테크는 온라인과 오프라인의 경계를 넘나드는 O2O ^{online to offline} 커머스를 촉발한다. 오프라인 매장에서 상품을 둘러보기만 하고 구입은 모바일로 하는 '쇼루밍족' 또는 제품 사용후기와 같은 정보는 인터넷으로 찾아보고 실제 구매는 오프라인 매장에서 하는 '리버스 쇼루밍족'을 우리 주변에서 쉽게 찾아볼 수 있다. 기업에서도 온·오프라인을 연계하는 O2O 서비스에 대한 관심이 더욱 높아졌다. 기업들은 오프라인에서의 인프라를 바탕으로 온라인 시장을 만들어 시너지 효과를 내고자 한다.

O2O 커머스의 한 예로 세계적 유통업체 월마트의 '사이트 투 스토어 Site to Store' 서비스를 들 수 있다. 이는 온라인에서 상품을 주문하고 매장에서 받을 수 있게 하는 시스템이다. 국내에서는 교보문고가 온라인에서 책을 주문한 뒤 서점을 찾아가 수령하는 '바로드림' 서비스를 운영하고 있기도 하다.

최대 온라인 상거래업체 아마존 역시 O2O 서비스를 제공한다. 2015년 초 아마존은 인디애나주 퍼듀대학교 안에 첫 번째 오프라인 매장을 오픈했다. 이 매장에서 소비자는 아마존 사이트에서 구매한 상품을 직접 수령하고 교환 및 반품, 환불도 처리한다. 또한 아마존 자체 상품인 전자책 단말기 킨들, 태블릿 킨들 파이어, 파이어폰 등 아마존의 대표적인 제품들을 오프라인 매장에서 구매할 수 있다. 아마존의 오프라인 매장은 소비자의 신뢰와 편의성을 높일 뿐 아니라 새로운 고객도 확보할 수 있는 통로로 자리 잡아가고 있다.

사실 O2O가 완전히 새로운 것은 아니다. 모바일로 받은 할인 쿠폰을 오프라인 상점에서 사용했듯이, 전에도 온라인에서 오프라인으로의 연결 개념이 존재했다. 그러나 온라인과 오프라인의 융합은 핀테크에 이르러 새로운 단계에 진입했다. 지금까지의 온·오프라인의 융합은 기존 산업의 정체성을 해치지 않는 선에서 ICT 기능이 활용되는 정도였다. 인터넷뱅킹이 그 예다. 하지만 핀테크는 IT 기업이 금융의 본질을 좌우할 새로운 서비스를 창조하고 직접 운영하게 한다.

본래 '코어뱅킹 Core Banking'이라 불리는 기존 금융권의 서비스는 계좌 이체, 대출 등 은행 서비스를 보안이 확보된 금융 통합 전산망을 통해 거래한다는 개념이다. 그러나 핀테크가 기존 송금, 결제, 대출 등의 서비스를 제공하면서 코어뱅킹 개념도 점차 약화되는 추세다. 더군다나 소비자 접점의 제일선에서 기민하게 움직이는 IT 기업 특유의 서비스 경쟁력을 바탕으로 금융 소비자를 빠르게 포섭해가고 있다. 핀테크가 주도하는 금융·ICT 융합은 온·오프라인 경계를 허물며 사용자의 필요와 욕구를 신속하게 반영하는 모바일 금융으로 진화해가고 있다.

이러한 변화의 원동력은 무엇보다도 기존 은행 서비스를 신뢰하지 않는 소비자의 등장이라 볼 수 있다. 은행 서비스의 강점인 신뢰성과 자산 안정성은 계속된 경기 침체와 금융 위기를 계기로 소비자에게 설득력을 잃고 있다. 소비자는 더욱 높은 이율과 신속한 업무 처리가 가능한 핀테크 기업으로 눈을 돌릴 가능성이 높다. '금융은 안전한 금융 전문 기관을 통해야 한다'는 기존 고정관념이 점차 사라지고 있는 것이다.

변화하는 산업 트렌드 및 소비자 인식 변화를 계기로 최근 은행권 내부에서도 금융의 본질에 대한 재정의가 이뤄지고 있다. 또한 장기적으로 볼 때 오프라인 지점을 기반으로 하는 은행 서비스는 사라질 것이라는 의견도 제기되고 있다. 해외 시장에서 유독 금융 그룹의 핀테크 육성이 활발한 데는 앞서 제기한 시장 변화에 대한 금융 그룹의 위기감이 크게 작용한 것으로 볼 수 있다. 실제로 2014년 10월 영국 로이드뱅킹그룹Lloyds Banking Group은 향후 3년 동안 전체 근로자의 10%인 9천여 명을 해고하고 150개 지점을 폐쇄하겠다고 발표했다.[20] 소비자들이 지점 거래를 중단하고 온라인 거래에 집중하는 현상이 그 원인으로 제기되었다.

핀테크를 통한 O2O 시장의 규모는 정확히 산출하기 어렵지만, 모바일 결제 또는 온라인 결제 시장을 O2O의 잠재 시장으로 파악해볼 수 있다. 특히 아시아·태평양 지역이 모바일 결제 시장에서 가장 큰 비중을 차지할 것이라는 전망이다.

[20] 뉴시스, 〈영국 로이드 은행 그룹, 9,000명 인원 감축 예정〉. (2014. 10. 28).

사물인터넷과 동반성장

사물인터넷Internet of Things, IoT은 가전제품, 모바일 장비, 웨어러블 기기 등 각종 사물에 센서와 통신 기능을 내장해 인터넷에 연결하는 기술이다. 사물들은 고유 IP를 가지고 인터넷에 연결된다. 요즘은 이러한 사물인터넷에 NFC나 비콘Beacon(저전력 블루투스를 통한 근거리통신 기능) 등의 IT 기술을 접목해 O2O 서비스를 제공하는 곳이 많다.

사물인터넷에 기반한 O2O 서비스의 대표적인 예로 아마존 '대시Dash'를 들 수 있다. 아마존 대시는 2014년 아마존이 출시한 작은 바코드 스캔 기기다. 케첩이나 화장지처럼 일상에서 자주 쓰는 물건을 다 썼을 때 대시로 물건의 바코드를 찍거나 제품명을 말하기만 하면 물건이 자동으로 아마존 온라인 장바구니에 담긴다. 2015년에는 대시 버튼도 출시되었다. 세탁기나 커피 머신 등에 부착해둔 대시 버튼을 누르면 세제나 커피 캡슐이 자동으로 주문된다. 스마트폰을 통해 물품의 종류와 수량을 미리 설정해둘 수 있기 때문에 쇼핑 과정이 매우 간편하다.

이렇게 장바구니에 담긴 물건은 결제 후 24시간 내에 집으로 배송된다. 온라인 서비스 기업인 아마존 입장에서는 오프라인으로까지 시장을 확장할 수 있는 좋은 기회인 반면 기존 오프라인 상점들 입장에서는 상당한 타격이 될 수 있다.

모바일 선주문 서비스 사이렌오더

스타벅스는 '사이렌오더Siren Order' 서비스로 O2O 시장에 진출했다. 사이렌오더는 스타벅스 애플리케이션에서 제공하는 서비스 중 하나다. 스타벅스 앱에서 음료를 선택하고 결제한 뒤 원하는 스타벅스 매장으로 주문 내용을 전송하면, 잠시 후 스마트폰의 진동이 울리며 음료가 나왔다고 알려준다. 주문을 하기 위해 길게 줄을 서서 기다릴 필요도 없고 주문용 진동벨을 따로 받을 필요도 없어 매우 간편하다. 결제는 미리 등록한 스타벅스 카드로 할 수 있으며 잔액이 부족한 경우에는 쉽게 충전이 가능하다. 손님이 많은 바쁜 시간대에 사용하면 대기 시간을 크게 단축할 수 있다.

SK플래닛의 '시럽 오더Syrup Order' 역시 선주문 서비스다. 여러 업체가 제휴돼 있어 주변 500m 내에 있는 제휴 매장에서 모바일로 주문을 할 수 있다. 매장을 선택하면 해당 매장에서 판매하는 메뉴를 사진과 함께 보여주기 때문에 주문이 쉽다. 직접 매장으로 가지 않아도 주문 및 결제가 가능해 쇼핑 과정이 매우 간편하다.

고객의 속마음을 꿰뚫는 단골 관리

소비자들의 쇼핑이 온·오프라인 경계를 넘나들면서 기업들도 O2O 서비스를 통한 고객 관리에 주력하고 있다. O2O 서비스로 소비자에게 상품을 소개하고, 소비자를 매장으로 이끌고, 또 소비자와 소통을 하는 것이 기업들의 주력 과제로 떠오른 것이다.

열두시의 얍YAP과 SK플래닛의 시럽은 비콘을 활용해 이용자에게 주변 매장을 알려주는 대표적인 O2O 서비스 앱이다. 이용자는 이것들을 통해 자신의 현재 위치에서 가까운 카페나 음식점, 문화 공간 등의 매장 위치와 전화번호 그리고 상품 및 서비스 정보를 손쉽게 알아볼 수 있다.

모바일 메신저업체들 역시 O2O 서비스 사업을 활발하게 펼치고 있다. 라인LINE은 브랜드 상점들이 라인에 계정을 만들어 고객과 소통하고 단골 관리를 할 수 있도록 쿠폰 및 각종 프로모션 서비스를 제공한다.

중국의 모바일 메신저 위챗WeChat도 각종 쿠폰을 제공함으로써 오프라인 매장 방문을 유도한다. 위챗 결제로 영화 티켓이나 레스토랑 쿠폰을 구매하고, 택시를 예약하거나 선물을 배달할 수도 있다.

카카오도 유명 백화점에 임시 매장을 열고 온라인 캐릭터 상품과 액세서리 판매 사업 가능성을 확인하는 등 오프라인 진출을 위해 다양한 준비를 하고 있다. 임시 매장에 대한 반응이 좋을 경우 제품 라인업을 넓히면서 오프라인 매장을 열 계획이며, 캐릭터 라이센싱 사업도 본격화할 것이라 한다. 카카오의 모바일 결제 서비스인 카카오페이를 간편 결제에 활용할 수 있어 카카오의 O2O 서비스에 힘이 실릴 것으로 전망된다.

O2O에 박차를 가하는 국내 포털

네이버와 카카오는 현재의 시장 흐름에 상당히 유리한 고지에 서 있다. 카카오는 국내 가입자 수 3천 7백만 명인 '카카오톡'이, 네이버는 글로벌 가입자 수 5억 6천만을 자랑하는 '라인'이 오프라인과 온라인을 잇고 있다.

카카오는 '카카오택시' 서비스를 시작으로 O2O 사업에 박차를 가하고 있다. 서울특별시택시운송사업조합, 한국스마트카드와 손잡은 카카오택시 서비스는 다음과 카카오가 합병한 이후 '새로운 연결, 새로운 세상'이라는 슬로건 아래 선보이는 첫 O2O 서비스다. 카카오톡 메신저 계정과 연동되는 카카오택시 앱에서 현재 위치와 목적지를 입력하면 주변에 있는 택시가 자동으로 연결된다. 또한 카카오는 유치원·어린이집 스마트 알림장 서비스를 제공하는 키즈노트 지분을 인수해, 기존 커뮤니케이션 플랫폼을 강화하고 키즈노트를 영유아 콘텐츠 유통 플랫폼 1위 사업자로 도약시키려 하고 있다.

네이버는 오프라인 매장에 걸려 있는 상품 정보를 모바일로 제공하는 O2O 플랫폼 '샵윈도'를 오픈했다. 샵윈도를 통해 백화점이나 아울렛에 가지 않아도 집 안에서 매장에 걸린 옷을 구경하고 구매까지 한 번에 진행할 수 있다. 또한 네이버는 자회사인 라인을 통한 O2O 사업에도 매우 적극적이다. 음식점 빈자리 정보를 제공하는 '라인 지금 예약' 서비스, 음식 배달 서비스 '라인와우', 택시 예약 서비스 '라인택시' 서비스를 일본에서 출시했다.

실제 지갑을 대체하다

———

스마트폰의 대중화로 이제는 지갑까지 사라질 예정이다. 구글·애플·삼성 등 거대 IT 기업들은 모바일 결제 시장 선점을 위해 경쟁 중이다. 애플의 '애플페이', 삼성의 '삼성페이', 알리바바의 '알리페이', 마이크로소프트의 '마이크로소프트 페이먼트', 2015년 페이팔이 인수한 '페이딘트', '송금하기' 기능을 도입하려는 페이스북 등 글로벌 기업들이 핀테크 경쟁 대열에 참여하고 있다.

삼성전자는 2015년 3월 스페인 바르셀로나에서 열린 갤럭시 S6과 갤럭시 S6 엣지 공개 행사에서 새로운 모바일 결제 서비스 삼성페이를 발표했다. 2014년 10월 애플이 내놓은 애플페이에 대항하기 위한 것이다. 구글은 이보다 앞선 2011년부터 구글 월렛으로 모바일 결제 시장에 뛰어들었다.

삼성페이

2015년 삼성전자는 모바일 결제 솔루션업체 루프페이를 인수했다. 삼성전자는 루프페이의 마그네틱 보안 전송 특허 기술력을 활용해 삼성페이를 간편결제 시장의 선두주자로 내세울 계획이다.

삼성페이의 결제 방식은 매우 간단하다. 스마트폰의 삼성페이 앱을 실행시키고 지문을 인식시킨 후 결제 기기에 터치만 하면 결제가 완료된다. 스마트폰을 마그네틱 신용카드 결제기 근처에 갖다 대면 기기 간 통신을 통해 삼성페이의 결제가 이뤄진다. 상점들은 별도의 결제 단말기를 설치할 필요 없이 기존 결제 단말기를 그대로 사용할 수 있다.

CNN은 '애플페이, 구글 월렛과 달리 마그네틱 결제기로 작동하는 것은 혁신'이라며 '사실상 모든 신용카드가 마그네틱 결제기를 사용하고 있어 빠르게 보급될 것'이라고 분석했다.[21]

삼성전자는 마그네틱 카드의 취약한 보안을 해결하기 위해 3중

---

21 한국경제, 〈모바일 결제 시장 뛰어든 삼성… 애플·구글과 '핀테크 삼국지'〉, (2015. 03. 02).

보안 장치를 도입했다. 먼저 '토큰화' 기술을 사용해 신용카드를 스마트폰에 등록한 뒤 암호화한 카드 정보가 결제 단말기와 통신하도록 한다. 여기에 지문인식과 삼성 모바일 보안 플랫폼 녹스를 장착해 안전성을 두 단계 더 강화했다.

삼성페이는 2015년 여름 미국과 한국에서 서비스를 시작했다. 국내에서는 삼성, 신한, 현대, 롯데, NH농협, KB국민 등의 은행사와 BC, 하나, 우리카드 등의 카드사와도 협업해 앱 카드를 출시했다. 반응은 좋은 편이라고 한다. 미국에서도 비자, 마스터카드, 아메리칸 익스프레스, 뱅크오브아메리카, 시티, JP모건 체이스 등 대형 카드사 및 금융사와 제휴한다.

애플페이

애플은 2014년 10월 지문인식과 NFC 방식의 애플페이 서비스를 개시하면서 모바일 결제 전쟁의 불을 지폈다. 애플페이는 지문인식 방식과 근거리 무선통신 방식 NFC를 결합해 사용자의 편의성을 강화하고 있다. 또한 결제할 때마다 보안코드를 새롭게 생성하기 때문에 다른 결제 수단보다 보안성이 우수하다. 보안성을 제고하고 위·변조를 방지하기 위해 카드 정보를 암호화된 '토큰' 으로 대체한다.

애플페이의 경우 가맹점의 NFC 전용 결제 단말기에 아이폰을 갖다 댄 뒤 지문을 인식하면 결제가 완료된다. 애플은 아메리칸 익스프레스, 비자, 마스터카드 등 신용카드 회사와 시티, 캐피털원, 뱅크오브아메리카 등 500개 이상의 금융사, 22만 개의 유통업체 등과 제휴를 맺었다. 애플은 결제 수수료를 소비자와 상점 주인이 아닌 은행이나 카드사로부터 받으며, 수수료도 0.15%로 저렴하다. 은행과 카드사의 입장에서는 모바일 결제 서비스가 확산될수록 카드 제작 비용을 줄일 수 있다는 이점이 있다.

그러나 시장의 기대와 달리 애플페이의 확산 속도는 빠르지 않다. 상점이 별도의 NFC 결제 단말기를 마련해야 하는 비용과 번거로움이 확산을 지연시키고 있는 것이다. 2015년 3월 미국 시장조사업체 인포스카우트는 미국 애플페이를 사용할 수 있는 아이폰6 이용자 1,188명을 대상으로 애플페이 활용 관련 조사를 진행했다.[22] 조사 결과에 따르면 이들 중 애플페이로 결제를 한 번이라도 한 사람은 단 6%에 그쳤다. 85%는 애플페이 결제를 시도한 적도 없으며, 9%는 가맹점을 찾지 못하거나 결제 방법을 숙지하지 못해 결제에 실패했다고 한다.

구글 월렛

구글은 2011년 9월 NFC 결제 기능을 탑재한 '구글 월렛'을 출시하며 핀테크 시장에 뛰어들었다. 2015년 2월 구글은 버라이즌·AT&T·T모바일이 함께 설립한 모바일 결제업체 소프트카드의 기술 및 지식재산권을 인수했다. 이를 통해 구글 월렛의 기능을 확대 및 보급할 계획이다.

구글은 스마트폰에 구글 월렛 앱을 기본 애플리케이션으로 장착해 모바일 결제 시장의 선두로 나서고자 한다. 2015년 2월 구글은

---

22 연합뉴스, 〈애플페이 실사용률 미미… 85%는 시도조차 안 해〉. (2015. 03. 20).

자체 모바일 결제 서비스인 구글 월렛을 안드로이드폰에 우선 적용하겠다 발표했고, 미국 주요 통신사들과 제휴해 구글 월렛을 확대 보급하고 있다. 구글 월렛을 선탑재하고 있었던 스프린트에 이어 버라이즌·AT&T·T모바일도 미국 시장에 공급되는 안드로이드폰에 구글 월렛 앱을 설치해 출시하기로 함으로써 미국 4대 통신사 모두 구글 월렛을 기본 애플리케이션으로 활용하게 되었다.

구글은 2015년 모바일월드콩그래스MWC에서 모바일 결제 플랫폼 '안드로이드페이'를 선보였다. 안드로이드페이와 연결된 앱에 자신의 신용카드 정보를 저장해두면 안드로이드페이가 그 앱에서 진행하는 결제를 지원한다. 구글 월렛을 보급하고 플랫폼으로서 안드로이드페이의 지위를 공고히 하기 위함이다. 앱 개발사의 입장에서는 자신들의 결제 시스템을 유지하면서 안드로이드페이를 활용할 수 있다는 장점이 있다.

금융과 IT, 적과의 동침?

———

전통적으로 금융산업은 보수적이다. 안정을 미덕으로 여기고, 보안을 중요하게 생각하며, 신뢰를 기반으로 유지된다. 반면 ICT산업은 개방적이다. 최첨단 기술을 활용하며, 창의성을 기반으로 빠르게 변모한다. 때문에 판이한 성격을 가진 금융산업과 ICT산업의 융합은 흔치 않다.

핀테크 시대에 돌입하면서 금융회사와 IT 기업들이 손을 맞잡고 있다. 핀테크 시장을 둘러싼 경쟁자들이기도 하지만 시장 선점을 위해선 '적과의 동침'이 불가피하다. 기술력이 부족한 금융회사들은 기술 개발 비용과 시간을 아낄 수 있고 IT 기업들로선 진입 장벽이 높은 금융업에 보다 용이하게 진입할 수 있다. 해외에서는 금융 그룹이 주도해 핀테크를 육성하거나 인수·합병을 통해 기술력을 흡수하는 형태와 스타트업 기업이 금융사와 제휴해 사업 영역을 확장하는 형태로 나타난다. 한국의 금융사와 정보기술업체들은 세계적 경쟁력을 갖기 위해 서로 경쟁·협력하며 성장해야 한다.

금융회사의 핀테크 인큐베이팅

미국, 영국 등 금융 선진국에서는 금융회사들이 주도적으로 핀테크 산업의 인큐베이터 Incubator, 액셀러레이터 프로그램을 가동하고 있다. 전통적인 은행이 IT업체와 연합해 혁신적인 금융 비즈니스 창출에 적극적으로 나서고 있다.

미국의 웰스파고 Wells Fargo 은행은 혁신적인 금융 아이디어를 사업화하고 은행 내 혁신 분위기를 조성하기 위해 혁신가들의 아이디어에 투자를 하는 스타트업 액셀러레이터를 운영한다. 유망한 스타트업을 선정해 5만에서 50만 달러 상당의 현금을 투자하고 6개월간의 코칭 및 협업을 지원한다. 웰스파고는 2014년 8월 위치정보와 모바일 신원조회 기술을 결합한 서비스 주미고 Zumigo, 아이프린트 EyePrint ID 신원조회 기술을 보유한 아이베리파이 EyeVerify, 인텔리전트 대화 intelligent conversation 를 통해 모바일 기기 사용자의 편의를 증대시키는 인공지능 기술을 보유한 카시스토 Kasisto 를 최종 투자 대상으로 선정했다. 선진 IT 기술을 기반으로 하는 이 서비스들은 웰스파고의 비장의 무기가 될 것이다.

스페인 대형 은행 산탄데르는 개인과 개인을 직접 연결하는 P2P 금융사인 펀딩서클과 제휴를 맺었다. 영국 온라인 P2P 금융사 펀딩서클은 5천 곳이 넘는 중소기업과 일반 소비자로 구성된 채권자들을 직접 연결해주는데, 이 회사가 설립 후 4년 동안 중개한 대출 규모는 약 2억 9천만 파운드(약 5천 억 원)다.

또한 세계적인 금융회사들은 벤처펀드를 직접 조성하며 핀테크 스타트업 투자에 적극 나서고 있다. 스페인의 BBVA와 러시아의 스베르방크는 약 1천 억 원 규모의 벤처펀드를 조성해 스타트업에 투자한다. 미국의 금융그룹인 캐피털원, 글로벌 신용카드사인 아메리칸 익스프레스 또한 펀드를 통해 스타트업을 지원하고 있다.

일본 3대 은행인 미츠비시도쿄UFJ, 미츠이스미토모, 미즈호도 핀테크 사업을 추진할 계획이다. 미츠비시도쿄UFJ은행은 지급결제 서비스 분야에서 IT 벤처기업과의 협업을 검토 중이다. 한편 미츠이스미토모은행은 실리콘밸리에 인력을 파견해 핀테크 기술과 핀테크산업 동향을 파악할 계획을 세우고 있다. 미즈호은행은 일본 IBM에서 개발한 인공지능 컴퓨터를 콜센터에 설치해 서비스 개선을 도모하고 있다.

핀테크 스타트업과 손잡은 국내 금융

KB금융은 해외 금융 기업의 핀테크 지원 정책을 벤치마킹해 2015년 3월 'KB핀테크허브센터'를 개설했다. KB핀테크허브센터는 핀테크 스타트업과 KB금융 계열사 간의 업무제휴를 돕고, 핀테크 스타트업을 대상으로 투자, 대출, 업무 공간 등을 지원한다. KB인베스트먼트는 핀테크 관련 기술을 보유한 스타트업에 150억 원을 투자한다. KB은행은 2015년 2월 NHN엔터테인먼트와 핀테크 사업 협력을 위한 업무제휴를 맺었다. KB국민카드의 금융 서비스와 NHN엔터테인먼트의 콘텐츠를 연계한 서비스를 출시할 예정이다.

신한은행도 핀테크 스타트업 육성 프로그램 '신한퓨처스랩'을 운영한다. 신한은행은 이 프로그램을 통해 핀테크 스타트업들이 서비스를 시장에 내놓는 전 과정을 돕고자 한다. 신한퓨처스랩은 혁신적인 기술이나 아이디어를 가진 핀테크 스타트업들에게 전문가 멘토링, 투자 지원, 업무 시설 등을 제공한다. 전문성을 제고하고자 글로벌 컨설팅 회사 액센추어 코리아, 스타트업 액셀러레이터 퓨처플레이, 스타트업 포털 데모데이 등과 제휴를 맺고 있다.

하나은행은 게임이나 IT 등 이종사업과의 전략적 제휴를 통해 신규 고객군 창출과 온라인 채널 활성화에 주력하고 있다. 하나은행은 카카오와 핀테크 사업 모델 발굴 및 플랫폼 구축을 위한 업무제휴를 체결했다. 카카오프렌즈 캐릭터를 통장 디자인에 활용한 '뱅크월렛 카카오' 캐릭터도 선보였다. 하나은행은 핀테크 벤처 육성 프로그램 '원큐랩'을 운영하고 있으며 세계 최대 전자결제 서비스 회사 페이팔과도 사업제휴를 맺고 있다.

우리은행은 2015년 2월 KT와 '사물인터넷 및 핀테크 공동사업을 위한 업무협약'을 맺었다. KT의 위치기반서비스를 이용해 토지, 자동차, 공장 등의 부동산뿐만 아니라 가축, 중장비 등의 동산을 담보로 한 대출 서비스를 준비하고 있다. 현재 담보대출은 움직이지 않는 고정된 부동산을 주 대상으로 하지만, 위치 정보가 확실하게 파악만 될 수 있다면 동산도 충분히 담보대출의 대상이 될 수 있다고 보고 있다.

핀테크 스타트업 비바리퍼블리카는 금융권들과 제휴를 맺고 전화번호를 통한 간편송금 앱 '토스'를 출시했다. 토스는 송금을 하려는 상대방 전화번호와 금액을 적은 후 암호를 입력하면 상대방에게 웹사이트 주소가 포함된 문자메시지를 전송한다. 송금받는 사람은 토스 앱을 다운받지 않아도 전송된 웹사이트에 접속해 계좌번호를 입력하고 송금된 돈을 받을 수 있다. 토스는 1일 1회 30만 원으로 금액에 제한을 두고 있다.

기업은행은 핀테크 스타트업 닷[dot]과 제휴를 맺었다. 닷에서 제공하는 '점자 스마트 워치' 기술을 문자전송 서비스에 활용하면 시각장애인도 입출금 거래내역 및 신용카드 승인내역 등 금융거래 기록을 문자로 확인할 수 있다.

김동우 KB금융지주경영연구소 책임연구원은 '핀테크산업은 IT와 금융산업의 융·복합적인 성격을 지니고 있다. 금융회사엔 경쟁력을 향상할 수 있는 보완재이자 동시에 시장을 잠식당할 수 있는 대체재도 될 수 있는 만큼 적극적인 서비스 혁신이 필요하다[23]'고 본다. 금융권과 IT 기업의 협업은 대형사 위주의 결제 서비스에 몰려

---

[23] 비즈니스워치, 김춘동 기자, 〈금융·IT 핀테크 합종연횡… "일단 보험 들고"〉, (2015. 02. 13).

있지만 혁신은 전방위로 일어날 것이다.

신뢰와 창의성, 모두 잡을 수 있다
———

현재 국내 핀테크 시장은 금융사는 기술을 모르고 기술업체는 금융을 모르는 상황이다. 따라서 우리 금융 환경에 맞는 서비스를 업체가 만들고, 금융사가 이를 활용해 수익을 창출하는 구조를 만드는 게 시급하다. 하지만 국내 핀테크 사업은 글로벌 기업과는 달리 아직 진전이 더디다. 국내 핀테크산업 성장의 걸림돌로 '상생에 대한 의심'을 꼽을 수 있는데, 특히 금융권에서 '핀테크가 혁신 서비스인 건 알지만 내 자리를 없애는 것 아니냐'는 우려가 번져 과감하게 나서려 하지 않는다. 이에 핀테크는 '와해적 혁신'과 '상생적 혁신'으로 나눠 두 트랙으로 접근해야 한다.

와해적 혁신과 상생적 혁신

경제구조를 바꾸는 혁신에는 두 가지가 있다. '와해적 혁신'과 '상생적 혁신'이 그것이다. 와해적 혁신이란 기존 기업들이 진출해 있는 시장에 새로운 기업들이 뛰어들 때 일어난다. 이미 수요가 검증된 시장에 새로운 기업들이 진출하면 경쟁은 더욱 치열해지고, 기존 기업들은 위기를 맞게 된다. 똑같은 파이를 점점 더 많은 경쟁자들이 나눠가지려 할 경우 포화 상태에 이른 기존 시장은 결국 파국에 이르고 새로운 체계가 만들어진다.

이와 달리 상생적 혁신에서 중요한 것은 경쟁이 아닌 협력이다. 기존 기업과 새로운 기업이 긴밀한 투자와 협업의 생태계를 생성하면서 새로운 시장을 창출해낸다. 전통적인 금융사와 핀테크 기업의 협업 관계는 상생적 혁신의 좋은 예다. 이들은 기존 금융시장에서 서로 경쟁하기보다는 새로운 금융시장을 함께 발굴해 수익을 공유하고자 한다. 핀테크 스타트업과 기존 금융사가 협력하는 사례가 늘어나고 공감대가 충분히 확산되면 모두가 윈윈할 수 있는 핀테크 생태계가 조성될 전망이다.

금융사들이 기존에 하고 있던 서비스에 핀테크가 침투하는 것은 와해적 혁신이다. 이미 검증된 비즈니스모델이기 때문에 일반 기업이 쉽게 접근하려는 영역이다. 와해적 혁신에서는 금융사의 반발과 같은 갈등이 발생할 수 있지만, 핀테크는 피할 수 없는 변화이기 때문에 최대한 갈등으로 인한 낭비를 줄이면서 여기에 적응할 수 있도록 일종의 '연착륙' 전략이 필요하다. 금융권이 투자를 통해 기존 사업의 비용을 줄일 수 있는 기술을 확보하고, 직원들이 여기에 적응할 수 있도록 훈련시키는 등의 공동 노력과 협력, 제휴를 통해 상생적 혁신이 이뤄지면 윈윈하는 구조를 창출할 수 있다.

핀테크는 평균적인 소비를 증가시킨다. 더 많은 정보를 주고, 효율성을 높이고, 경우에 따라서는 수익 창출 방향을 알려준다. 기존에는 정보가 없어 새로운 수익 창출이 어려웠지만 이제는 새로운 정보를 통해 더 많은 돈을 벌 수 있는 찬스를 얻게 된다. 소비가 증가하고 금융 파이가 커지기 때문에 전체 시장도 커진다. 그렇게 되면 금융시장과 IT 기업들은 모두 상생할 수 있다.

그러나 분야에 따라 어떤 곳에서는 와해적 혁신이 일어나고 어떤 곳에서는 상생적 혁신이 일어나는 불균형이 있을 수 있다. 따라서 사회 전체의 상생을 위해서는 가이드라인이 필요하다. 정부 규제의 완화는 두 가지 점에서 필요하다. 첫째는 규제 완화가 이론적으로 시장 파이를 키우는 효과를 내게 된다. 둘째는 규제 완화가 글로벌 현상이기 때문에 우리 것을 외국에 빼앗기지 않으려면 자발적으로 해야만 한다.

그렇다면 어떤 방식의 규제 완화가 상생을 위한 가이드라인이 될 수 있을까. 규제 완화에는 단순한 규제 완화만 있는 것이 아니라 상생적 분야에 인센티브를 주는 방식의 규제 완화도 있다. 우선은 단순 규제 완화부터 이뤄져야 하지만 더 나아가서는 인센티브를 통해 자원을 분배해야 한다.

롱테일 창업의 배경

롱테일long tail이란 다품종 소량 생산된 비주류 상품이 대중적인 주류 상품을 밀어내고 시장점유율을 높여가는 현상을 말한다. 예컨대 온라인 판매에서는 1년에 단 몇 권밖에 팔리지 않는 '흥행성 없는 책'들도 그 판매량을 모두 합하면, '잘 팔리는 책'의 매상을 추월할 수 있다. 롱테일 법칙은 다수의 소액구매자 매출이 상위 20%의 매출을 능가할 수도 있다는 것을 의미하기 때문에 '역 파레토 법칙'이라고도 한다.

오프라인 상점은 공간적 한계로 인해 많이 팔리는 상품을 판매하는 데 집중할 수밖에 없다. 아마존은 오프라인 서점과 경쟁하기 위해 롱테일 고객을 공략해 막대한 수익을 창출했다. 온라인에 책 정보를 업로드하는 데에는 공간적 제약도 없고 비용도 거의 들지 않기 때문이다. 핀테크 역시 롱테일 고객들을 공략하면서 아래로부터 기존 금융을 잠식해가는 상황이다.

사회적 양극화는 전 세계의 고민거리다. 양극화는 이미 심각한 수준에 이르렀다. 세계화와 기술 진보의 빠른 속도 때문에 어느 나라에서나 기업 생태계는 와해되고 있다. 예전에는 막대한 비용을 들여 한 가지 기술을 개발하면 7년은 버틸 수 있었지만 이제 3~4년이면 위기를 맞는다. 그러다 보니 대기업을 제외하고는 대부분이 기술혁신을 하려 하지 않는다. 따라서 대기업의 신사업은 있지만 중소기업은 사라져 결국 중산층이 무너지게 된다. 세계화와 산업의 변화로 인해 벤처의 공동화가 일어나고 있고, 대기업이 중소기업의 팔을 비틀어서뿐만 아니라 세계화와 산업의 변화로 인해 벤처의 공동화가 일어나기 때문에 양극화가 발생하는 것이다.

이 과정에서 승자독식의 행태가 나타나고 양극화 구조는 더욱 심화되는 악순환 구조가 형성된다. 양극화가 심해지고 파이가 작아지는 시기에는 필연적으로 모두가 혁신이 아닌 '재정 따먹기'를 위한 포퓰리슴populisme 정치에 의존할 수밖에 없다. 핀테크의 롱테일 금융을 통한 상생적 혁신을 통해 전 세계적 고민인 양극화를 극복해야 한다.

저신용자 대출 시장

저신용자 대출 시장에도 롱테일 개념은 잘 들어맞는다. 저신용자 대출은 소상공인, 소시민, 저신용 등급자 등 기존 금융권에서는 소외될 수밖에 없었던 계층을 타깃으로 삼는다. 그리고 규모의 경제 혁신 기술을 활용해 시장실패 또는 취약 영역이 아닌 시장 기능이 작동하는 영역으로 끌어오는 것이다.

스마트폰이 이끄는 플랫폼 혁명

지금으로부터 15~25만 년 전 '호모 사피엔스'가 지구 상에 등장했다. 도구를 사용할 줄 아는 인류는 돌, 청동, 철을 적극 이용하며 문명을 발전시켰다.

2007년 인간은 '스마트폰'이라는 새로운 도구를 개발했다. 영국 주간지 〈이코노미스트〉는 '스마트폰 없이 살기 어려운 포노 사피엔스 Phono Sapiens 시대가 도래했다'[24]고 말한다. 인간의 구매, 지식 습득, 거래, 만남, 커뮤니케이션 등의 모든 활동이 스마트폰을 중심으로 일어난다. 스마트폰은 소비 플랫폼 혁명, 금융 플랫폼 혁명, 생산 플랫폼 혁명을 이끈다.

풀브라우징이 되자 요동친 매출

스마트폰을 사용하기 시작한 이래 10여 년간 핀테크의 기술혁신이 두드러졌다. 핀테크 혁명의 배경에는 스마트폰이라는 표준화된 디바이스가 존재한다. 스마트폰은 언어의 차이를 뛰어넘어 전 세계 어디서나 사용된다. 시간을 단축하고 공간의 제약을 벗어난다는 점에

---

24 The Economists, 〈Planet of the phones〉. (2015. 02. 28).

서 폭발적인 성장 잠재력을 가지고 있다.

스마트폰이 등장하기 전 모바일 환경에서는 단말기, 요금제, 콘텐츠 부문에서 모바일 사회가 본격적으로 도래하기 어려운 장애물이 존재했다. 내용 전달에 제약이 있는 작은 화면의 단말기와 텍스트 위주의 제한적인 콘텐츠, 과다한 요금을 부과하는 데이터종량제 등으로 모바일 인터넷이 활성화되지 못했다. 또한 통신사들은 요금 경쟁을 통해 사용자를 확보하려 하기보다는 제한적 망 개방 및 데이터 종량제 유지 등 모바일 인터넷 활성화와 동떨어진 행보를 이어갔다. 모바일 생태계가 지속적으로 유지 및 발전할 수 있는 환경을 제대로 조성하지 못한 것이다.

그러나 스마트폰은 모바일 인터넷 환경을 폐쇄형에서 개방형으로 바꾼 풀브라우징Full Browsing의 확산을 이끌었다. 풀브라우징은 휴대폰에서도 PC에서 보는 것과 같은 형태로 인터넷을 사용할 수 있는 기술을 말한다. 대화면이 나타나는 터치패널의 단가 하락과 터치감을 향상한 정전식 터치패널의 개발로 모바일에서도 풀브라우징이 나타났다. 자유로운 웹서핑이 가능한 풀브라우징의 등장으로 모바일 트래픽이 급속하게 늘어나며 모바일 서비스 시장도 덩달아 확대되었다.

구글과 보스턴컨설팅그룹BCG의 〈글로벌 모바일 인터넷 경제의 성장〉 보고서에 따르면 주요 13개국의 모바일 인터넷 매출이 2017년까지 연간 23%씩 성장해 1조 5,500억 달러(1,720조 350억 원)에 달할 것으로 전망하고 있다. 이는 2013년 6,820억 달러와 비교해 약 2.3배 더 큰 규모다.

이처럼 모바일 경제의 지속적인 성장이 이뤄지면서 기업 간 경쟁도 치열해졌다. IT업체, 유통업체, 금융사 등 다양한 업종에서 모바일 플랫폼을 출시하고 있다. 미국의 정보통신 회사 시스코Cisco 자료에 따르면 글로벌 모바일 트래픽은 2014년 2.5엑사바이트EB(1엑사바이트는 DVD 2,500억 개 분량의 저장 용량을 의미한다)에서 2019년 24.3엑사바이트로 연평균 57%씩 급증할 것으로 전망된다.[25]

소비 플랫폼 혁명

소비 환경이 뿌리째 바뀌고 있다. 이전엔 온라인이라 해도 시장에 가지 않고 물건을 사려면 결국 PC 앞에 앉아야만 했다. 그러나 이젠 손안의 모바일만 이용하면 하루 24시간 언제 어디서든 물건을 구경하고 살 수 있다.

핀테크는 온라인과 오프라인을 잇는 O2O 시장을 발굴해 소비의 새로운 패턴을 창출했다. 오프라인에서 상품을 직접 확인하고 온라인에서 구매를 하거나, 반대로 온라인으로 상품 평가나 정보를 찾아보고 오프라인에서 구매를 하는 이들이 증가하고 있다. 언제 어디서나 상품을 확인하고 구매하려는 소비자와 혁신적인 아이디어와 서비스로 소비자를 만나고자 하는 기업 사이에 핀테크가 자리하고 있다. 온·오프라인의 경계가 허물어지는 시대에서 핀테크는 소비의 새로운 지평을 열어간다.

---

25 CISCO, 〈Cisco Visual Networking Index: Global Mobile Data Traffic Forecast Update, 2014~2019〉.

글로벌 모바일 결제 시장은 2013년 2,354억 달러에서 2017년 7,210억 달러로 4년 동안 약 3배 증가할 것으로 예측된다.[26] 스마트 폰이 송금 및 지급결제 수단으로 점차 보편적으로 활용되고, 모바일 결제 시장 규모가 커지면서 관련 핀테크 기술도 급속도로 발전하고 있다. 또한 스마트폰에서 온라인 쇼핑이 가능해짐에 따라 위치기반 정보나 실시간 검색 기능과 결합한 새로운 서비스가 나타나는 등 모 바일 전자상거래의 성장이 기대된다. 이는 모바일 지불결제 시장의 성장 모멘텀으로 작용할 가능성이 높다.

금융 플랫폼 혁명

핀테크 사업의 본격적인 확장은 스마트폰 이용자 수의 급격한 증가 와 함께 이뤄졌다. 스마트폰을 통한 지급결제 서비스가 보편적으로 활용되면서 다른 금융 서비스들에 대한 소비자들의 관심도 늘어나 고 있다. 핀테크업체들이 새로운 사업을 펼쳐나갈 수 있는 발판인 셈이다.

핀테크산업은 SNS와 빅데이터 등이 금융산업과 접목되어 혁신적 인 비즈니스를 창출한다. 페이팔, 알리바바, 애플 등의 ICT 기업들 이 새로운 지급결제 서비스들을 내놓으며 핀테크 시장에서 주도적 인 사업자로 나서고 있다. 갈수록 방대해지는 모바일 트래픽은 개인 및 기업의 신용평가 및 금융거래 자료에 대한 분석을 돕는 기초 데

---

[26] GARTNER, 〈Gartner Says Worldwide Mobile Payment Transaction Value to Surpass $235 Billion in 2013〉.

이터를 제공해 대출, 보험 등의 금융 서비스에 변화를 가져온다.

핀테크를 통해 생산 투자에 참여하는 소비자인 파이낸슈머Finan-sumer, 인베슈머Invesumer, 렌슈머Lensumer도 등장한다. 이들은 생산자인 동시에 소비자이며 금융인이기도 하다. 소비하면서 투자도 하고 대출도 하며 생산에 참여한다.

미국의 핀테크 스타트업 온덱은 핀테크를 통해 금융 플랫폼이 어떻게 바뀌었는지를 보여주는 대표적인 사례다. 온덱은 오프라인 점포 없이 온라인을 통해 주로 소상공인들을 대상으로 대출 서비스를 제공한다. 온덱에서 자체 개발한 대출 심사 프로그램으로 대출 신청자의 금융거래 내역, SNS 평가 등을 분석해 신용도를 평가한다. 이 심사 과정은 수분 내 이뤄지며 대출금은 다음 날 바로 입금된다. 2007년 설립한 온덱의 대출액은 2015년에 20억 달러를 넘어섰다.[27] 금융 서비스는 참신한 아이디어와 첨단 기술로 무장한 온라인 기업들로 옮겨가고 있다.

생산 플랫폼 혁명

핀테크 시대의 생산 환경은 세 가지 특징을 보인다. 첫째, 기술 또는 지식의 혁신 속도가 매우 빠르다. 둘째, 수익 모델의 주기 또한 매우 짧다. 셋째, 개개인이 아이디어의 생산자로서 시장에 진입하기 때문에 1인 창조기업이 가능하다. 생산 수단을 갖지 않은 개인도 생산자가 될 수 있다.

---

27 ONDECK 홈페이지, 〈https://www.ondeck.com/company〉.

핀테크 시대에는 생산품 자체의 성격도 변화한다. 투자 가치가 있는 참신한 아이디어나 빅데이터의 바다에서 건져올린 금융 정보가 바로 생산품이다. 핀테크산업에서의 '생산'이란 지식의 융합과 조합을 의미하며, 이렇게 생산된 정보는 온라인에서 거래된다. 사람들이 지식 및 기술에 투자할 수 있도록 중개하는 플랫폼이 중요해진다.

핀테크는 그 자체가 생산 플랫폼이다. 이제 생산을 하는 이들은 은행이 아니라 핀테크 기업을 통해 자금을 조달한다. 핀테크업체들은 소상공인에게 대출 서비스를 제공하거나, 생산자들이 다수의 대중으로부터 투자받을 수 있도록 생산자와 대중 사이를 연결해준다. P2P 대출이나 크라우드 펀딩이 대표적인 예로, 아이디어를 가진 생산자들은 개인들로부터 직접 자금을 빌리거나 모을 수 있다.

특히 크라우드 펀딩은 핀테크로 인한 생산 플랫폼의 변화를 극명하게 보여준다. 상품 개발, 행사 개최 등을 비롯한 다양한 프로젝트를 온라인으로 공개하고 익명의 다수로부터 십시일반 투자를 받는다. 적은 금액으로도 누구나 투자자가 되어 생산자를 지원할 수 있다. 크라우드 펀딩의 대표적인 사례로 가상현실 기기 제조업체 오큘러스는 신제품 오큘러스 리프트 개발비 27억 원을 투자받았으며, 스마트 워치를 제조하는 미국 스타트업 페블도 104억 원을 조달했다. 쿨리스트 쿨러coolest cooler라는 아이스박스 제품은 미국 소셜펀딩 사이트 킥스타터에서 147억 원 자금을 투자받아 큰 화제를 낳았다.

이처럼 핀테크는 대기업에 비해 경영 환경이 열악한 중소기업과 소상공인에게 새로운 성장 동력으로 작용한다. 해외 송금, 간편결제, 경영자금 조달 등 다방면에서 핀테크를 적극 활용해 시장에서 살아남을 경쟁력을 확보해나갈 수 있는 기회다. 이처럼 핀테크는 기업이 생산을 하고 물건을 팔면서 일어나는 온갖 금융 행위들을 각 기업 특성에 맞게 맞춤화해 구현해내고 있다.

만인에 의한 만인의 금융

—

핀테크는 사람들을 금융의 소비자가 아닌, 금융의 주체로 만든다. 이제 보통 사람들도 핀테크가 만들어놓은 플랫폼 위에서 기존 금융 기관이 하던 역할을 담당할 수 있게 된다. 금융의 민주화라 부를 만한 혁신적 사건이다. 사람들은 자신이 원하는 만큼 그리고 자신이 원하는 이율로 돈을 모을 수도 있고, 돈을 빌려줄 수도 있다. 소비자들은 다대다로 만나 소비자를 위한, 소비자들에 의한, 소비자들의 새로운 금융 생태계를 형성할 것이다.

'멀티소싱'과 '멀티채널'은 핀테크가 만들어낸 가장 큰 변화 중 하나다. 소비자 개인들이 서로 직접 자금중개에 참여하거나 소비자

그림 11 ··· **싱글채널과 멀티채널과 옴니채널**

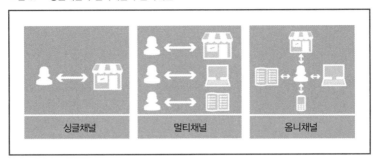

가 여러 금융기관과 거래할 수 있는 멀티소싱과 멀티채널의 시대가 열렸다. 2천만 명의 고객을 보유하고 있는 아마존은 크라우드 펀딩 사업을 고려하고 있으며, 구글은 미국 26개주에서 자동차 보험 사업을 운영할 수 있는 지위를 획득했다. 국내 포털 네이버와 카카오도 인터넷 전문은행 진출을 검토하고 있다.

멀티소싱

금융은 본질적으로 자금중개 시스템이다. 금융사는 돈이 많은 곳에서 돈을 모아 돈이 필요한 사람에게 돈을 빌려주는 중개 서비스를 통해 성장해왔다. 사람들은 금융기관이라는 허브를 통해 돈을 융통했다. 지금까지 돈은 금융사를 통해 일방향으로 흘러다녔지만, 이제 크라우드 펀딩으로 돈이 필요한 사람은 금융기관을 거치지 않고도 직접 대중에게서 돈을 빌릴 수 있게 되었다. 지금까지 소비자들은 금융사들이 만들어놓은 금융상품을 골라 투자했고 금리도 정해져 있었다. 그러나 앞으로는 대중의 선택지가 넓어져 소비자의 주체성이 대폭 확대될 전망이다. 소비자가 금융 생태계의 중심에 서게 된 것이다.

크라우드 펀딩이 이뤄지는 유형은 크게 지분투자, 대출, 후원, 기부 등이 있다. 지분투자는 어떤 기업에 자금을 투자하고 그 액수에 비례해 기업 지분을 받는 방식이다. 가령 레스토랑을 창업할 자본금이 필요할 때, 투자회사나 금융기관을 찾아볼 수도 있지만 크라우드 펀딩 사이트에 사업계획서를 올리고 관심 있는 이들로부터 투자를 받을 수도 있다. 대출은 자금을 필요로 하는 개개인들이 이율을 합의해 자금을 융통하는 방식이다. P2P 금융이 대표적이다. 크라우드 펀딩과 유사하게 돈이 필요한 사람이 돈의 쓰임새와 목적과 상환 방식에 대해 올리면, 다른 이들이 이를 확인하고 자신이 빌려주고 싶은 금액만큼 빌려주는 식이다. 후원은 보통 특정 프로젝트에 필요한 자금을 지원하고 그 보상으로 소정의 물품을 받는 경우가 일반적이다. 기부는 후원과 달리 대가성 없이 순수하게 기부를 하는 방식이다. NGO 단체들의 경우 프로젝트 단위로 크라우드 펀딩을 활발하게 활용하고 있다.

크라우드 펀딩은 기존 금융시장 못지않게 성장할 것으로 평가받는다. 2007년 미국에서 출범한 핀테크 기업 렌딩클럽은 대출형 크라우드 펀딩이다. 렌딩클럽은 2014년 뉴욕증권거래소에 상장해 9조 원의 기업가치를 인정받았다. 후원형 크라우드 펀딩 기업인 킥스타터 또한 2015년 3월 말 기준 81,659개의 누적 프로젝트와 16억 달러의 투자금을 기록했다. 2014년 한 해만 해도 전 세계에서 330만 명이 5억 달러를 투자해 22,252개의 프로젝트를 진행했다. 기존 금융사 또한 새로운 수익 시장을 찾기 위해 크라우드 펀딩을 적극 활용할 가능성이 높다.

멀티채널

멀티채널은 소비자가 금융 서비스를 이용하는 경로가 다양해진다는 것을 의미한다. 1995년 세계 최초의 인터넷뱅킹이 나타나기 전에는 은행을 직접 방문해야만 금융거래를 할 수 있었다. 그러나 스마트폰 보급 이후 모바일뱅킹이 일상화되었고 이제는 오프라인 뱅킹을 압도하려 하고 있다. 핀테크 시대로 나아갈수록 단순히 거래내역 확인이나 이체 서비스를 넘어서 증권, 보험, 대출 등 거의 모든 금융거래가 온라인에서 손쉽게 이뤄질 것이다.

이에 따라 금융기관의 오프라인 지점은 점차 줄어들 것이다. 물론 대면 거래를 선호하는 소비자를 위해 지점이 전부 사라지지는 않겠지만 그 형태는 변화되어 운영될 것이다. 가령 백화점에 다양한 매장이 들어서 있는 것처럼 한 장소에 여러 은행, 증권사, 보험사들이 한데 모여 고객을 만날지도 모른다. 각 개인에 맞춰 최적의 금융상품을 추천하고 제공하는 금융 큐레이션 직업도 주목받을 것이다. 지금도 계열사 간 영업소를 함께 쓰는 형태가 나타나고 있기도 하다. NH농협은행은 세종로 광화문빌딩에 은행과 증권 업무를 함께 처리할 수 있는 복합 점포를 개설했다. 대구은행과 DGB캐피털은 대구와 창원 지역의 지점을 함께 운영하고 있다. 영업점 내 개별부스 운영이라고 해 'BIB branch in branch' 라고도 부른다.

소비자들을 위한, 소비자들에 의한, 소비자들의 금융

소비자의 선택권이 늘어난다는 점에서 멀티채널은 큰 의미를 가진다. 이전에는 소비자들이 하나의 금융사에서 상담을 받고 상품을 선택했다면, 이제는 여러 회사의 상품을 쉽게 알아보고 선택할 수 있게 되었다. IT 플랫폼에 기반해 대출, 증권, 보험 등 금융 서비스를 전문으로 다루는 온라인 판매 전담사가 주목을 받을 것이다. 이에 금융사들은 자연스럽게 상품의 질을 향상하려고 노력할 것이며, 소비자 개개인에 맞춘 금융 서비스를 소개하고 제공하는 사업이 각광을 받을 것이라 예측된다.

국내에서도 인터넷 전문은행이 도입될 전망이다. 인터넷 전문은행이 본격화되면 이제 국내는 물론 세계 어디서든 금융 서비스를 이용할 수 있다. 예를 들어 소비자가 모바일로 외국 은행에 접속해 그 은행으로부터 저금리에 대출을 받을 수 있다는 것이다. 핀테크는 소비자의 새로운 필요와 욕구를 찾아 끊임없이 그 영역을 넓혀가고 있다.

은행 창구보다 더 북적이는 핀테크

글로벌 핀테크 시장에서는 혁신적인 비즈니스모델로 새로운 금융시장을 개척해가는 핀테크 기업들이 속속 나타나고 있다. 국가 간 통화나 결제 시스템의 장벽을 넘어서 전 세계를 무대로 개인과 기업에게 지급결제 서비스를 제공하거나, 개인정보를 분석해 고객의 신용도나 금융 사고 여부를 거의 실시간으로 확인하는 기술도 등장하고 있다.

가장 모바일다운 모바일 금융

2012년 2월 바클레이즈Barclays 금융그룹은 모바일 앱 '핑잇'을 출시했다. 이 앱은 은행 계좌와 스마트폰만으로 송금이 가능하도록 지원하고 있다. 바클레이즈은행 계좌가 없는 사람도 전자지갑 서비스 '페이엠'에 가입하면 핑잇을 사용할 수 있다. 별다른 인증 단계 없이 문자를 보내듯 서로의 전화번호로 쉽게 돈을 주고받을 수 있다. 16

세 이상이면 전화번호를 통해 돈을 송금하는 것이 가능하다. 핑잇은 금융회사에서 직접 개발한 핀테크 앱이라는 점에서 주목을 받고 있다. 대부분의 금융회사가 인터넷 은행 서비스를 모바일에서 기능하도록 하는 정도에 그친 반면, 핑잇은 스마트폰 특성을 살린 혁신 서비스다.

프랑스 최대 은행 그룹 BNP파리바그룹^{BNP Paribas}도 2013년 모바일 전용 은행 '헬로뱅크'를 개설했다. 헬로뱅크는 '모바일로 태어났다'는 슬로건 아래 핑잇처럼 계좌번호 대신 전화번호나 QR코드로 송금이 가능하다. 은행에서 제공하는 모든 금융 서비스를 모바일에서 사용할 수 있으며 트위터로 고객의 문의에 바로바로 응대한다.

2009년 아일랜드 출신의 패트릭 콜리슨과 존 콜리슨 형제가 보스턴에 세운 스타트업인 스트라이프^{Stripe}는 모바일 앱에서 카드 결제를 용이하게 하는 서비스다. 스트라이프는 139가지 통화 결제가 가능하며, 기존 은행 이체뿐만 아니라 비트코인, 알리페이까지 지원하고 있어 글로벌 비즈니스를 하는 기업들에게 인기가 많다. 스트라이프는 거래금액의 2.75%를 수수료로 받는다. 실리콘밸리 유수의 벤처캐피털들이 스트라이프에 투자했다.

미국의 피서브^{Fiserv}는 받는 사람의 은행 계좌, 전화번호, 이메일 주소를 통해 송금하는 '팝머니'를 출시했다. 또한 미국의 페이드파이퍼^{Paidpiper}는 물품의 사진과 가격을 결제 요청 메시지와 함께 타인에게 보내면, 그가 입력한 결제 정보가 바코드나 카드 번호로 전환되어 결제 처리되는 서비스를 제공한다.

SNS를 활용한 소셜 금융

2009년 인터넷 은행으로 출범한 독일의 피도르은행은 오프라인 지점 없이 페이스북, 트위터, 유튜브, 웹사이트 등 온라인 채널에서만 사업을 운영한다. 커뮤니티 은행임을 내세워 고객이 은행의 서비스 기획, 평가, 재테크 상담 등에도 참여할 수 있도록 하고 있다. 피도르은행은 고객 참여를 이끌어내기 위해 고객이 질문이나 조언, 상품 기획 등을 제안할 때마다 금전적인 보상을 주고 있다. 아울러 페이스북을 통해 계좌를 개설할 수 있으며 페이스북 페이지의 '좋아요' 클릭 수가 1,000회 추가될 때마다 예금 금리도 0.1% 상승한다.

미국의 핀테크 기업 렌도 Lenddo는 소셜네트워크를 활용해 개인의 신용도를 측정하고 그에 기반해 대출 서비스를 제공하고 있다. 미국의 빌가드 BillGuard는 크라우드소싱 Crowdsourcing 데이터를 통해 카드 사기와 오류를 미리 방지할 수 있는 '스마트 머니 앱'을 개발했다. 두 기업 모두 데이터 분석을 활용해 소비자가 필요로 하는 금융 서비스를 새롭게 창조해냈다. 이외에도 미국 모바일뱅킹업체 말라우자이 Malauzai는 클라우드 컴퓨팅을 활용해 스마트폰 사진을 통한 지불 서비스를 제공하며, 마이텍 Mitek도 스마트폰 사진을 활용한 모바일 수표 예금 서비스를 실시하고 있다.

로봇에게 받는 자산관리

온라인 금융자문사들은 고객들을 점차 '자동화된 투자 관리'의 세계로 유인하고 있다. 미국에서는 웰스프론트 Wealth front, 베터먼트 Betterment, 켄쇼 Kensho, 로보어드바이저 roboadviser 등의 핀테크 자산관리업체들이 개인들에게 맞춤식 자산관리를 제공한다. 이들은 주식 등의 상품과 고객들의 위험 감내 정도를 매칭시켜 투자 결정을 내리는 툴을 제공하거나, 세금을 최소화하고 수익을 최대화하기 위해 언제 주식을 사고팔지도 자동화해 관리해준다.

온라인 금융자문사인 로보어드바이저에 투자하는 이가 점차 늘어나고 있다. 로보어드바이저는 전통적인 증권사나 자문사보다 저렴한 비용으로 투자자들에게 포트폴리오 관리 툴을 제공한다. 2014년 로보어드바이저에 투자된 벤처 자금은 2억 9천만 달러(약 3,194억 원)에 달하며, 이는 2010년과 비교할 때 열 배 이상 증가한 것이다.[28]

또 다른 투자자문사 웰스프론트의 경우, 낮은 수수료로 투자자들의 포트폴리오 자산 비중을 자동 재조정하는 온라인 자동 투자 서비스를 제공한다. 웰스프론트는 핀테크 액셀러레이터를 운영 중인 오스트레일리아웰스인베스트먼트[AWI], KPMG 호주, 파이낸셜서비스카운슬Financial Service Council이 공동 조사한 '50대 베스트 핀테크 이노베이터'에서 1위를 차지한 곳이기도 하다. 〈포브스〉는 빅데이터 기반 자산관리 서비스를 제공하는 웰스프론트를 '자동화된 자산관리 서비스 영역에서 가장 큰 플레이어'라고 말한다.[29] 웰스프론트는 10억 달러의 자산을 관리하고 있다. 수수료는 연 0.25%로 기존 증권사나 투자자문사보다 낮은 편이다. 웰스프론트는 2014년 6,400만 달러의 투자를 유치했고, 기업가치는 7억 달러에 달한다. 퍼스널

28 연합인포맥스, 〈美 온라인 금융자문사 '로보어드바이저' 뜬다〉. (2015. 02. 16).
29 ZDnetKorea, 〈핀테크, 금융투자업에 눈 돌려야 하는 이유〉. (2015. 04. 06).

캐피털은 5천만 달러의 투자를 받아 기업가치는 2억 5천만 달러를 넘어섰다.[30]

웨어러블 뱅킹

뱅크오브아메리카, 웰스파고, 벤딩고 아들레이드 뱅크 등 해외 은행들이 애플의 애플 워치, 구글의 안드로이드 웨어, 타이젠OS 기반의 삼성 갤럭시 기어 시리즈 등 스마트워치에 기반한 웨어러블 뱅킹을 속속 내놓고 있다. 그러나 아직은 웨어러블 뱅킹의 성장 가능성에 대한 공통된 합의가 없고, 웨어러블 기기의 보안성이 검증되지 않은 탓에 크게 확산되지는 못하고 있다.

스페인 카이사은행에서는 결제 수단으로 비접촉 EMV 결제 손목밴드의 상용화를 추진하고 있다. 사바델은행에서는 구글 안경을 활용한 금융 서비스 인프라를 구축하고 있다. 영국 바클레이즈 카드에서도 비접촉식 결제 수단으로 팔찌와 장갑을 출시했다. 국내에서는 농협은행이 최초로 스마트워치를 활용해 은행 거래내역을 조회할 수 있는 'NH워치뱅킹'을 출시했다. 이는 삼성전자의 갤럭시 기어 등을 통해 계좌 잔액과 금융 거래내역을 확인할 수 있는 서비스다. 농협은 안드로이드 OS뿐만 아니라 국내 출시 예정인 애플 워치 및 타이젠 OS에도 도입할 예정이라고 밝혔다. 이러한 웨어러블 뱅킹은 고객의 편리함을 우선으로 추구한다. 웨어러블 뱅킹의 보안성 문제가 해결되어 대중화된다면 별도의 모바일뱅킹 로그인이나 인증 절

---

[30] 연합인포맥스, 〈美 온라인 금융자문사 '로보어드바이저' 뜬다〉. (2015. 02. 16).

차 없이 계좌 조회 등의 간단한 금융 서비스를 손쉽게 이용할 수 있게 될 것이다.

생체인식 넘어 핀테크 개척

최근 지문을 통한 생체인증 방식이 대중화되고 있다. 시장조사업체 IHS는 지문인식센서 시장이 2020년까지 17억 달러 규모로 성장할 것이라 예측했다.[31] 하나대투증권에서도 지문인식 스마트폰이 2017년에는 7억 대까지 규모가 늘어날 것으로 전망했다.[32] 애플은 2013년 아이폰5S에 지문인식을 적용했으며, 국내에선 팬택이 같은 해에 베가 LTE-A에, 삼성전자는 2014년 출시한 갤럭시S5에 지문인식센서를 도입했다.

지문인식이 점차 보편화되면서 핀테크 기업들은 지문인식을 활용한 모바일 결제 시장에 눈을 돌리고 있다. 사용자와 일대일로 인증이 가능한 스마트폰은 온·오프라인 모두 연결되어 있기 때문에 언제 어디서나 결제를 가능하게 하는 매개체로 손색이 없기 때문이다. 애플은 2013년 터치ID 지문인식 솔루션을 선보이고, 2014년 출시한 iOS에 NFC를 적용해 모바일 결제 솔루션 '애플페이'를 출시했다.

지문인식 스마트폰은 지불결제 사업자 PG Payment Gateway사 등이 준비하고 있는 모바일 페이 사업에도 활용될 가능성이 높다. 소프트웨

---

31 ZDnetKorea, 〈지문인식센서 시장 2020년까지 4배 성장〉. (2014. 10. 12).
32 중소기업신문, 〈날로 고도화 되는 지문인식 기술… 관련업체 주가는?〉. (2014. 12. 09).

어와의 호환만 이뤄질 수 있다면 모바일 페이 서비스의 사용자 인증 방식이 지문인식으로 채택될 수 있다. 이처럼 생체인식이라는 첨단 기술에 대한 관심과 스마트폰 보안에 대한 경각심이 높아지고 글로벌 IT 기업들의 관련 서비스 기획이 추진될수록 지문인식은 더욱더 핀테크 핵심 기술로 급부상할 것이다.

기존 스마트폰의 보안은 소프트웨어를 통한 인증 방식으로, 정보만 알고 있다면 누구나 잠금 해제가 가능하기 때문에 해킹의 위험도 크다. 그러나 스마트폰의 생체인식은 물리적인 인증 방식으로 보안성이 더욱 높을 뿐만 아니라 스마트폰이 사용자 개개인을 인식한다는 점에서 더욱 많은 서비스가 창조될 수 있을 것이다.

CHAPTER 3

핀테크
글로벌 전쟁의
서막

시장을 창조하는 핀테크 이노베이터

———

금융 서비스산업은 산업계를 거침없이 혁신해가는 디지털 파괴^{Digital} ^{disruption}의 파도에 직면해 있다. 2015년 오스트레일리아웰스인베스트먼트, KPMG 호주, 파이낸셜서비스카운슬에서는 총자본과 자본 성장률, 하위 산업 파괴 수준, 제품·서비스·고객 경험·비즈니스모델 혁신 수준에 관한 분석을 바탕으로 '50대 베스트 핀테크 이노베이터'를 선정했다.

베스트 핀테크 이노베이터[33]

1위 웰스프론트

펀드 매니지먼트 회사인 웰스프론트는 고객들의 돈을 전 세계 주식, 채권, 파생상품 등에 어떻게 분배할 것인지를 결정한다. 이 회사는 낮은 수수료로 투자자들의 포트폴리오 자산 비율을

---

33 AWI, KPMG, FSC, 〈The 50 Best Fintech Innovators Report〉.

자동 재조정하는 온라인 자동 투자 서비스를 제공하며, 목표 배당금을 유지하기 위해 고객들의 포트폴리오를 지속적으로 모니터링하고 자동 재조정한다. 웰스프론트는 5천 달러에서 1만 달러 사이의 계정에 대해서는 자문 및 매니지먼트 서비스를 무료로 제공한다. 그리고 1만 달러 이상 계정에 대해서는 일 년에 0.25%의 수수료를 부과하며, 여기에는 투자자들의 자본이득세 capital gains tax 책임을 최소화하도록 돕는 서비스의 비용도 포함되어 있다. 웰스프론트의 CEO 애덤 내쉬는 "우리 모두 월스트리트의 늑대를 보았다. 우리는 개인이 고비용의 부적절한 투자로 자기들 자신을 부유하게 하려는 상어와 기생충에게 포식되지 않는 세상을 보고 싶다"고 말한다.

2위 캐비지

캐비지Kabbage는 중소기업이 자본을 얻을 수 있는 방법을 획기적으로 바꾼 금융·데이터 테크놀로지 회사로, 2009년 중소기업 금융시장에 진입했다. 현재 이 회사는 중소기업에 운전자본working capital을 조달하는 미국과 영국 최고의 온라인 제공자다. 캐비지의 데이터 컨텍스트 엔진은 배송, 회계, 소셜미디어, 전자상거래, 지불결제 등 중소기업들이 매일같이 사용하는 데이터 소스들을 연결해 빠르고 유연하게 자금을 조달한다. 기업과 소비자는 자신들의 데이터를 활용해 온라인 신청서를 제출하고 즉시 답변을 받을 수 있으며 은행에서는 몇 주가 걸리지만 캐비지는 7분 안에 자금을 만들 수 있다.

3위 모티프 인베스팅

모티프 인베스팅Motif Investing은 고객들이 세계의 빅 아이디어에 투자하도록 중개해준다. 모티프 인베스팅은 투자자들이 경제, 산업, 정치 트렌드 또는 유행하는 투자 전략 등에 의거해 만들어진 포트폴리오에 투자하게끔 하는 새로운 방식으로, 투자자가 '모티프motif'를 따르게 해준다. 투자자들은 모티프에 투자함으로써 자신의 아이디어, 신념, 통찰에 따라 행위할 수 있게 되는 것이다. 투자자들은 투자 위험 감수도와 특정 시장에의 노출 수준에 따라 포트폴리오를 주문 제작할 수도 있다. 이 회사의 독특한 점은 아이디어 공유를 가능하게 하는 혁신적인 사회적 플랫폼을 제공한다는 것이다.

또한 모티프 인베스팅은 단순하고 간단한 도구와 테크놀로지, 비용구조를 사용한다. 주식을 찾아보는 것은 시간이 많이 걸리는 일이고 중개 계정은 비싸다. 이런저런 저렴한 온라인 투자 도구들이 있지만 이것들은 투자 옵션이 제한적이다. 모티프 인베스팅은 틈새 투자의 아이디어를 합법적 투자로 바꾸는 저비용 솔루션을 제공함으로써 투자자들에게 힘을 실어준다.

4위 클라나

거래·결제 서비스 회사인 클라나Klarna는 전자상거래를 위한 결제 솔루션의 선두 업체 중 하나다. 클라나는 구매자가 상품을 받은 후 주문한 상품에 대해 지불할 수 있게 하는 안전 거래 솔루션을 제공한다. 클라나는 또한 E-스토어에 대한 모든 신용·사기 위험을 가정하고, 판매자들이 항상 지불을 받을 수 있게끔 보증하는 서비스를 제공한다. 클라나의 비전은 신뢰를 구축해 구매자와 판매자 사이에 마찰이 없는 구매 경험을 제공하는 것이다. 클라나의 주요 판매 포인트는 결제되기 전에 제품을 받을 수 있도록 함으로써 소비자들이 실제 매장에서 물건을 보고 사는 것처럼 만들어주는 것이다. 또한 사용자들이 아주 적은 정보만을 입력하고 '원 클릭' 결제를 할 수 있게 해주는데, 클라나는 이러한 쉽고 빠른 결제 방식으로 결제 완료율이 20~30% 증가한다고 주장한다.

5위 스퀘어

스퀘어Square는 거래·결제 서비스 회사로 스퀘어 레지스터, 스퀘어 리더, 스퀘어 오더와 같은 몇 가지 소프트웨어와 하드웨어 제품 및 서비스를 제공한다. 스퀘어 리더는 스마트폰 등에 무료 리더를 장착해 언제 어디서나 신용카드로 결제를 받을 수 있게 해주는 제품이다. 스퀘어 레지스터는 기업이 결제, 아이템 관리, 메뉴 공유와 위치 정보 등을 받아들이게 하는 판매 시점 관리 시스템이다. 스퀘어 오더는 상점과 레스토랑에 미리 주문을 하고 정해진 시간에 가서 물건을 픽업할 수 있게 해주는 서비스다. 스퀘어의 목표는 기술을 통해 상거래 과정을 단순화하는 것이다.

6위 렌딩클럽

렌딩클럽은 개인융자의 P2P 대출 웹사이트를 가동하는 세계에서 가장 큰 P2P 대출 플랫폼이다. 이 회사는 지원자의 위험을 평가하고, 투자자가 개인에게 직접 대출하거나 여러 대출에 돈을 분배할 수 있게 해주며, 여기에는 1~5%의 발신 수수료와 대출 금액의 1%에 해당하는 서비스 요금이 부과된다. 투자자 개인에게 직접 돈을 빌릴 수 있는 온라인 뱅킹을 제공하는 렌딩클럽은 전통적 은행 시스템의 대안이 되는 더 효율적이고, 투명하고, 고객 친화적인 시스템을 만든다는 단순한 미션을 가지고 시작되었다. 이들은 신용도가 낮은 대출자들도 낮은 금리로 대출받을 수 있게 해주고, 투자자들에게는 더 나은 수익을 제공한다. 미국의 71번째 재무장관이었던 래리 서머스는 "렌딩클럽의 플랫폼은 근본적으로 향후 10년간 전통적인 은행 업무를 변환할 수 있는 잠재력을 가지고 있다"고 말했다.

7위 온덱

온덱은 소규모 사업자들에게 온덱만의 기술 플랫폼을 활용한 대출 서비스를 제공한다. 온덱의 혁신적인 기술 플랫폼은 중소기업의 신용도를 확인하기 위해 온라인 뱅킹 및 상거래 데이터를 포함하는 전자정보를 활용한다. 온덱은 레스토랑, 치과, 식료품점, 인벤토리, 비즈니스 장비, 현금 유동성 등을 위한 대출을 제공하며 병원, 레스토랑, 비즈니스 확장 및 운전자본을 위한 금융 서비스를 제공한다. 대부분의 중소기업에는 대출기관에 매력적으로 보이게끔 해줄 재무부서 또는 관련 경험이 없다. 은행은 기업 신용도를 평가하는 주요 기준으로 사업 소유자의 개인 신용 점수를 사용해, 개인 대출과 같은 방법으로 기업 대출을 취급하기 때문에 중소기업의 자본에 대한 접근이 어렵다. 하지만 온덱은 사업 자체의 잠재력을 평가해 대출 서비스를 제공한다. "우리는 팀의 획기적인 비전, 강력한 재능과 파괴적인 기술을 믿기 때문에 투자한다"고 구글 벤처스의 무한책임사원인 카림 패리스는 말한다.

8위 보로

보로Borro는 현금에 대한 빠른 접근이 필요한 고객에게 단기 대출을 제공하는 영국·미국의 온라인 대출 회사다. 온라인 대출 과정은 24시간 내에 완료된다. 보로의 전형적인 고객은 자금 문제를 가진 자영업자, 투자 기회를 보고 있는 부동산 개발 및 투자자 등이다. 은행이 소기업에 대출을 해주려 하지 않아 단기 대출을 요청하는 사업자들의 수가 많아지고 있다. 2014년 첫 세 달 동안 영국 기술 투자 규모는 2013년 같은 기간 동안의 28억 7천 파운드에서 53억 파운드로 껑충 뛰었다. 이 기간 동안 가장 많은 자금을 지원받은 것은 미국으로부터 1억 1,200만 달러를 받은 보로였다.

9위 크레디테크

크레디테크Kreditech는 더 빠르고 좋은 신용 평가라는 단순한 미션을 수행하기 위해 빅데이터와 복잡한 기계 학습 알고리즘을 사용한다. 이 회사의 소비자 플랫폼인 'Kredito24'와 'Zaimo'를 활용해 개인 고객들은 온라인, 모바일 또는 SMS로 대출을 신청하고 은행계좌, 신용카드, ATM으로 15분 안에 자금을 받을 수 있다. 크레디테크의 기술은 15,000개의 동적 데이터에 기반해 몇 초 안에 개인들을 식별하고 점수를 매긴다. 크레디테크의 고객들은 전 세계 7개국에 있는 단기 또는 장기 대출 및 기타 금융 상품을 신청할 수 있다. 이 서비스는 기계 학습 알고리즘과 빅데이터 인프라의 힘을 사용하는 정교한 신용 평가 프로세스에 의해 뒷받침된다.

10위 제로

제로Xero는 사업주가 단순하고 스마트하며 안전한 방법으로 자신의 재무 상태를 실시간으로 확인할 수 있게 해주는 온라인 회계 소프트웨어를 제공한다. 제로의 회계 소프트웨어는 데스크탑이 아닌 클라우드를 기반으로 하며, 사용하기 쉽지만 강력한 온라인 회계 플랫폼이다. 제로는 SaaSSoftware as a Service(서비스로서의 소프트웨어)이며, 표준 브라우저를 통해 인터넷 클라우드에서 직접 접근할 수 있다. 또한 강력한 기술·데이터베이스 팀을 가지고 있으며 세계에서 가장 강력한 회계 엔진을 구축하고 있다. 제로는 작은 기업이 대차 대조표와 현금 흐름의 변화에 매우 민감하다는 사실에 기반하고 있으며, 온라인 협업을 통해 회계사나 회계장부 담당자 같은 고객들과의 신뢰 관계를 구축한다.

미국 핀테크의 원투펀치

세계 핀테크 기술을 선도하는 실리콘밸리

미국 핀테크산업의 중심은 실리콘밸리와 뉴욕이다. 애플과 구글의
탄생지인 실리콘밸리는 전 세계에서 핀테크 분야에 가장 많은 돈을

그림 12 ··· **실리콘밸리 핀테크 초기 기업-증권 분야 전문업체**

회사명	소재	투자 실적	분야	기업 설명
퓨처 어드바이저 Future Advisor	샌프란시스코	$15.5M 시리즈 B	웰스 매니지먼트	• 온라인 투자 서비스 제공 • 개인 투자 성향에 따라 자동적으로 투자 거래가 가능한 투자 플랫폼(주식, 펀드, ETF 등) • 와이 컴비네이터Y Combinator, 세쿼이아Sequoia 등이 참여
로빈후드 Robinhood	팰러앨토	$13M 시리즈 A	주식 거래	• 모바일 주식 거래 플랫폼 • 커미션 없는 주식 거래 서비스 제공 • 구글 벤처스Google Ventures, 리빗 캐피털Ribbit Capital 등이 투자
모티프 인베스팅 Motif Investing	샌머테이오	$35M 시리즈 D	주식 거래	• 트렌드와 아이디어 분석을 통해 자사의 투자 분석 정보를 제공 • 사용자는 분석된 데이터를 바탕으로 자신의 포트폴리오 구성 후 투자 • 골드만삭스Goldman Sachs, 노웨스트 벤처Norwest Venture 등이 투자 참여
지그나이트 Xignite	샌머테이오	$10M 시리즈 B	데이터	• 증권·재무 데이터 제공
잼스텝 Jemstep	로스앨터스	$4.5M 시리즈 A	웰스 매니지먼트	• 온라인 투자 서비스 제공
샌프란시스코 오픈 익스체인지 (SFOX)	샌프란시스코	$120K 시드투자	비트코인 파생상품	• 비트코인 파생상품 거래 • 와이 컴비네이터 선정 기업
웰스 프론트 Wealth Front	팰로앨토	$64M 시리즈 D	웰스 매니지먼트	• 온라인 기반 자산 투자 및 관리 • $1B 클라이언트 자금 운영 • 지난 15개월간 800% 성장
퍼스널 캐피털 Personal Capital	레드우드 시티	$13M 시리즈A	웰스 매니지먼트	• 디지털 자산관리

투자하는 지역으로, 2013년 기준 글로벌 핀테크 투자의 32%와 거래 건수의 20%가 이곳에서 이뤄졌다.[34] 2014년 실리콘밸리 핀테크 투자 자금은 20억 달러로 같은 기간 유럽 전체에 투자된 14억 8천만 달러를 훨씬 웃돈다.[35]·

월가의 전폭적인 투자를 받는 뉴욕 핀테크

세계에서 실리콘밸리 다음으로 핀테크 투자가 많은 지역은 뉴욕이다. 뉴욕은 실리콘밸리에 비해 늦게 출발했지만 월가의 전폭적인 지지를 받으며 투자 속도가 가파르게 증가하고 있는 지역이다. 2008년 리먼브라더스 사태로부터 촉발된 경제위기 이후 기존 금융 시스템의 한계를 절감한 금융권이 비용을 절감하고 금융시장의 파이를 키우기 위해 핀테크에 관심을 가지기 시작한 것이다. 2014년 1분기 투자는 1억 5천만 달러[36]로 실리콘밸리에 비해 절대적인 규모는 작지만, 2010년에서 2014년까지 5년간 핀테크 투자 연평균 성장률 31%를 기록했다.[37]

뉴욕의 핀테크산업에는 대형 투자은행의 금융 서비스가 지원되고, 실리콘밸리의 핀테크산업에는 주로 벤처캐피털의 금융 지원이 뒷받침되었다. 핀테크산업의 생애 주기 life-cycle 측면에서 보면, 실리콘밸리는 주로 태동기에 필요한 벤처캐피털의 금융 지원의 비중이

34 BNK금융경영연구소, 〈핀테크: 금융과 IT가 만나다〉.
35 금융동향센터, 〈전 세계 핀테크 투자규모 급증과 은행의 대응방안〉.
36 서강대학교 경영학부 교수 정유신, 〈핀테크의 확대 추세와 금융투자회사의 대응방안〉.
37 한국인터넷진흥원, 〈Industrial Internet Issue Report − 핀테크 편〉.

그림 13 ··· **뉴욕 소재 핀테크 초기 기업-증권 분야 전문업체**[38]

회사명	소재	투자 실적	분야	기업 설명
런베스트 Learn Vest	뉴욕	$28M 시리즈 D	웰스 매니지먼트	• 파이낸스 플래닝 서비스
카피탈 Kapital	뉴욕	$13M 시리즈 B	투자	• 투자 플랫폼 • 주식, 펀드, 투자 포트폴리오 등 의 정보 공유
베터먼트 Betterment	뉴욕	$45M 시리즈 C	투자	• 투자관리 및 재무 상담
IEX 그룹 IEX Group	뉴욕	$75M 시리즈 C	증권	• 증권 거래 플랫폼 • 베인 캐피털Bain Capital 등이 투 자 참여
세컨드마켓 SecondMarket	뉴욕	$15M 시리즈 C	투자	• 유동성 관리, 자본 거래 • 투자 플랫폼

큰 반면, 뉴욕은 태동기 이후 대형화를 도모하는 성장 후기의 금융 서비스까지 지원된다는 차이가 발견된다. 이렇게 볼 때 실리콘밸리는 장기적인 관점에서의 금융 서비스가 다소 약하다고 볼 수 있다.

원조 핀테크 페이팔

페이팔은 미국에서 가장 성공적인 핀테크 사업의 사례로 꼽힌다. 페이팔은 전자 지갑 기반의 전자상거래 서비스로 현재는 미국 온라인 쇼핑몰 이베이Ebay에 속해 있다. 페이팔에 계정을 만들고 신용카드를 등록하면 현금이나 신용카드 등을 이용해 페이팔 밸런스를 충전해둘 수 있고, 등록된 신용카드 또는 페이팔 밸런스로 결제할 수 있다. 신용카드 번호와 CVS 번호, 만료 기한 등의 신용카드 정보를 외

---

[38] Fintech Investment Boom is an Opportunity for NY to Lead in Technology, MarketWatch (2014); A Few FinTech Providers for Capital Markets, InformationWeek (2013), Fintech and the Democratization of Investment, Celent (2014).

우지 않아도 페이팔 계정만 있으면 결제가 되기 때문에 매우 편리할 뿐만 아니라, 거래 시 신용카드 정보를 알리지 않아도 되는 점 때문에 안전하다. 페이팔 가입자 수는 약 1억 6천 명에 달하고,[39] 연간 215조 원의 결제액을 기록하고 있다.[40] 앞으로 페이팔은 앱 방식의 오프라인 결제 서비스도 제공할 계획이라 한다. 상점에서 핸드셋으로 바코드를 인식해 상품 대금을 결제하는 방식이다.

페이팔은 우리나라의 결제대행 서비스와도 비슷하지만 편의성과 보안 측면에서 큰 차이가 있다. 한국에서는 전자거래를 할 때 공인인증서 요구 때문에 카드 결제가 그다지 간편하지 않다. 공인인증서는 한국 금융거래법이 요구하는 본인인증 방식으로 액티브X 설치 등의 복잡한 과정과 안전성 문제가 항상 거론되고 있다. 이와는 달리 페이팔의 결제 방식은 전 세계 1억 5천만 명의 유저가 26개국 화폐를 통용하고 있다는 점에서 매우 편리하다. 페이팔 계정을 만들어 아이디와 패스워드를 받고 신용카드만 연동해놓으면 어디서든 자유롭게 결제할 수 있다. 고객정보는 암호화해 데이터베이스에 별도 보관하기 때문에 안전성도 보장된다.

2012년부터 페이팔은 '페이팔 히어 PayPal Here' 서비스를 도입했다. 소형 카드 리더기를 스마트폰에 연결해 신용카드 리더기로 사용할 수 있게 하는 서비스다. 같은 해 페이팔 예치금을 오프라인 매장에서 사용할 수 있도록 선불형 직불 카드와 기프트 카드도 출시했다.

---

39 아시아경제, 〈[2015 SAFF] "현금 많이 쓰는 아시아, 핀테크 블루오션"〉. (2015. 05. 21).
40 서울파이낸스, 〈[금융인사이드] 핀테크, 금융시장 판도 뒤흔든다〉. (2015. 02. 12).

2013년부터는 모바일 지갑을 도입해 온·오프라인 통합 지급결제 서비스를 제공한다.

1998년에 만들어진 페이팔은 2008년 온라인 결제 회사 빌미레이터Bill Me Later를 인수하고 2003년 설립된 커메니티캐피털은행Comenity Capital Bank과 제휴해, 고객이 상품을 구매할 때 단기 대출을 제공하는 '페이팔 크레딧PayPal Credit' 서비스를 시작했다. 즉 사업 영역을 수신뿐만 아니라 여신으로까지 확장한 것이다. 페이팔 회원이 은행에 이름과 생년월일, 사회보장번호를 제공하고 대출 적격자로 판정되면 최소 250달러의 신용 한도가 즉시 제공된다.

2014년 가을 이베이는 사업 관련성이 적다는 이유 등으로 페이팔의 분리를 선언했다. 페이팔은 이베이에서 독립한 후 나스닥시장에 재상장할 예정이다. 이는 페이팔 경영의 자유도를 높여 전자결제 시장에서의 경쟁력을 제고하려는 움직임으로 보인다.

라이프스타일을 바꾸는 애플페이

2014년 9월 9일 애플은 모바일 결제 시스템 애플페이를 발표했다. 애플페이는 지문인식센서로 감지하는 '터치ID'와 NFC를 활용한 지불결제 서비스다. 이는 신용카드 정보를 저장한 후 플라스틱 카드가 아닌 아이폰이나 애플 워치로 결제하는 방식으로, 10월 20일 모바일 결제 서비스를 시작한 지 72시간 만에 이용 횟수 백만 건을 돌파했다. 구글 월렛을 포함해 그동안 출시된 다른 모바일 결제 서비스의 성과를 모두 합친 것보다 많은 것이다. 터치ID를 통한 사용자 편의성 극대화, 높은 보안성 등이 애플페이 확산의 주 요인이라 할 수 있다.

애플은 아메리칸 익스프레스, 마스터카드, 비자 등 신용카드업체와 씨티그룹, 뱅크오브아메리카 등과 같은 대형 은행과 제휴를 맺고 있다. 2015년 1월 기준으로 애플은 전 세계 750여 개 금융기관과 제휴를 맺고 있다. 현재와 같은 추세가 지속된다면 2015년 애플페이의 총 결제액은 786억 달러, 2016년에는 2,066억 달러에 이르게 된다.[41] 이는 2016년 미국 소매시장 전체 예상 매출의 4.6%에 해당하는 규모다.

애플페이에 의한 핀테크 혁명은 애플의 모바일 점유율을 더욱 높일 것이다. 또한 애플페이는 블루투스 기반 초정밀 위치 감지 시스템인 '비콘' 생태계처럼 사용자에게 새로운 경험을 제공할, 모바일 결제 시스템의 혁신이다. 또한 애플페이는 변화하는 소비 문화 속에서 애플의 새로운 수익원이 될 결제 시장의 발전 방향을 제시할 것이다. 이처럼 미국은 핀테크 혁명의 초기 단계를 지나 사람들의 라이프스타일을 바꿀 정도의 수준에 도달해가고 있다.

역사를 자랑하는 인터넷 전문은행

인터넷 은행들은 미국에서 의외로 이른 시기에 설립되어 금융 서비스산업에서 이미 상당한 비중을 차지 하고 있다. 인터넷 전문은행이란 오프라인 지점을 두지 않고 온라인으로만 영업하는 은행을

---

41 The Financial Brand, 〈The Problem With Those Apple Pay Projections〉, (2014. 10. 29).

은행명	설립연도	총자산	총예금	당기순이익	ROA	주요 사업(운용) 분야
Ally Bank	2004	1,007.7	568.0	8.5	1.1%	기업 대출
Aloster Bank	2011	9.2	605	0.0	0.4%	기업 대출
American Express	2000	430.5	291.8	15.7	4.9%	기업 대출, 개인 대출(신용카드)
Barclays Bank	2001	241.6	150.0	1.2	0.7%	개인 대출(신용카드)
BMW Bank	1999	99.8	62.1	1.0	1.3%	개인 대출(자동차 대출)
Bofi Federal Bank	2000	48.2	32.6	0.5	1.4%	부동산 담보대출
Charles Schwab	2003	1,055.9	973.9	7.0	0.9%	유가 증권(ABS 등), 부동산 담보대출
CIT Bank	2000	203.3	144.3	0.9	0.6%	기업 대출
Coloradi Fsb	1990	18.0	12.4	0.1	0.7%	유가 증권(ABS 등), 부동산 담보대출
Discover Bank	1911	791.2	453.9	18.5	3.1%	개인 대출(신용카드)
E Trade Bank	1933	445.1	329.3	3.4	1.0%	유가 증권(ABS 등), 부동산 담보대출
First Investment Bank	1998	9.2	7.5	0.0	0.6%	부동산 담보대출
GE Capital Bank	1993	198.9	161.6	1.5	1.0%	기업 대출
Nationwide Bank	1998	60.2	43.8	0.4	0.9%	부동산 담보대출, 개인 대출(자동차)
Nordstorm Bank	1991	2.3	0.5	0.9	52.2%	개인 대출(신용카드)
Principal Bank	1998	21.5	19.5	0.2	1.2%	유가 증권(ABS 등), 부동산 담보대출
Sallie Mae Bank	2005	114.8	97.4	1.9	2.2%	개인 대출(학자금)
State Farm Bank	1988	461.0	333.4	13.0	3.8%	개인 대출(신용카드)
USAA Fsb	1983	661.8	588.0	5.8	1.2%	개인 대출(신용카드, 자동차)
계		6,050.3	4,383.1	80.9	1.8%	
전체 은행 대비		3.9%	4.3%	6.9%	+0.8%p	

• 설립연도와 인터넷 전문은행업 영위 시작 시점은 다를 수 있음
• 총자산 및 총예금은 2014년 3분기 말 기준, 당기순이익은 2014년도 3분기 누적 기준, ROA는 연환산 순이익 기준으로 산출
(자료: 우리금융경영연구소)

말한다. 2014년 3분기 기준 미국 인터넷 전문은행의 총자산은 6,050억 달러로 은행 전체 총자산 대비 3.9%의 비중을 차지하고 있으며, 총예금은 4,383억 달러로 전체 예금의 4.3%에 달한다.[42] 지점 보유 여부, 미국연방예금보호공사·Federal Deposit Insurance Corporation, FDIC

---

42 아시아경제, 〈점포 없는 '인터넷 은행' 미국에는 20개, 한국은 0개〉, (2014. 12. 27).

보험 가입 및 온라인 계좌 개설 가능 여부 등을 근거로 인터넷 은행의 수를 집계하면 대략 20개 정도의 인터넷 전문은행이 있는 것으로 보인다.

핀테크 스타트업의 메카, 영국

전 세계 금융과 문화·예술의 중심지인 영국 런던은 기존의 금융 인프라와 정부의 적극적인 지원 정책에 힘입어 핀테크 스타트업의 메카로 급부상 중이다. 전 세계 차원에서 볼 때 핀테크산업 성장률은 27%인데, 영국 핀테크산업의 거래 규모는 2008~2013년 동안 매년 74%씩 성장해왔으며 핀테크 투자 규모는 같은 시기 총 7억 8,100만 달러에 이른다.[43] 2014년 3분기에는 런던 소재 스타트업의 투자 유치액이 사상 최초로 10억 달러를 돌파했다. 영국의 핀테크산업 종사자는 13만 5천여 명으로 추산되며 런던 내에만 1,800여 핀테크 기업이 활동하고 있다.[44]

핀테크 스타트업 단지, 테크시티

CB인사이츠와 런던시청 집계에 따르면, 런던에 적을 둔 스타트업은 3천 개를 넘어섰다. 베를린이나 스톡홀름 등 유럽의 다른 경쟁 도시

---

[43] 한국인터넷진흥원, 〈산업 간 융합 관점에서 본 핀테크의 시사점〉.
[44] 한국경제매거진, 〈[MARKET INSIGHT] 글로벌 강자들의 급습 한국 핀테크 미래 있나〉.

들보다 훨씬 많은 수다. 영국 정부도 핀테크산업 유치에 적극적이다. 금융 중심지인 런던의 장점을 살리기 위해 금융과 IT를 결합한 핀테크 스타트업 활성화가 핵심이라 여기기 때문이다. 런던 동부의 테크시티 Tech City는 영국 카메론 정부의 지원으로 형성된 핀테크 스타트업 단지로, 현재 5천 개 이상의 창업 기업들이 밀집해 있다.[45] 테크시티가 만들어진 2011년 이후 영국의 핀테크 거래 규모는 3배 이상 늘었다.[46]

영국 정부는 테크시티를 미국의 실리콘밸리와 경쟁할 수 있는 핀테크산업 클러스터 cluster로 육성하고자 페이스북, 구글, 멕킨지 등 전 세계 유수의 IT 기업과 컨설팅 회사들의 투자를 유치했다. 또한 런던왕립대학과 런던시립대학 등 여러 대학들과 파트너십을 형성해 테크시티는 단기간에 실리콘밸리와 뉴욕에 이어 전 세계 3위의 핀테크 스타트업 클러스터로 도약할 수 있었다.

테크시티는 'Future Fifty', 'IoT Launchpad', 'Tech City UK Cluster Alliance', 'Digital Business Academy' 등의 프로그램을 통해 미래 신성장 동력인 핀테크와 사물인터넷 등에 대한 지원을 확대하고 있다. 특히 'Future Fifty' 프로그램은 발전 가능성이 큰 50개의 창업 기업을 선정해 투자 유치, 사업 확장, 인수 및 합병, 상장 등을 집중 지원하는 제도다.

또한 영국은 테크시티의 기술력과 금융산업의 시너지 효과를 극

45 KB금융지주 경영연구소, 〈KB지식 비타민: 영국의 테크시티(Tech City)와 핀테크〉.
46 디지털타임스, 〈[포럼] 핀테크의 등장과 자본시장〉. (2014. 12. 01).

그림 15 ··· **테크시티 개요** (자료: 테크시티 UK)

- 런던 중동부에 위치한 기술 관련 창업기업 클러스터
- 실리콘밸리와 뉴욕에 이어 전 세계 세 번째로 큰 규모
- 미국의 실리콘밸리와 경쟁할 수 있는 클러스터 조성을 위해 연방정부와 지방정부가 함께 개발
- 2008년부터 클러스터 형태로 조성되기 시작했으며, 2010년 카메론 총리의 육성 계획 발표 이후 빠르게 성장
- 2010년 85개의 창업기업으로 출발했으나, 최근에는 창업기업 수가 5,000개를 넘어섬
- 시스코, 페이스북, 구글, 인텔, 멕킨지 등 글로벌 유수의 IT, 컨설팅 회사들이 투자했고, 런던왕립대학, 런던시립대학 등의 연구기관들이 파트너로 참여

그림 16 ··· **테크시티와 레벨39** 자료: KB경영연구소, 자료: 레벨39

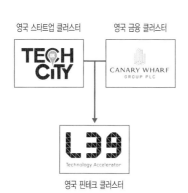

영국 스타트업 클러스터   영국 금융 클러스터

영국 핀테크 클러스터

- 테크시티 초대 회장이었던 반 데르 클레이에 의해 2013년 3월 설립
- 유럽 최대의 금융, 정보보안 기술 창업기업 전문 육성 지원센터
- 런던의 금융 중심지인 카나리 워프에 위치한 원 캐나다 스퀘어 39층에 위치
- 런던 테크시티 핀테크 부문의 핵심적 역할
- 현재 지급결제, 플랫폼, 크라우드 펀딩, 데이터 분석, 소프트웨어 솔루션 등의 핀테크 관련 86개 창업기업이 회원으로 입점
- 뉴욕, 토론토 등 세계 각지의 창업 지원센터와 대학, 투자펀드 등과의 파트너십을 통해 회원사 지원

대화시키기 위해 2013년 초 레벨39 Level39 라는 유럽 최대의 핀테크 클러스터를 조성했다. 런던의 금융 중심지인 카나리 워프 Canary Wharf 에 위치한 빌딩의 39층에 있는 레벨39는 핀테크 창업 기업들과 대형 금융회사들 간의 연결 고리 역할을 하면서 영국의 핀테크산업 성장을 주도하고 있다. 레벨39는 유망한 핀테크 창업 기업들이 안정적으로 성장할 수 있도록 자금을 조달하거나 경영 자문을 지원하는 등

인큐베이터 역할을 하고 있으며, 현재까지 86개의 핀테크 기업을 유치·육성했다. 그리고 설립 6개월 만에 42층까지 공간을 넓혀 창업 기업뿐 아니라 성장기에 접어든 기업도 지원하고 있다.

대형 은행 주도의 핀테크 스타트업 육성

영국의 경우 미국이나 중국과 달리, IT업체가 아니라 대형 은행들이 핀테크산업 발전을 주도한다. 거대 은행과 기민한 핀테크 창업 기업들은 제휴·투자·인수·합병 등을 활발히 진행하면서 이상적인 협업 모델을 제시하고 있다. 예컨대 최근 HSBC나 퍼스트 다이렉트First Direct 등 대형 은행들은 핀테크업체 잽Zapp과 제휴해 비밀번호만으로 결제할 수 있는 서비스를 제공하고 있다.

또한 금융사들이 공동으로 '금융테크혁신연구소'를 설립해 핀테크 기업을 적극 후원하고 있다. 여기에는 뱅크오브아메리카, 시티그룹, 도이치뱅크 등 대형 은행이 후원 기관으로 참여하고 있으며 성장 가능성이 큰 핀테크 기업을 선정해 자금을 조달하거나, 네트워크 형성을 위한 서비스를 제공한다. 또한 전문 인큐베이터와 50개가 넘는 액셀러레이터를 설립해 핀테크 기업의 초기 투자·행정·법률 자문·외부 투자자 유치 등을 돕고 있다.

이렇게 최근 영국 내 핀테크산업은 거대 금융사의 지원을 받아 성장 중인데, 금융 기업의 대표적인 지원 프로그램으로 2014년 6월 시작된 금융 그룹 바클레이즈의 'Barclays Accelerator'와 8월 마스터카드·로이드 뱅킹·라보뱅크의 제휴로 시작된 'Pan-European accelerator Startup Bootcamp'를 들 수 있다. 금융 기업의 지원으로 성장한 핀테크 기업이 기존 금융 기업의 사업 영역과 충돌하기도 하면서 영국 핀테크 시장은 거래 규모뿐 아니라 이슈의 측면에서도 매우 역동적인 모습을 보여주고 있다.

환치기가 아니라 핀테크다

영국의 트랜스퍼와이즈Transferwise는 해외 송금을 중개하는 서비스를 제공한다. 고객이 트랜스퍼와이즈를 통해 해외에 송금할 경우, 돈은 상대방에게 전달되지만 국가 간 송금은 실제로 일어나지 않는다. 통신망을 통해 국내 송금만으로도 실제 해외 송금이 일어난 것처럼 만들 수 있기 때문이다. 가령 미국에 사는 A가 유럽에 있는 B에게 돈을 보내야 한다고 하자. 이때 트랜스퍼와이즈는 유럽에 있는 C로부터 마침 같은 금액을 송금받아야 하는 미국 거주민 D를 A에게 연결해준다. 이렇게 하면 미국에 사는 A가 미국에 사는 D에게, 유럽에 사는 C가 유럽에 사는 B에게 송금하는 거래가 완성된다. 이때 보내는 금액이 2백 파운드(약 33만 원) 이하일 경우, 트랜스퍼와이즈가 가져가는 송금 수수료는 겨우 1파운드(약 1,680원)다. 실제 해외 거래가 일어나지 않아 환전 수수료를 낼 필요가 없기 때문이다. 네트워크를 이용한 이러한 핀테크는 사용자가 늘면 늘수록 서비스 안정성과 수익이 더 탄탄해지는 '눈덩이 효과'가 크기 때문에 투자할 가치가 있다. 최근 트랜스퍼와이즈는 기업가치 평가에서 10억 달러를 돌파했다.

가장 오래된 P2P 대출 서비스 조파

대부업에 뛰어들기 위해서는 자본이 필요하다. 핀테크는 이러한 자본을 네트워크를 통해 동원한다. 인터넷 플랫폼을 통해 다수의 투자자들로부터 소액 투자를 이끌어내는 것이다. 이것이 바로 크라우드 펀딩이다. 기존 은행에 가장 위협적인 금융 서비스는 크라우드 펀딩의 일종인 P2P 대출이다. P2P 대출은 개인과 개인 간의 직접 대부가 가능하도록 중개 업무를 수행하는 서비스다. 이는 전통적인 금융기관의 핵심 사업을 파괴하고 새 영역을 만드는 혁신적인 기술이다.

2005년 세계 첫 P2P 대출업체가 탄생했는데, 그 업체는 바로 영국의 조파Zopa다. 현재 영국에서는 조파뿐만 아니라 펀딩서클Funding Circle, 레이트세터RateSetter 등 다양한 P2P 대출업체들이 운영되고 있으며, 2014년 3월까지 전체 P2P 대출 누적 중개액은 12억 7백만 파운드였다. 영국 정부의 적극적 참여가 P2P 대출 사업을 급성장시키는 계기를 만들었다. 2013년 영국 정부는 펀딩서클 사이트를 통해 창업자와 중소기업 운영자에게 2천만 파운드의 자금을 지원했다. 정부 투자금 10%, 개인 투자금 90%로 상품을 구성해 펀딩서클의 플랫폼에서 투자자를 모집한 것이다. 정부가 공식적으로 P2P 대출을 통해 자금을 지원한다는 소식을 들은 개인 투자자들이 여기에 몰려들었다. 이 정책으로 2천 개의 중소기업이 1억 4천만 파운드의 자금을 지원받을 수 있었다.

알리바바와 13억의 인민

핀테크 열풍은 중국에서도 거세게 확산되고 있다. IT 기업들이 모바일을 통해 금융시장으로 대거 진출하고 있기 때문이다. 시장의 규모 자체도 크지만 모바일 결제, 대출, 자산운용 등으로 사업 분야가 지속적으로 확대되고 있다. 중국 모바일 금융시장의 기초가 되는 모바일 결제 규모는 2012년 24조 원에서 2013년 약 240조 원으로 열 배나 급성장했다. 이는 작년 중국 전자상거래 총액 1,900조 원의 16.8%, 소매 거래 총액 4천 조 원의 8%에 상당하는 규모다. 10년 전만 해도 모바일 결제는 전자상거래의 0.2~0.3%, 소매 금액의 0.1%에 불과했던 것에 비춰볼 때 현재 중국 모바일 결제 시장은 폭발적인 성장 단계에 진입한 것이다.[47]

그림 17 ··· **2013년 중국 모바일 결제 거래량 규모**　　　(자료: EnfoDesk ⓒAnalysis Inernational)

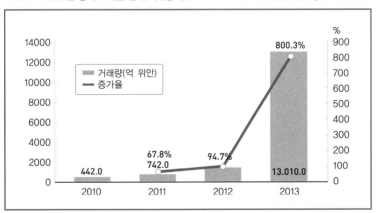

47 금융투자협회, 〈2015년 중국자본시장연구〉.

중국 핀테크 열풍을 주도하는 알리바바

중국의 핀테크 열풍을 주도하는 것은 누구일까. 업계에서는 알리바바를 중국 최고의 핀테크 선도 기업으로 꼽는다. 알리바바의 핀테크 핵심은 2004년 시작한 전자상거래 결제 시스템인 알리페이다. 10년 만에 중국 회원만 무려 3억이 되었고, 해외에도 240여 개국에 걸쳐 5,400만 회원이 있다. 알리페이를 통한 결제 금액은 하루 평균 106억 위안(1조 2천억 원)으로 중국인 하루 소비의 17%에 달한다. 특히 알리바바를 단숨에 글로벌 핀테크 리더로 부상시킨 상품은 2013년 6월 알리바바가 출시한 MMF 상품 위어바오다. 위어바오는 출시 1년여 만에 가입자가 9천만 명, 자본 규모 100조 원 규모로 성장해 MMF 중 단일 펀드로서는 중국 1위, 세계 4위에 올랐다.[48]

그림 18 ··· **중국 알리페이 서비스 제공 메커니즘**

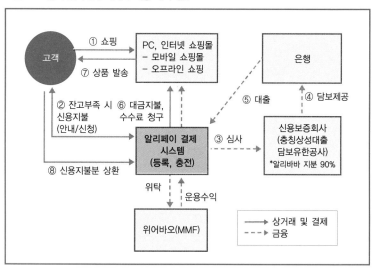

48 금융투자협회, 〈2015년 중국자본시장연구〉.

알리바바가 텅쉰Tencent 등의 강력한 인터넷 포털들을 제치고 중국 핀테크 시장의 최강자가 될 수 있었던 이유는 무엇일까. 첫 번째 이유는 세계 최대 전자상거래업체에서 창출되는 대규모 모바일 금융 수요일 것이다. 알리바바는 기업과 기업 간의 거래를 중개해주는 B2B 모델 알리바바닷컴, 기업과 소비자 간 거래를 중개하는 B2C 모델 티몰Tmall, 소비자들끼리의 거래를 중개하는 C2C 모델 타오바오(淘宝), 기업부터 소비자까지 택배로 연결하는 B2B2C 모델 알리익스프레스, 온라인 결제 서비스 알리페이, 중국의 최대 공공 클라우드 컴퓨팅 플랫폼인 알리윈Aliyun 등을 포함하는 이른바 '전자상거래 생태계'를 구축함으로써 모바일 금융 수요를 충족시켰다. 알리바바 사이트에 들어가면 온갖 거래를 원스톱서비스로 이용할 수 있기 때문에 소비자들은 알리바바의 고객으로 남을 가능성이 높고 고객충성도 또한 높다. 중국에서 알리바바닷컴과 타오바오의 전자상거래 점유율은 80% 이상으로, 생태계 구축의 효과는 대단하다.

두 번째 이유는 중국 여건에 맞는 결제 시스템을 구축한 점이다. 알리페이를 시작하던 2004년 온라인쇼핑에 대한 신뢰도는 매우 낮았다. 따라서 소비자가 물건을 확인한 후 판매자에게 돈을 보내는 제3자 담보 결제 시스템은 폭발적인 호응을 얻었다.

셋째로 중국 금융시장의 비효율성을 공략한 알리바바의 전략이다. 어떻게 전자상거래업체가 만든 펀드 위어바오가 1년 만에 100조 원까지 늘어날 수 있었을까. 위어바오는 시중자금난으로 시장 금리가 13~14%까지 올라가 있는데도 3~4% 금리에 머물고 있는 은행상품 시장을 파고들었다. 그 결과 형편없는 금리에 불만을 갖고

그림 19 ⋯ **중국 IT업체의 금융 진출**

	설립시기	업종	금융 진출 내용
알리바바	1999년	전자상거래	– 지급결제 서비스 알리페이 출시(2004년) – 건설은행과 제휴 e-대출 서비스(2007년) – MMF 위어바오 출시(2013년 6월)
텅쉰	1998년	SNS	– 지급결제 서비스 텐페이 출시(2005년) – 위챗에 결제송금 기능(2013년 8월) – 민영은행사업자 승인(2014년 7월)
바이두	2000년	검색포털	– 온라인 전용 MMF 바이파 출시(2013년 10월) – 전자지갑 바이두월렛 출시(2014년 4월)

있던 중국 전역의 소비자들이 앞다퉈 펀드에 가입했다. 이들 인터넷 펀드 수요 덕분에 금리가 떨어지고 은행들도 떠밀려 상품 개발 경쟁에 나섰으니 중국 정부도 싫어할 이유가 없었다.

알리바바에서 시작된 핀테크 상품 개발은 대형 인터넷 포털업체의 경쟁을 촉발했고 기존 은행들의 행동 변화를 이끌어내고 있다. 중국 최대 인터넷업체인 텅쉰은 회원 5억의 위챗에 주요 은행들의 계좌를 연동시켜 '텐페이'라는 모바일 결제 시스템을 개발했다. 그리고 위어바오보다는 늦었지만 리차이통理財通 펀드를 출시해 지금은 약 5조 원 규모로 성장했다. 중국의 검색 1위 업체 바이두百度도 바이파百發 펀드를 출시했다. 모바일 금융시장의 빠른 확대로 시장점유율과 수익을 위협받고 있는 전통 은행들도 위기를 극복하기 위해 예금 금리의 인상, 경쟁력 있는 신상품 개발, IT업체와의 제휴로 모바일 금융시장 진출을 도모하기 시작했다.[49]

---

[49] 금융투자협회, 〈2015년 중국자본시장연구〉.

국유은행의 강력한 반발, 인터넷 금융의 보안 문제 등으로 인해 중국의 핀테크 열풍은 잦아들 것이라는 의견도 있다. 하지만 은행 대출 확대가 부담스러운 중국 정부로서는 개인 소득 향상 및 소비 확대에 기여하며 중소기업의 자금난까지 해결해주는 인터넷 금융을 막을 이유가 없다. 또한 중국은 소비 진작 정책에 힘입어 소비가 증가할 전망이며, 특히 온라인 소비가 빠르게 늘어날 것으로 기대되기에 핀테크 수요는 그 어느 나라보다도 커질 것이다.

IT업체들은 이미 다양한 모바일 서비스를 통해 일상생활을 파고들었다. 알리페이는 상하이 제일부녀영아보건병원과 함께 모바일 의료 서비스인 '미래의 병원'을 준비 중이다. 이것이 출시되면 환자들은 진료 접수를 위해 병원에 줄을 설 필요가 없게 되고, 지갑 없이도 진료를 받을 수 있다. IT업체들은 교통 서비스 쪽으로도 사업 분야를 넓히고 있다. 스마트폰 가입자가 앱을 다운로드받으면 중국 35개 도시 대중교통을 자유롭게 이용할 수 있다. IT업체들의 해외 진출 및 M&A도 더욱 활발해질 것이다. 알리바바의 마윈 회장은 향후 적극적인 M&A로 새로운 수익 모델을 만들어 세계시장 진출을 확대하겠다는 의지를 보였다. 이는 중국 정부가 추진하는 중국 민간기업을 통한 해외 유수기업 인수·합병 정책과도 맥을 같이 한다. 또 금융기관과 IT 기업 간의 경쟁과 협력이 활발해질 것이다. 금융기관들은 수익성과 편리함을 갖춘 IT 기업의 금융상품과 경쟁하기 위해 신상품을 개발하거나, 경쟁력 있는 IT업체와 제휴를 맺을 것이다. 그 과정에서 은행, 자산운용업계에 큰 변화가 일어날 것이다. 어쩌면 한국보다 빠르게 금융이 IT와 결합해 거대한 인터넷 금융기관이 출현할 가능성도 있다.

그림 20 ··· **알리바바 금융 서비스 진출 영역**

구분	서비스명	개시일	내용	특징
지급결제	알리페이	2004년 12월	알리바바 그룹 내 주요 상거래 사이트 및 오프라인 쇼핑 시 지물, 결제 서비스 제공	구매자와 판매자 사이에 임시 계좌를 개설해 자금을 일시 보관했다가 쌍방의 거래 완료 여부에 따라 자금을 이체하는 제3자 지불대행 시스템
대출	알리바바 파이낸셜	2007년 5월	타오바오 또는 텐마오의 판매자 대상 대출 제공	무담보 신용 대출, 당일 대출 처리 빅데이터 축적 및 분석 인프라 보유
투자중개	위어바오	2013년 8월	알리페이의 거래계정에 남아 있는 여유 자금을 위어바오로 입금하면 자동적으로 텐홍펀드에 투자	시중 금융기관 대비 높은 수익률, 수수료 및 최소 투자 금액 제한없음, 낮은 리스크, 인터넷 통한 편리한 입출금
	자오차이바오	2014년 8월	각종 금융기관의 상품을 파는 온라인 펀드 슈퍼마켓	
보험	중안온라인 보험기업	2013년 9월	알리바바(19.9%), 텐센트(15%), 평안(15%)이 합작투자해 인터넷 보험회사 설립	인터넷 판매채널로 가상재화 관련 보험서비스(예: 가상재화 도난 보험, 알리바바 소액대출 보증 보험 등)에 특화
은행	인터넷 은행	2014년 8월	순수 온라인 기반의 은행 설립 예정	전자상거래업체와 소비자를 주요 고객으로 영업할 계획

(자료: 정보통신정책연구원, 유진투자증권)

변화와 혁신을 추구하는 핀테크 펀드상품

알리바바의 위어바오

알리바바그룹이 알리페이 잔액을 효율적으로 관리·운용하기 위해 만든 것이 위어바오다. 2013년 6월 13일에 출시되었다. 사용자는 위어바오를 통해 높은 수익을 보장받을 뿐 아니라, 언제든지 수수료 없이 물건을 사고 결제할 수 있으며 계좌이체도 할 수 있다. 알리페이 홈페이지에 들어가면 다양한 재테크상품을 열람하고 직접 구매할 수 있다. 위어바오에 입금된 돈은 다음 근무일에 운용사가 입금을 확인하고 운용과 수익배당을 자동으로 계산한다. 최소 입금 단위는 1위안, 최소 출금 단위는 5만 위안이다. 위어바오의 장점은 상대적인 고수익과 소비의 편리성이다.[50]

텐센트의 리차이통

리차이통은 텐센트가 위챗 사용자들을 대상으로 개발한 핀테크 플랫폼이다. 운용하고 있는 MMF는 'ChinaAMC', 'CUAM', 'EFUND', 'GF FUND' 네 종류다. 위어바오와 유사한 구조이며 최소 입금 단위는 0.01위안, 최소 출금 단위는 25만 위안이다. 잔액이 80억 위안(1조 5천 억 원)으로 위어바오보다는 그 규모가 훨씬 작다.[51]

바이두의 바이파

2013년 10월 28일 바이두도 '바이두금융센터-재테크' 플랫폼을 정식 오픈했다. 바이파는 바이두금융센터가 발표한 첫 번째 핀테크 펀드상품이다. 바이파는 여러 금융기관과 협력해 기존 금융상품의 디자인, 포장, 판매, 서비스 등 다방면에서의 변화와 혁신을 추구하고 있다. 최소 입금 단위는 리차이통과 같은 0.01위안, 최소 출금 단위는 5만 위안이다.[52]

---

50 금융투자협회, 〈2015년 중국자본시장연구〉.
51 금융투자협회, 〈2015년 중국자본시장연구〉.
52 금융투자협회, 〈2015년 중국자본시장연구〉.

알리바바의 위러바오

위러바오阿里娛乐宝는 알리바바의 디지털 엔터테인먼트 사업부가 금융기관과 협력해 개발한 펀드로 2014년 3월 26일에 개시했다. 사용자가 재테크상품에 가입하면 엔터테인먼트 분야에도 투자할 수 있게 된다. 100위안의 소액만 출자해도 관심 있는 영화나 드라마에 직접 투자할 수 있다는 점 때문에 영화팬들에게 인기가 있다. 중국의 영화산업 수익이 좋기 때문에 기대 수익률은 연 6~7%로 상당히 높고, 촬영장을 방문하거나 영화배우를 직접 만나볼 수 있는 기회도 주어진다. 위러바오의 첫 번째 보험 파트너사는 궈화런서國华人寿다. 네티즌이 궈화런서의 보험상품을 구매하면, 그 자금은 영화 등 문화산업에 투자된다. 수익률도 높지만 영화 드라마 제작진과의 만남, 영화 시사회 티켓, 전자잡지, 스타의 사인, 사진, 영화 드라마에서 나온 물품의 경매, 촬영지 여행 등의 혜택이 있다. 팬들은 투자부터 촬영진도, 스타와의 커뮤니케이션, 개봉까지 모든 사안에 참여할 수 있으며 배우, 감독을 평가할 수도 있다. 위러바오에 축적된 의견들은 미래 문화산업을 위한 빅데이터를 형성하게 되며, 이 것이 중국 문화산업의 새로운 방향을 제시할 것이다. 위러바오와 제휴를 맺은 영화사로는 중국영화그룹CFCC, 보나영화그룹BONA, 완다WANDA, 와이HBMG 등이 있다.[53]

---

[53] 금융투자협회, 〈2015년 중국자본시장연구〉.

핀테크 키우기에 팔 걷어붙인 세계

전 세계적으로 핀테크산업에 대한 국가 차원에서의 지원이 이뤄지고 있다. 각국 정부에서는 자국의 핀테크산업 경쟁력을 제고하기 위해 관련 기업에 대한 투자와 지원을 확대하고 있다. 민간 은행들도 투자 기회를 선점하고 자사의 금융 경쟁력을 향상시키기 위해 투자를 위한 펀드를 조성하고, 창업 단계에 있는 유망 기업들을 발굴해 육성하는 등 핀테크산업에 대한 투자와 지원을 확대하고 있다. 아울러 금융회사뿐 아니라 통신회사들도 핀테크에 대한 적극적인 투자로 사업 영역을 확대 중이다.

영국 정부의 세계 금융 혁신 중심지 전략

현재 핀테크산업에서 가장 활발한 성장을 보여주고 있는 나라는 영국이다. 이는 영국 정부의 적극적인 핀테크산업 지원 정책 때문이다. 2014년 8월 영국 재무부는 신성장산업인 핀테크를 적극 지원해 영국을 세계 금융 혁신의 중심지로 육성하기 위한 종합지원책을 발표했다. 이 계획에는 대체금융 대부업자 성장 지원을 통한 중소기업 금융 접근 원활화, 세계 최고의 디지털통신 육성 인프라 구축, 금융 부문 기술발전의 미래 정책 시사점 연구, 영국 기업은행business bank에 대한 투자 프로그램 확대, 무역투자청을 통한 핀테크 부문 해외 투자 유치 및 수출 지원 등이 포함되었다.

영국은 2008년 금융위기로 자국의 금융산업이 큰 타격을 입자, 핀테크를 신성장산업으로 예측하고 다양한 지원 방안을 실행하고 있다. 영국 정부는 핀테크산업의 성장을 촉진하기 위해 금융 혁신 제도, 인프라, 자금 등을 종합적으로 지원하고 투자 및 수출 활성화 정책을 적극 추진함으로써 세계 금융의 허브로서 영국의 위상을 유지·강화하려 한다. 또한 앞으로 핀테크산업의 발전에 요구될 인프라 및 제도에 대한 연구를 통해 기업과 수요자의 요구에 부응하고 미래의 위험에 미리 대비하려 한다. 영국의 금융 혁신 지원책은 중소기업 지원책(신용 접근 확대)과 연계되어 정책의 시너지가 극대화되었다.

영국 정부는 핀테크 분야 스타트업을 육성하기 위한 전문연구소와 창업지원기관을 운영한다. 2012년 영국 정부와 씨티그룹, 도이치뱅크 등이 함께 세운 '금융테크혁신연구소'는 성장성 있는 핀테크 기업을 선정해 자금을 지원하고, 금융회사와의 네트워크를 연결해준다. 또한 영국 정부는 핀테크 스타트업이나 IT 기업이 금융회사가 밀집한 건물에 저렴한 임대료로 입주해 사업 기회를 얻을 수 있도록 지원하고 있다. 50개 이상의 액셀러레이터들은 핀테크 기업의 초기 투자와 행정·법률 자문, 외부 투자자 유치 등을 지원한다.

영국 금융업무감독청FCA은 2013년부터 핀테크 기업을 위한 규제 자문 서비스를 제공하고 있다. 금융 분야는 신기술을 개발하더라도 규제에 걸려 현실화되기 어려운 특성이 있는데, 정부가 나서서 이를 해결해주고 있는 것이다. 이러한 규제 자문 서비스의 결과로 영국과 아일랜드의 핀테크산업은 2013년 기준 세계 평균의 3배가 넘는 연평균 600%로 빠르게 성장 중이다. 영국의 핀테크산업이 얼마나 폭발적으로 성장 중인지는 패스트푸드 배달 전문업체인 '저스트이트'

와 부동산 사이트인 '주플라' 같은, 자산 가치가 10억 파운드(약 1조 7,000억 원)에 달하는 상장 스타트업들이 잇따라 출현하는 것을 통해서도 확인할 수 있다.

런던의 핀테크 스타트업들이 이처럼 빠르게 성장하자 2013년 7월 구글벤처스는 런던 동부 클러큰웰에 파트너 오피스를 열었다. 구글은 오직 유럽 시장만을 겨냥해 총 1억 달러 규모의 펀드를 조성했다. 2013년 6월에는 미국의 벤처캐피털인 인덱스벤처스가 유럽 내 스타트업을 대상으로 4억 유로의 펀드를 조성할 계획이라고 밝혔다. 이에 따라 런던 스타트업을 상대로 한 투자액은 2013년만 15억 달러를 돌파했다.

영국에서 핀테크산업이 이처럼 빨리 성장할 수 있었던 것은 런던이 19세기 이래 전 세계 금융시장의 허브로서 기능해왔기 때문이다. 현재 세계 10대 은행 중 4개 은행이 런던에 본사를 두고 있다. 이는 각종 산업의 '접점' 역할을 하며, 여기에서 형성된 금융망은 영국에 핀테크가 뿌리 내릴 수 있는 토양이 된다.

영국 정부의 핀테크 종합지원책 발표에 따라 영국의 대형 은행들도 핀테크 스타트업에 대한 적극적인 투자와 지원에 나섰다. 산탄데르은행은 P2P 대출업체인 펀딩서클과 협업 체계를 만들고 핀테크 스타트업을 지원하기 위한 1억 파운드 규모의 대출 계획을 발표했다. 바클레이스은행은 핀테크 육성 기업인 테크스타Techstars와 함께 핀테크 스타트업 보육센터를 만들었고, 로이드은행 역시 스타트업 양성소인 핀테크와 액셀러레이터를 만들어 핀테크산업 지원에 나섰다.

미국의 핀테크 혁신 랩

미국에서는 기존 금융회사들이 주도적으로 인큐베이터, 액셀러레이터 프로그램을 가동하고 IT업체와의 단순 제휴를 넘어 IT와 금융의 화학적 결합을 통해 새로운 비즈니스를 창출하고 있다. 미국의 웰스파고은행은 금융회사 중심의 스타트업 지원 프로그램을 만들어 자사의 금융 업무에 도움이 될 IT 분야 스타트업에 미리 투자하고, 금융 아이디어의 사업화 및 은행 내 혁신 분위기 조성을 위해 외부 혁신가들의 아이디어에 벤처 투자를 실시한다. 웰스파고은행의 액셀러레이터는 유망 스타트업을 선정해 5만~50만 달러 상당의 현금, 6개월간의 코칭 및 협업을 지원한다. 이러한 인큐베이터 기능을 통해 스타트업과 은행의 비즈니스 라인 간 협업이 가능해진다. 웰스파고는 해마다 10~20여 개 창업 기업을 선발해 협업 분위기에서 상품을 개발할 예정이다.

또한 미국의 대형 은행들은 모바일 결제산업 생태계 조성을 위해 '핀테크 혁신 랩The Fintech Innovation Lab'을 설치하고 뉴욕시의 파트너십 펀드와 액센추어가 매년 일정 수의 벤처 기업을 집중 지원 대상으로 선정해 지원한다. 캐피털원, BNY멜론Bank of NewYork Mellon 등은 실리콘밸리 지역에서 혁신 랩을 설치해 운영 중이며, 글로벌 신용카드사인 아메리칸 익스프레스도 펀드를 만들어 스타트업 투자에 착수했다.

2012년 미국 의회는 크라우드 펀딩을 허용하는 'JOBS 법Jumpstart Our Business Startups'을 통과시켰다. 그러나 미국 증권위원회는 일반인들의 투자를 당분간 금지하기로 결정했다. 이는 일반 투자자들의 손실을 우려했기 때문이기도 하지만, 비용편익분석에 따를 때 기업들에게 그리 큰 이득이 없다고 판단했기 때문이다. 증권위원회는 기업이 크라우드 펀딩을 통해 10만 달러의 자금을 조달하기 위해 지불해야 할 비용이 자산실사 등 다양한 절차 준수 비용 때문에 최대 4만 달러에 달할 것이고, 이는 결과적으로 기업들에게 큰 도움이 되지 못할 것으로 봤다.

ICT 기업들이 지급결제 시장 및 모바일뱅킹 시장을 빠르게 잠식함에 따라 미국에서는 소비자 피해를 예방하기 위해 관련 규제를 강화하고 있다. 각 주州별로 자금서비스업자Money Service Business, MSB 면허 제도를 도입해 인증받은 회사만 지급결제 서비스를 제공하도록 규제하고 있다. 최근에는 애플페이를 규제 대상에 포함시킬 것인지에 대한 논란 및 페이팔의 단기 대출 규제 위반 소지에 대한 금융소비자보호국CFPB의 조사가 있기도 했다.

핀테크의 대표적 사례로 꼽히는 인터넷 전문은행과 관련된 정책에 있어서도 미국은 다른 나라보다 한참 앞서 있다. 1995년 10월 세계 최초로 인터넷 전문은행이 등장한 미국의 경우, 비非은행 금융회사는 물론이고 산업자본에도 인터넷 전문은행 설립을 허용해 현재 카드·증권·보험사를 비롯해 GM, BMW 등 자동차업체가 세운 인터넷 전문은행이 시장을 주도하고 있다.

미국 리먼브라더스 사태로부터 촉발된 세계 금융위기는 기존 금융권의 변화를 요구했고, 이에 따라 자연스럽게 IT 기술을 접목한 핀테크에 관심이 모아졌다. 기존 금융기관들은 법적 규제 충족, 보안, 기존 IT 인프라 등의 전통적 요건과 복잡한 구매 절차를 가지고 있다. 소규모 스타트업들이 이러한 금융기관을 공략하려면 무엇보다노 오랜 기간 사업을 이끌어갈 수 있는 자금력이 우선이다. 이를 위해 뉴욕 파트너십 펀드는 컨설팅 회사인 액센추어와 함께 핀테크 이노베이션 랩을 설립했다. 랩은 신생 스타트업 기업들이 금융기관의 요구 사항에 특화된 상품을 만들어낼 수 있도록 지원해 평균적으로 18개월 정도였던 판매 주기를 12주로 줄일 수 있었다.

이노베이션 랩의 지원을 받은 스타트업들은 금융기관으로부터 사업을 따내고 자금을 확보해 고용을 창출했다. 예를 들어 오픈소스 기반 스토리지 시스템업체인 잉크탱크Inktank는 2014년 레드햇에 1억 7,005만 달러에 인수되었고, 비밀번호 관리 및 전자지갑 서비스업체인 대쉬래인DASHLANE도 비슷한 시기 2,200만 달러의 B 시리즈 펀딩 단계로 돌입했다. 잉크탱크와 대쉬래인은 모두 2013년에 랩을 수료한 업체들이다.

이노베이션 랩의 활성화는 결과적으로 핀테크산업의 선순환 구조를 만들어냈다. 이에 따라 고도화된 사업 아이디어를 갖고 있는 타 분야의 업체들이 랩 프로그램에 참여를 신청하고, 랩을 수료한 업체들은 새로운 참가 업체에 조언을 해주고 금융기관 고객을 소개시켜준다. 금융기관들 역시 빠른 속도로 진보 중인 신기술을 적시에 이용하기 위해 금융기관 간 혁신의 파이프라인을 만들게 되었다. 뉴욕 핀테크 이노베이션 랩이 만들어진 지 3년 만에 런던 랩이 만들어졌고, 2014년에는 홍콩에도 아시아 태평양 랩이 만들어져 핀테크산업의 파이프라인은 더욱 확대되고 공고해지는 중이다.

IT 기업의 금융업 진출을 허용한 중국 정부

알리바바와 같은 세계적인 IT 기업과 6억 명이 넘는 인터넷 인구를 가진 중국은 정부가 주도적으로 핀테크산업 육성에 나서고 있다. 원래 중국에서 비금융기관이 지급결제 서비스를 제공하려면 중국 인민은행의 허가를 받아야 했다. 그러나 현재 중국 정부는 신성장 동력을 확보하고 전자상거래 시장을 양성화하기 위해 규제를 완화하고 IT 기업 및 비금융업자의 금융업 진출을 적극 허용하고 있는 상황이다. 심지어 국영은행들이 비금융기관의 금융업을 규제할 것을 요구했음에도 불구하고 중국 정부는 주요 IT 기업 등에 대해 민영은행 설립 시범사업권을 부여할 정도로 핀테크산업 육성에 적극적이다.

이에 따라 IT업체가 핀테크 상품을 개발하자 시장점유율과 수익성의 위기를 느낀 기존 은행들도 핀테크 사업에 착수했다. 예금 금리 인상, 신상품 개발뿐 아니라 IT업체와의 제휴를 통한 금융 혁신에 나서고 있는 것이다. 특히 중소 은행들이 적극적인데, 2014년 1월 초 중국 우체국은행은 인터넷 은행인 웨이보은행 등과 제휴해 모바일 서비스를 출시했고, 2월에는 베이징은행과 휴대전화 생산업체 샤오미Xiaomi Tech가 모바일 결제 및 간편대출 협약을 체결했다.

중국은 국내 비금융 기업의 금융업 진출만이 아니라 외국 기업의 중국 금융시장 진출까지 허용하기로 했다. 2015년 5월 중국 정부는 외국 기업의 은행 및 카드 결제 시장 진출을 허용한다고 발표했다. 지금까지 중국에서는 중국인민은행이 운영하는 유니온페이 UnionPay 가 카드 결제 시장을 독점해왔으나, 이제 비자나 마스터카드를 중국 결제 시장에서 볼 수 있게 되었다. 13억 인구를 가진 중국 시장으로 글로벌 금융 기업들이 진출한다면 세계 금융시장의 판도가 바뀔 수도 있다.

중국이 결제 시장을 개방하게 된 배경에는 미국의 세계무역기구 WTO 소송이 있다. 미국은 중국 신용카드 결제 사업을 국영기업이 독점하는 것이 불공정하다며 WTO에 소송을 제기하고 승소 판결을 받았다. 그러나 중국의 막강한 자본력, 경쟁력 있는 자국 기업들의 존재 또한 중국이 결제 시장을 개방할 수 있었던 중요한 이유다. 중국 결제 시장에 진출하기 위해서는 신청일로부터 일 년 전 기준으로 자본금 10억 위안 이상, 모기업 총자산 20억 위안 이상이라는 요건을 충족해야 한다. 또한 신용카드사, 카드 발급 은행, 전표매입사로 이뤄진 중국 결제 시장에서 현지 금융의 네트워크 없이는 외국 기업이 안정적인 진출을 이뤄가기 어렵다.

중국은 IT 기업의 금융업 진출을 통해, 스마트 금융 생태계를 조성하는 데 전력을 다하고 있다. 은행이 고객을 찾아 사업을 넓혀가는 뱅크 3.0을 기반으로 빅데이터를 활용하는 금융 서비스를 제공하려 한다. 중국 금융사와 IT 기업은 중국 정부의 강력한 지원을 바탕으로 세계 온라인 결제 시장의 주도권을 차지하는 데 힘을 쏟고 있다.

시너지를 노리는 일본 금융

2000년 기존 금융회사의 금융 중개 기능이 약화되었을 때 일본 정부는 새로운 형태의 은행업에 대한 가이드라인을 제정했다. 이에 따라

증권·유통·통신 등의 비금융 분야 기업이 은행과 공동출자하는 형태로 2014년까지 6개의 인터넷 전문은행을 설립했다. 이들 인터넷 은행은 자산관리, 온라인 지급결제, 모바일뱅킹 등 특정 서비스에 집중하는 형태로 성장해 설립 4~5년 후에는 모두 흑자로 전환했다. 6개 인터넷 전문은행의 총 자산은 2014년 12월 기준 13조 360억 엔이다.

지분뱅크 JiBUN Bank는 일본 2위의 이동통신사 KDDI가 일본 최대 은행인 미츠비시도쿄UFJ은행과 공동으로 설립해 2008년 7월부터 서비스를 시작한 인터넷 전문은행이다. 지분뱅크는 KDDI의 통신기술을 활용한 모바일뱅킹 서비스 시스템과 미츠비시도쿄UFJ의 금융 서비스 역량을 결합해 사업 시너지를 극대화했다. 예컨대 휴대폰으로 촬영한 신분증으로 계좌를 개설하는 '퀵 Quick 계좌개설' 서비스, 상대방의 전화번호로 계좌이체를 할 수 있는 모바일 자금 이체 서비스, 실물카드 없이 발급 및 사용이 가능한 모바일 신용카드 서비스, 모바일뱅킹만으로도 가입이 가능한 보험 서비스 등 차별화된 모바일 전용 서비스를 출시해 영업 기반을 확대했다. 이후 지분뱅크는 인터넷 종합 서비스 제공 업체인 라쿠텐에 의해 인수되어 '라쿠텐은행'으로 개명하고 전자상거래, 해외 송금, 전자화폐 등의 지급결제 업무에 특화해 성장했다.

한편 투자회사인 SBI홀딩스와 미츠이스미토모신탁은행 SMTB이 2007년 공동 설립한 SBI스미신넷뱅크는 SBI시큐리티스(증권사)와의 합작으로 출시한 복합상품과 미츠이스미토모신탁은행과 연계한 주택담보대출을 기반으로 2009년부터 5년간 예금 규모가 5배 가까이 늘어났으며, 현재 일본 시장을 주도하는 최대의 인터넷 전문은행으로 성장했다. 그 외 일본 최대의 인터넷 기업 야후 재팬이 스미모토 미쓰이은행SMBC과 함께 운영하는 재팬넷뱅크Japan Net Bank, 소니그룹의 보험과 은행 업무를 담당하는 소니파이낸셜홀딩스의 자회사인 '소니은행' 등이 있다.

글로벌 핀테크의 성장 전략

보안과 기술이 핀테크의 양 날개

2014년 미국에서는 인터넷과 연결된 가전제품을 통해 75만 건의 스팸메일이 발송되는 사태가 벌어졌다. 미국 보안 서비스업체 프로프포인트의 분석 결과, 발송된 악성메일 중 사분의 일 이상이 냉장고나 TV 같은 비非정보기술 기기에서 발송된 것이었다. 스마트 가전기기의 암호가 공용통신망에 노출되면서 일어난 일이다.

인터넷으로 기기들을 연결해 상호작용하게 만드는 IoT가 핀테크와 함께 신성장 동력으로 주목받고 있다. 그러나 이러한 성장 동력이 현실화되려면 우선 보안 문제가 해결되어야 할 것이다. IoT와 핀테크가 대중화되면 해킹으로 인한 정보 유출이 단순한 개인정보 유출의 수준을 넘어 실생활에서의 재산이나 인명 피해로 이어진다. 그러므로 IoT와 핀테크의 시대에는 보안과 기술이 나란히 성장해야만 한다.

각종 기기들의 네트워크를 통한 상호 호환성을 전제로 하는 IoT

는 구조적으로 보안이 취약하다. 국내에서는 이미 IoT 서비스가 여러 차례 해킹에 노출되었다. 2014년 4월 신용카드 가맹점에 설치된 카드 결제 단말기가 악성프로그램에 감염되어 신용카드 정보를 다량 빼내갔고, 같은 해 3월에는 냉난방 제어기, 4월과 11월에는 유무선 공유기 등에서 해킹 사고가 발생했다. 앞으로 웨어러블, 홈가전 및 의료 등 실생활과 밀접한 IoT 기기가 급속하게 증가해 2020년에는 250억 대의 IoT 기기들이 출시될 것으로 예상된다. 이에 따라 디도스DDoS(분산서비스거부) 공격, 악성코드 유포 등 각종 보안 사고는 더욱 빈번해질 것으로 예상된다.

각종 재해와 마찬가지로 해킹 사고를 완전히 막는 것은 불가능하다. 그러나 보안과 관련해 대응 방안을 강화하지 않는다면 신성장동력 산업인 IoT와 핀테크의 대중화도 어렵다. 일단 모바일 결제 칩 등에 보안 기술을 적용하는 것과 같은 하드웨어 보안 장치에 관한 논의가 본격화되어야 한다. 소프트웨어 보안은 일정 수준에서 한계를 드러낼 수밖에 없기 때문이다. 마찬가지로 NFC 인증, 바코드 인증에도 한계가 있으므로 애플리케이션을 원천적으로 보호할 수 있는 솔루션이 필요하다.

기술과 금융의 고급 인력

핀테크산업의 주 역량은 바로 인력이다. 핀테크를 선도하는 국가들을 살펴보면 핀테크 인재 양성에 지대한 관심을 쏟고 있다. 혁신적인 핀테크 기술을 개발하고 활용해나갈 인재 없이는 핀테크산업에서 그 어떠한 발전도 이뤄내기 어렵기 때문이다.

영국을 먼저 살펴보면, 20세기 이후 건재해온 금융산업과 세계에서 모여든 고급 인력이 영국 핀테크산업의 발전 배경이라 할 수 있다. 런던 등 대도시에는 세계적인 금융회사의 본사들이 위치하고 있으며, 이로부터 광범위하게 발달한 금융망이 전 세계 핀테크 자본을 영국으로 끌어들이고 있다. 특히 런던에는 251개의 외국 은행, 588개의 외국 금융 서비스 회사가 있다. 영국의 금융산업 종사자는 약 1,100만 명이며 세계의 대학 및 전문대학 유학생 13%가 영국에 있다.[54]

미국은 핀테크 스타트업을 지원하는 다양한 인큐베이터, 액셀러레이터 프로그램을 운영하고 있다. 웰스파고은행의 액셀러레이터 프로그램이 대표적이다. 자사와 함께 협업할 수 있는 혁신적인 아이디어를 선정해 투자한다. 액센추어와 뉴욕시 파트너십 펀드에서도 매년 다수의 벤처기업을 뽑아 지원한다. 캐피털원, BNY멜론, 아메리칸 익스프레스 등 여러 금융기관에서도 핀테크 혁신 랩을 설치해 운영하거나 펀드를 통해 스타트업을 지원하고 있다.

세계적 핀테크 기업들 대다수는 결제·송금 영역에 국한하지 않고 새로운 아이디어에 기반한 핀테크 서비스를 제공한다. 국내 핀테크 역시 기술 측면에만 집착할 것이 아니라 인문·사회과학적 접근을 통해 인적자원을 적절하게 투입하고 빅데이터 전문가를 양성할 수 있도록 힘써야 한다.

---

54 주영국대사관, 〈영국의 핀테크 시장 현황 및 지원 대책〉.

혁신을 뒷받침하는 규제

영국과 미국 등 핀테크 선진국들의 특징은 금융회사의 '자율성'에 초점을 맞춘 규제를 실시한다는 점이다. 원칙 중심 규제는 법률이 정하는 규제 사항을 원칙의 형태로 설정한다. 감독의 대상은 금융회사가 원칙에 부합하는 결과를 실현했는지 여부이며, 그것을 실현하기 위한 수단과 절차는 금융회사의 자율 사항이다. 핀테크는 금융 서비스의 수단이므로 핀테크가 금융시장을 자유롭게 넘나들며 성장할 수 있게 하는 원칙 중심의 규제가 적합하다.

영국 금융감독청은 2005년 '규제 개선 계획Better Regulation Action Plan' 에서 원칙 중심 감독을 강화하기 위해 '상세한 규정detailed regulations' 을 없애기로 결정했다. 한국의 경우 규정 중심의 규제 방식을 택하고 있기 때문에 여전히 상세한 규정에 따른 감독이 이뤄지고 있다. 그래서 국내의 핀테크 스타트업들은 금융업법과 여신전문법 등 다양한 규제를 통과해야 하고, 엄격한 자본 관리 규제를 받는 편이다. 이런 법제와 규정들은 좋은 아이디어를 가진 벤처기업의 핀테크산업으로의 진출을 제약할 수 있다.

핀테크산업의 발전을 위해서는 단순히 몇 가지 규제를 완화하는 것이 아닌, 규제 체계 자체의 패러다임 전환이 필요하다. 사전 규제는 원칙 중심으로 전환하되, 금융감독 당국에 금전 제재를 중심으로 하는 사후 제재권을 부여해야 한다. 사후 제재권이 없는 원칙 중심 규제는 소비자 피해와 시장 교란을 막지 못하며, 이는 다시 사전 규제로 회귀할 가능성을 남기기 때문이다.

핀테크 선진국들은 원칙 중심 규제를 택하고 있을 뿐 아니라 더욱 적극적으로 규제를 완화해 핀테크 시장을 확대시키고 있다. 예컨대 미국이나 일본 등은 일찍이 인터넷 전문은행 설립에 관한 규제를 대폭 완화해 관련 산업을 육성해왔다. 1995년 10월 세계 최초의 인터넷 전문은행이 문을 연 미국은 금융회사뿐 아니라 산업자본에도 인터넷 전문은행 설립을 허용해 현재 카드·증권·보험사를 비롯해 비금융회사가 세운 인터넷 전문은행이 시장을 주도하고 있다.

일례로 자동차 제조사인 GM과 BMW는 각각 알리뱅크와 BMW 뱅크라는 인터넷 전문은행을 설립해 자동차금융 등에 특화해 운영 중이다. 일본 정부는 2000년 '새로운 형태의 은행업에 대한 가이드라인'을 제정해 산업자본이 은행 지분의 20% 이상을 소유할 수 있도록 허용했다. 이러한 규제 완화의 결과 소니, 야후 등 IT 기업들이 기존 오프라인 은행과 손잡고 인터넷 전문은행을 잇달아 설립해 운영 중이다.

CHAPTER 4

코리아 핀테크,
위기가 기회다

거스를 수 없는 대세의 도래

———

시대마다 그 시대를 추동하는 기술이 있다. 기술이 바뀌면 삶이 바뀌고 역사가 바뀐다. 기술 변화를 주도하는 자가 시대를 풍미한다. 과거에 집착해 변하지 않으면 죽는다. 청동기 문화가 철기로 넘어갈 때 빨리 변하지 않는 자는 멸망했다. 새로운 기술이 도래하면 과감하게 새 물결을 타야 한다. 무적함대로 시대를 풍미했던 스페인도 영국의 화약에 맥을 추지 못하고 역사의 뒤안길로 사라졌다. 핀테크는 다음 시대를 이끌 새로운 기술이다. 누가 빨리 핀테크의 기선을 제압하느냐에 따라 미래 부의 지도가 달라질 것이다.

새로운 패러다임의 정착

역사적으로 주요 국가들이 어떤 의사 결정을 할 수밖에 없는가를 살펴보는 것은 중요하다. 의사 결정은 최고의 선택이기보다 최선의 선택일 때가 많다. 핀테크는 미국, 유럽, 중국 등 세계 주요국이 취할 수밖에 없는 최선의 선택이다.

　미국 핀테크의 흐름은 실리콘밸리에서 시작해 맨해튼으로 옮겨가고 있는데, 그 성장세가 실리콘밸리의 두 배에 이른다. 기저에는 유대 금융이 자리하고 있다. 유대인들은 3가지 이유로 핀테크를 미래 핵심 전략으로 삼고 있는 것 같다. 현재 운영하고 있는 금융기관 운영의 효율성을 높이고, 투자를 통해 수익을 얻고, 시스템을 발판 삼아 글로벌 금융계로 확대하고자 한다. 유대인은 핀테크로 세계 금융을 재편할 기회를 엿보고 있는 것이다.

한편 미국 정부 입장에서도 핀테크는 최선의 선택인 측면이 있다. 미국은 제조산업이 공동화된 이후 금융 자본주의로 국가의 부를 창출했다. 금융업계의 과도한 욕심이 부풀어 터진 것이 2008년 리먼 브라더스 사태다. 미 정부는 리먼 사태를 수습하기 위해 시중에 사상 초유의 돈을 풀어 경기를 부양시키는 양적완화 정책을 펴서 일면 성공을 거뒀다. 이제 금리를 올리고 돈을 거둬야 하지만, 경기에 미칠 영향을 가늠하기 힘들기 때문에 정부는 돈을 다 거둬들이는 정책을 펴기는 힘들다. 따라서 제도금융권에서 회수된 돈은 새로운 시스템으로 흘러들 수밖에 없는데, 그것이 바로 핀테크다.

미국보다 금융 환경이 어려운 곳이 바로 재정 위기를 겪고 있는 유럽이다. 만성 재정 적자에 시달리는 유럽의 금융시장이 온전할 리 없다. 국제적으로 금융기관의 건전도를 평가할 때 'BIS 자기자본비율' 지표를 활용한다. BIS를 계산하는 도식은 'BIS=(자기자본/위험가중자산)×100'이다. 때문에 BIS 비율은 높을수록 좋은데 BIS 비율을 높이려면 위험가중자산을 줄이거나, 자기자본 비중을 높여야 한다. BIS 비율은 은행의 건강 상태를 점검하는 핵심 지표이기 때문에 기존 금융기관들은 BIS 비율을 적어도 8% 이상 사수하기 위해 사활을 걸어왔다. 은행의 핵심 기능은 기업에 돈을 대출해 기업이 성장할 수 있도록 통화를 공급하는 것이다. 그런데 은행이 BIS 비율을 맞추기 위해 대출을 줄이면 기업이 성장할 수 없고, 기업이 성장하지 못하면 국가 경제도 회생할 수 없다. 기업이 성장해야 고용이 일어나고, 고용이 되어야 소비가 촉진되고, 다시 기업이 성장할 수 있다. 장기 경기침체의 늪에서 헤매고 있는 유럽이 회생을 하기 위해서는 경제성장률이 2~3%대로 높아져야 한다. 그런데 은행은 BIS 비율 때문에 대출을 줄여야 하는 고착상태에 빠져 있다. 기업에 자금을 수혈할 수 있는 새로운 메커니즘이 필요한 것이다. 기존의 금융 시스템으로는 유럽이 회생할 방법이 없기 때문에 제3의 길을 택할 수밖에 없다. 유럽에 돈을 풀어줄 열쇠가 바로 핀테크다.

중국은 내수 소비를 진작시킬 수밖에 없는 절체절명의 상황에 처해 있다. 중국 GDP는 미국의 절반에 불과하나 본원통화는 미국만큼 풀려 있다. 국유기업, 지방정부, 민간기업이 투자한 막대한 돈은 중국 생산 공장을 움직이고 제품을 만든다. 하지만 설비투자를 너무 많이 한데다, 세계경제가 위축되면서 중국에서 생산된 제품의 수출 길이 막혀 설비 과잉의 상황에 처해 있다. 수요보다 생산되는 제품이 많으면 가격이 떨어지고 기업은 적자 상황에 직면한다. 기업이 도산하고 기업에 돈을 대출해준 은행이 부실하게 되고 국가 시스템이 위기에 처하게 된다. 중국발 세계경제 리스크가 불어닥친다고 예견하는 근본 이유는 중국의 생산 과잉 때문이다.

시진핑 국가주석은 2014년 중국은 '신창타이' 경제에 돌입했다고 선언했다. 30년간 이어진 10% 내외의 초고속 성장기가 끝나고, 이제 중고속 성장 시대에 접어든다는 것이다. 신창타이의 네 가지 특징은 중고속 성장, 구조 변화, 성장 동력 전환, 불확실성의 증대다. 고속 성장세를 계속 이어가는 것도 쉬운 일이 아니지만, 그것보다 경제가 성장하면 할수록 국가가 부실해지는 문제에 직면하기 때문에 이젠 성장률을 조정할 필요가 있다.

중국은 과잉된 생산 시설을 과감히 구조조정하고, 신사업에 투자를 하고, 내수를 촉진시키는 데 총력을 기울이고 있다. 과잉 생산을 줄이면서 경제성장률을 7%대로 유지하려면 내수를 진작시키는 방법밖에 없다. 이때 소비를 진작시키기 위해 나온 전략이 온라인 시장의 확대다. 중국은 계층 간, 도농 간, 지역 간, 기업 간 소득 격차가 세계 최고 수준으로 높다. 집중 성장 전략으로 인해 동남부를 먼저 키우다 보니 동남부는 부자 동네! 반면, 서쪽은 가난한 동네가되었다. 소득 격차가 워낙 크다 보니 오프라인 소비만으로는 소비를 진작시키는 것이 한계가 있다.

때문에 온라인에서 답을 찾은 것이다. 중국 인터넷 사용 인구는 이미 10억 명이 넘어섰다. 바이두, 알리바바, 텐센트 등 주요 온라인 사이트 이용자만 6~7억 명에 이른다. 1980~90년대에 태어난젊은 세대들은 주머니는 가볍지만 소비는 과감하다. 중국 정부는 경기를 진작시키기 위해 이들의 소비를 촉진시킨다. 중국은 오프라인 소비시장을 건너뛰고 바로 온라인 시장으로, 가솔린 자동차를 건너뛰고 바로 전기차로, 오프라인 금융을 건너뛰고 바로 온라인 금융시장으로 돌입했다. 그럴 수밖에 없는 중국만의 사정이 있었던 셈이다.

미국, 유럽, 중국은 현재 처한 국가의 현실 때문에 온라인 금융을 발전시키지 않을 수 없는 상황에 놓여 있다. 세계 표준은 주요 국가의 의사 결정권자에 따라 정해지기 마련이다. 그들이 결정하면 세계가 바뀐다. 핀테크는 현재 그들 상황에 가장 맞는 수단이기 때문에 빠르게 혁명이 일어나고 있다. 핀테크는 이미 시작되었고 가속화 단계에 들어선 혁명이다. 문명이 청동기에서 철기로 바뀔 때처럼 세계 금융계가 재편되고 있다. 우리나라도 빨리 변하지 않으면 잡아먹힌다. 시행착오를 거칠 시간이 많지 않다.

지금이라도 뛰어야 한다

———

중국이 무서운 이유는 금융이 낙후되어 자충수가 없기 때문이다. 현재 가야 할 길을 명확히 알고 그 길을 무섭게 돌진하는 것이 바로 중국이다. 한국 핀테크는 아직 걸음마다. 핀테크를 도입한다는 총론에는 찬성하나 각론에는 반대해 발이 묶여 있기 때문이다. 세계는 빠르게 핀테크 체제로 재편되어 가는데 한국은 아직 갈 길이 멀다.

각론에 반대하는 이유는 무수히 많을 수 있다. 하지만 모든 반대 이유를 다 끌어안고 갈 수는 없다. 핀테크의 각론을 붙잡고 반대하는 이유들은 대부분 말이 된다. 하지만 구성의 오류가 있다. 개개로 따지고 보면 선이지만 그 요소들을 합쳐놓으면 전체 그림이 망

가진다. 경제학자들이 얘기하는 '구성의 오류', 아무것도 얻을 수 없는 '빛 좋은 개살구'가 된다. 이렇게 각론에 집착하느라 제자리 걸음만 하다 보면 금융의 앞마당을 내주는 일이 필연적으로 생기게 된다.

보안산업 육성이 첫걸음

한국이 세계 뷰티 시장에서 프랑스도 제치고 연일 승승장구하고 있다. 전 세계인들이 한국에서 성형수술을 받기 위해 의료 관광을 온다. 한국 뷰티산업이 성장하는 이유는 아름다워지고자 하는 한국인들의 열망이 크기 때문이다. 수요가 클 때 산업이 성장한다. 화장품에 대한 수요가 많으면 화장품 원료, 가공, 유통, 마케팅 전 분야가 동반 성장한다. 성형하고자 하는 니즈가 크면 성형 기술이 고도화된다.

보안산업도 마찬가지다. 보안산업이 발전하려면 보안 서비스를 필요로 하는 시장이 커야 한다. 우리나라는 보안산업이 성장할 수 있는 토대가 제대로 형성되지 않고 있다. 바로 사전적 규제 때문이다. 사전 보안에 방점을 찍는 것은 금융산업이 아무것도 못 하게 손발을 묶어놓는 것과 마찬가지다. 액티브X 등과 다단계로 철벽 수비를 하고 있으면 보안 기술의 진보가 일어나지 않는다. 보안 기술을 살 사람이 없는데, 보다 나은 보안 기술을 만들기 위해 애쓸 리가 없다. 보안산업을 막아놓고 한국인들끼리 한국 시장의 닫힌 세계에서 잘살 수 있으면 좋겠지만 핀테크는 글로벌 현상이다. 최첨단의 보안 기술로 무장한 글로벌 핀테크 기업들이 진출하면 한국은 보안뿐 아니라 전 시장을 내줘야 할 판이다. 해외 기업이 홍채인식 서비스를 저렴하게 내놓으면 우리나라 보안산업은 제대로 한 번 대응해보지 못하고 안방을 내줘야 한다. 최첨단 보안 기술을 탑재한 해외 핀테크 기업이 진입해 저렴하게 대출 서비스를 제공하면, 그리로 향하는 한국 소비자들의 발길을 막을 방법이 없다. 산업을 키우려고 보호하면 경쟁력을 잃는다.

보안에 대한 최고 우선순위는 '보안이 뚫렸을 때 어떻게 대처하는가'에 둬야 한다. 보안은 대단히 중요하지만 정보를 100% 안전하게 철통같이 보안한다는 것은 불가능하다. 전 세계 해커들이 보안의 벽을 뚫으려고 난리인데 100% 확실한 보안이란 존재할 수 없다. 또는 가능하더라도, 지불 가능한 것 이상의 비용이 든다. IT 시스템을 해커들의 기술에 발맞춰 바꿔나갈 수는 없다. 중요한 것은 보안이 뚫렸을 때 어떻게 빨리 그것을 감지하고 문제를 빨리 해결해 원상태로 복귀할 수 있는가다.

소규모 스타트업 핀테크 기업의 경우 보안 기능이 취약할 수 있다. 때문에 보험 시장이 동반 성장해야 한다. 보안은 매우 중요해서 잘 막아야 하지만 뚫렸을 경우를 대비해 충당금을 쌓아두고, 그것으로도 부족할 때를 대비해 보안 보험에 가입하는 것이다.

또한 보안이 무너졌을 때 책임 소재를 명확히 하는 것도 중요하다. 해킹이 일어났다고 해서 모든 비난의 화살을 금융기관으로 돌려서는 안 된다. 왜 금융기관이 모든 잘못을 떠안아야 하는가. 금융기관이 잘못한 것이 있다면 책임을 져야 하지만 잘못한 범위 내의 책임만 물어야 한다. '개인정보'라는 남의 물건을 맡아둔 사람, '개인

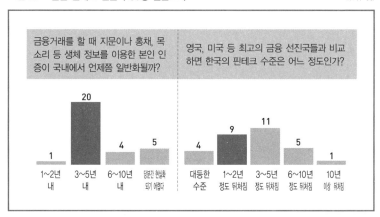

그림 21 … 민관 핀테크 전문가 30명 설문조사[55]　　　　　　　(단위: 명)

금융거래를 할 때 지문이나 홍채, 목소리 등 생체 정보를 이용한 본인 인증이 국내에서 언제쯤 일반화될까?

- 1~2년 내: 1
- 3~5년 내: 20
- 6~10년 내: 4
- 당분간 현실화 되기 어렵다: 5

영국, 미국 등 최고의 금융 선진국들과 비교하면 한국의 핀테크 수준은 어느 정도인가?

- 대등한 수준: 4
- 1~2년 정도 뒤처짐: 9
- 3~5년 정도 뒤처짐: 11
- 6~10년 정도 뒤처짐: 5
- 10년 이상 뒤처짐: 1

정보'를 훔치러 온 도둑이 있다고 해보자. 죗값을 물어야 마땅한 사람은 남의 물건을 훔친 도둑이다. 그런데 모든 책임을 도둑 당한 사람에게 전가하는 것은 무리가 있다. 개발자의 역량이 부족했다면 개발자에게 책임을 묻고, 내부 직원이 정보를 빼돌렸다면 그 직원을 일벌백계해야 한다. 처벌을 할 때는 그 대상과 범위를 명확히 해야 한다.

간편하지 못한 간편 결제

온라인 시장이 토끼처럼 빠르다면 결제 환경은 거북이처럼 느리다. 온라인에서 물건을 사거나 송금을 할 때를 떠올려 보자. 공인인증, 키보드 보안, 액티브X 보안 모듈 등 필수로 설치해야 하는 항목이 많다. 안전하게 전송하기 위한 안전장치이지만 불편이 심해 울화통

---

55 동아일보, 권명관 기자, 〈[핀테크] 선결되어야 할 과제, 규제 정책과 보안〉. (2015. 01. 27).

이 터진다. 온라인으로 물건을 사려다 번거로운 절차 때문에 포기하는 일이 비일비재하다. 온라인이 초고속으로 발전하고 있지만 온라인 거래 환경은 굼뜨기 짝이 없다고 한다.

한편 해외에서는 글자 그대로 '간편'하게 결제가 이뤄진다. 한국은 매 거래 때마다 결제 정보를 입력하지만, 해외에서는 첫 거래 때 결제 정보를 한 번 기입하면 그다음부터는 인증 없이 결제가 진행된다. 그럼에도 해외에는 보안 문제가 없다. 결제 서비스 정보 제공자가 결제의 안정성을 철저하게 검증하기 때문이다. 매 거래 시마다 고객이 어떤 시간대에, 어디에서, 어떤 물건을, 어떤 기기를 사용해 거래하는지 등의 데이터를 확보해둔다. 평소와 다른 형태로 거래가 발생하면 결제를 바로 진행하지 않고 부정 거래가 아닌지를 확인한다. 즉시 거래를 차단하고 전담 상담요원이 통화를 통해 거래가 바르게 이뤄진 것인지를 확인한다. 이른바 이상금융거래탐지시스템인 FDS Fraud Detection System를 통해 결제 서비스 제공자가 직접 부정 거래를 사전에 예방한다.

간편하지 못한 국내 결제 시스템은 핀테크의 도입으로 점차 간편해지고 있다. 해외에서 한국의 천송이(드라마 〈별에서 온 그대〉 주인공 이름) 코트를 사고 싶으나 결제가 불편해 사지 못한다는 박근혜 대통령의 발언 이후, 30만 원 이상 구매 시 공인인증서 의무사용 규제가 폐지되었다. 1999년 공인인증서 제도가 도입된 이래 2005년부터 30만 원 이상 결제 시에는 공인인증서를 의무적으로 사용해야 했으나, 2014년 전자상거래 결제 간편화를 위해 의무 사용은 폐지되었다. 따라서 이제는 30만 원 이상 구매 시에도 휴대전화 인증만으로도 간편하게 결제를 할 수 있다.

해외에 비해 온라인 결제에 있어 지나치게 규제가 많다는 지적은 계속되어 왔으나, 핀테크 시장이 미래의 먹거리로 떠오르면서 이제 구시대 결제 방식도 바뀌고 있다. 때문에 정부도 규제를 완화하는 방향으로 시장을 열어주고 있다.

금융업계뿐 아니라 ICT업계도 더 편하게 결제를 진행할 수 있도록 하기 위한 서비스를 계속 출시하고 있다. 네이버, 카카오, 삼성전자 등 ICT 기업들도 모바일 간편결제 시장에 뛰어들었다. 네이버는 라인페이, 체크아웃, 마일리지, 네이버캐쉬 등 간편결제를 제공하고 있으며, 카카오는 카카오페이, 삼성전자는 삼성페이를 출시했고, 신용카드 회사들은 각종 앱 카드를 출시하고 있다.

코리아 핀테크 성공의 열쇠

—

기업에 오너가 있으면 위기나 기회를 보는 시각뿐 아니라 그에 대한 의사 결정 및 실행도 빠르다. 오너가 없는 기업은 의사 결정까지의 속도도 느리며 실행하는 것 역시 주저하게 된다. 이런 이유로 은행에서 새로운 사업을 개발하는 속도는 국내 대기업들을 따라갈 수가 없다. 즉 금융권의 오너십 부재 때문인 것이다. 또한 금융 당국의 보수적 태도 또한 핀테크산업의 발전을 지연시켰다. 금융회사는 보수적 관행에서 벗어나 금융 서비스를 혁신해야 한다. 따라서 금융회사보다 핀테크 기업들이 핀테크 서비스 개발에 직접 나서야 하며, 국내에서 핀테크가 성공하려면 금융 규제 전반에 대한 재정비가 필요하다.

이미 미국, 영국 및 중국의 경우 금융산업의 경계가 줄어들고 있다. 특히 영국은 정부와 금융사가 주체가 되어 핀테크에 대한 적극적인 정책을 펼치고 있다. 미국의 캐피털원이라는 금융그룹은 오프라인 지점 없이 온라인으로만 영업을 하고 있다. 중국은 크라우드 펀딩을 제외한 금융 서비스 플랫폼, 인터넷 은행과 가상화폐는 아직 걸음마 단계에 있지만 핀테크 시장이 폭발적으로 성장하고 있다. 우리나라도 핀테크가 성장하기 위해서는 은산분리(은행자본과 산업자본 분리) 완화를 포함한 금융 규제 전반에 대대적인 재정비가 필요하다.

현행 법률은 은행 등이 출자할 수 있는 대상을 '금융업 관련 회사'로 한정하고, 산업자본의 경우 최대 15% 이내 지분 투자만 허용하고 있다. 사모펀드·벤처펀드 등을 통한 산업자본 간접 투자도 최대 30%까지만 허용한다. 이 때문에 핀테크 기업도 산업자본으로 분류돼 은행이 이들 기업을 인수하려면 금융위 승인을 받아야 하는 번거로움이 있다. 하지만 오는 12월 도입되는 비대면 실명확인 제도 및 은산분리 완화를 담은 정부의 핀테크 활성화 방안이 핀테크산업의 성장에 큰 도움이 될 것이다.

개인정보도 지키고 투자자도 보호하라

한국은 세계에서 IT 최강국임에도 불구하고 세계 100대 핀테크 기업이 단 하나도 없다. 여기에는 과도한 규제가 한몫하고 있다고 볼 수 있다.

한국은 개인정보 보호에 대한 강박관념이 심하다. 때문에 비대면 본인인증 금지, 금융기관의 공인인증서 사용 강제, 개인정보 보호법 등이 핀테크의 발전을 막고 있다. 핀테크의 잠재력은 방대한 개인정보의 분석과 최적화된 맞춤 서비스에서 비롯된다. 그런데 우리나라는 개인정보를 꽁꽁 묶어놓아 금융기관이 소비자를 위한 서비스를 펼칠 수 있는 기회를 막고 있다.

예컨대 돈이 없는 대학생, 직장 초년생을 대상으로 금융 서비스를 제공한다 해보자. 금융거래 실적이나 자산이 없는 이들은 대출 시장에서 소외되기 쉽다. 자산이 아니라 사회 관계망을 통해 신용도를 평가해 대출을 진행해주면 어떨까. 그러기 위해서는 SNS 등에 관한 개인정보 제공이 필수적이다. 금융기관에서는 제공받은 개인정보를 분석해 대출 여부를 판단해 기존 시장에서는 대출을 받지 못할 청년들 중 20~30%에게 대출을 진행해줄 수 있을 것이다. 신규 대출 시장을 연 금융기관과 대출 기회를 얻게 된 청년 모두 윈윈이다. 고객 정보가 기반이 되어야 수요자 선호에 맞는 혁신 서비스가 가능해진다. 그런데 흑백논리로 개인정보 제공을 전면으로 금지해버리면 금융 서비스의 질이 향상될 수 없다.

해외의 경우 벌써 축적된 고객 데이터를 분석해 혁신적인 서비스를 하루가 무섭게 내놓고 있는 실정이다. 더 나아가 축적된 분석 결과를 바탕으로 해외 진출 기회를 호시탐탐 엿보고 있다. 잘 갖춰진 통계 데이터를 기반으로 각 국가별로 데이터에 어떤 차별성이 있는지만 분석해 현지화하면 용이하게 진출해 시장을 장악할 수 있다.

국내의 핀테크 기업은 대부분 전자금융업자로 등록하게 된다. 그런데 등록 요건이 까다로워 스타트업이 활발하게 일어나지 못하고 있다. 전자금융업자 등록을 하기 위해 불필요하게 자본을 늘린다거나, 추가 인력이나 시스템을 구축해야 하는 등 자격 요건이 불필요하게 높다. 정부 요건에 맞는 기술을 갖춘다 해도, 심사에 시간이 오래 걸리는 까닭에 심사를 통과하고 나면 해당 기술은 이미 시장에서 무용한 경우도 발생한다. 또한 중소기업창업지원법에 따라 창업투자회사는 금융업 투자가 어렵게 되어 있다. 창투사들은 미래의 먹거리가 될 것이 분명한 핀테크 스타트업에 투자를 하고 싶어 하는데 제도적으로 막혀 있는 것이다. 때문에 스타트업들은 제때 충분한 자금을 수혈받지 못해 성장의 기회를 놓치고 있다.

한국에선 P2P 대출 시장도 형성되지 못하고 있다. P2P 대출은 돈이 필요한 사람과 여윳돈이 있는 사람을 연결하는 역할을 한다. 대출자의 신용도를 직접 분석하지 않고, 오프라인 은행도 필요 없이 온라인을 통해 기본적인 가교 역할만 하기 때문에 수수료율이 매우 적다. 기존 은행의 역할을 저렴한 비용에 진행하기 때문에 돈을 빌려주는 쪽에서는 은행에 예금할 때보다 더 높은 수익을 얻을 수 있고, 돈을 빌리는 쪽에서는 은행에서 대출받을 때보다 더 낮은 금리로 돈을 빌릴 수 있다. 이러한 이점 때문에 미국이나 영국에서는 대안 금융으로 인기가 높다.

하지만 한국의 경우 각종 규제로 인해 막혀 있다. P2P 대출은 중계업이 주력이기 때문에 자본금이 크게 필요치 않다. 하지만 한국에서 금융업으로 등록하려면 은행은 2천 억 원, PG사도 200억 원의 자본금이 필요하다. 때문에 대부업자로 등록하는 것이 현실적이지만, 핀테크 기업이 대부업으로 운영하려면 고객을 모으는 인터넷 서비스업체와 대출 사업을 운영하는 대부업체를 각각 따로 세워야만 운영이 가능하다는 현실적 제약이 있다.

무엇보다 법적으로 P2P 대출을 진행하는 핀테크 기업이 채권을 추심할 수 있는 역할을 할 수가 없어, 투자자 보호가 전혀 되지 않는다는 문제가 있다. P2P를 통해 대출을 한 사람이 돈을 갚지 않을 경우 P2P 기업이 나서서 돈을 대신 받아줄 수 없는 상황이 생긴다. 그럼에도 간편하고, 쉽고, 고금리인 것에 이끌려 투자하고자 하는 사람들이 줄을 서는 것이 현실이다.

미래에 금융거래는 오직 온라인과 모바일에서만 이뤄질 것이라 보는 시각들도 많다. 그런데 각종 규제로 미래로 향하는 문을 막아 둬서는 혁신이 일어날 수 없다. 개인정보도 중요하고 투자자 보호도 중요하다. 그렇다 해서 모든 빗장을 잠그면 조선이 쇄국정책으로 망했듯 미래를 잃게 된다. 빗장을 열되 개인정보를 지키고 투자자를 보호하는 방법을 찾는 것이 더 좋은 해법이다.

자본시장의 역할이 필요하다

———

전 세계적으로 금융과 IT의 융합 트렌드가 확산되고 있다. 모바일뱅킹과 같이 금융회사가 IT회사와의 제휴를 통해 새로운 금융 서비스를 창출하기도 하며, 카카오페이와 같이 IT회사가 금융업으로 직접 진출하기도 한다. 하지만 금융회사는 핀테크 사업자가 어떤 기술을 가지고 있는지, 핀테크 사업자는 금융회사가 어떤 서비스를 원하는지 등 상호 이해가 부족하다. 또한 금융회사는 인터넷 은행을 인수해 IT 기업과의 제휴를 통해 경쟁력을 강화하며, IT회사는 금융업으로 진출해 금융회사의 고객을 흡수하게 되어 수익 기반을 잠식하게 된다. 따라서 금융회사와 IT회사 간 소통과 협력을 통해 정보와 기술, 가치를 공유해야 한다. 즉 금융회사와 IT회사들로부터 지속적인 의견 수렴 과정을 거쳐 핀테크 활성화를 저해하는 규제를 찾아 개선해나가야 한다는 것이다.

우리나라는 세계적 수준의 ICT 기술을 가지고 있으며 우수한 금융 인력 및 IT 전문가 등 관련 인적자원이 매우 풍부하다. 또한 온라인과 모바일 환경 변화 및 IT 기술에 대한 적응력이 높은 소비자들이 많다. 하지만 지나친 금융 규제는 금융회사의 자율적인 개발 및 금융회사 자체의 맞춤형 보안 체계 구축을 어렵게 한다. 또한 국내 금융업법이 오프라인 거래를 기반으로 하고 있어 온라인 및 모바일을 통한 금융거래에 제약이 존재한다. 즉 금융과 IT 융합에 대해 국내 금융산업의 소극적 대응은 금융회사의 글로벌 경쟁력 약화로 이어질 우려가 크다. 따라서 금융회사와 IT회사의 융합에 대해 국가가 적극적인 지원을 해야 한다.

핀테크에 대한 국내 자본시장의 역할을 만들어야 한다. 자본시장이 어떻게 IT를 접목시켜 보다 편리한 서비스를 제공하고 혁신을 해나갈 수 있는지 해결하는 것이 금융의 성장 동력으로 작용할 것이다. 정부의 규제 개선 노력도 중요하지만 혁신적인 금융 서비스가 요구된다. 핀테크 혁명이란 거대한 흐름 속에서 금융회사·핀테크 기업·정부 간 동반자적 입장이 필요하다. 서로 알고, 상호 협력·소통을 통해 새로운 시너지 효과를 창출하고 핀테크 사업을 추진해나가야 한다.

먹을 것인가, 먹힐 것인가
——

해외 핀테크 기업이 한국에 쳐들어오는 일은 단기간은 아니라도 머지않아 거세게 불어닥칠 것이다. 발 빠르게 핀테크 영역에 핵심 역량을 쌓아두지 않으면 금융산업은 출혈이 불가피하다.

빗장을 걸어둔다고 능사는 아니다. 해외 기업은 언제, 어떻게 한국 금융에 새로운 개방을 요구할지 모른다. 예컨대 중국 정부는 한국에서 요커뿐 아니라 한국 국민도 알리페이를 쓸 수 있도록 요청할 수 있다. 중국이 한국 경제에 막강한 영향력을 쥐고 있어서 계속 절하기도 쉽지 않다. 이렇게 금융의 빗장이 하나둘씩 열리면 한국 소비자들은 당연한 수순으로 한국 금융을 외면하고 해외 금융사를 택할 것이다. 한국 금융기관보다 더 저렴하게 돈을 빌릴 수 있다면, 더 간편하게 물건을 구매할 수 있다면, 더 높은 예금 금리를 약속해준다면 소비자들은 합리적으로 판단해 가장 유리한 제안 쪽으로 기울 수밖에 없기 때문이다. 핀테크에 국경이 사라지고 있다. 그것을 놓치지 말아야 출혈 없이 건강한 금융 생태계를 이어갈 수 있다.

글로벌 기업에 지급결제 밥상 내주는 한국

한국 소비자들은 해외 온라인 사이트에서 물건을 구매할 때 페이팔 등과 같은 해외 결제 서비스를 이용하고 있다. 해외 사이트에서 한국 신용카드로 결제를 할 때보다 페이팔의 수수료가 더 저렴하고 거래도 쉽다. 한 번 등록한 거래 정보로 계속해서 결제할 수 있기 때문에 한 번 습관에 길들여지면 거기서 벗어나기가 어렵다.

한편 해외 핀테크 기업들은 국내 금융기관과의 제휴를 통해 진출을 서두르고 있다. 미국의 페이팔 서비스는 하나은행과 제휴해 소액 해외 송금, 해외 소비자의 국내 물품 결제, 가맹점 결제 서비스 등을 선보이고 있다. 이어 페이팔은 국내에 직접 진출하기 위한 방안을 검토 중이다. 국내 PG사의 온라인 거래 수수료가 3.4~4.0% 수준이라면 페이팔은 2%대의 낮은 수수료로 시장을 공략할 것으로 예상된다.

중국의 알리페이 역시 하나은행, KG이니시스, 한국 스마트카드 등과의 제휴를 통해 한국 시장에 진출하고 있다. 2014년 한 해 동안 중국 관광객은 612만 명, 그들이 쓴 돈은 11조 원에 달했다. 알리페이가 한국 시장에 진출한 뒤 서울 시내 환전소가 줄어들 정도로 여파를 미치고 있다. 서울 시내 법인 운영 환전소는 2013년 32개에서 2015년 19개로 절반 가까이 줄어들었다. 중국 관광객들이 한국에서 알리페이로 결제하면 제휴를 체결한 한국 은행이 대금을 선결제하고, 이후 알리페이가 중국인들 계좌에 있는 돈을 은행으로 되갚는다. 중국인들의 결제액이 늘면 그만큼 은행이 수취하는 카드 수수료가 늘어나기 때문에 은행들은 알리페이와 제휴를 맺는 데 적극적이다. 한편 중국인들은 환전을 많이 할 필요 없이 알리페이만으로도 한국에서 바로 결제가 가능하기 때문에 편의성이 높고, 환전할 때보다 수수료가 1.5%가량 저렴해 알리페이에 대한 선호가 날로 높아지고 있다.

때문에 국내 항공사, 면세점, 백화점, 명동 매장 등에서는 알리페

그림 22 ··· 한국 시장 공략하는 글로벌 핀테크 회사들 [56]

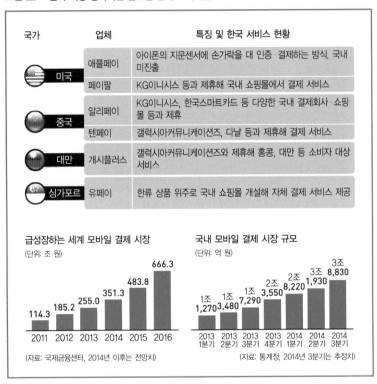

국가	업체	특징 및 한국 서비스 현황
미국	애플페이	아이폰의 지문센서에 손가락을 대 인증·결제하는 방식. 국내 미진출
	페이팔	KG이니시스 등과 제휴해 국내 쇼핑몰에서 결제 서비스
중국	알리페이	KG이니시스, 한국스마트카드 등 다양한 국내 결제회사·쇼핑몰 등과 제휴
	텐페이	갤럭시아커뮤니케이션즈, 다날 등과 제휴해 결제 서비스
대만	개시플러스	갤럭시아커뮤니케이션즈와 제휴해 홍콩, 대만 등 소비자 대상 서비스
싱가포르	유페이	한류 상품 위주로 국내 쇼핑몰 개설해 자체 결제 서비스 제공

급성장하는 세계 모바일 결제 시장
(단위: 조 원)

2011	2012	2013	2014	2015	2016
114.3	185.2	255.0	351.3	483.8	666.3

(자료: 국제금융센터, 2014년 이후는 전망치)

국내 모바일 결제 시장 규모
(단위: 억 원)

2013 1분기	2013 2분기	2013 3분기	2013 4분기	2014 1분기	2014 2분기	2014 3분기
1조 1,270	1조 3,480	1조 7,290	2조 3,550	2조 8,220	3조 1,930	3조 8,830

(자료: 통계청, 2014년 3분기는 추정치)

56 한국경제, 안정락 기자, 〈페이팔·中알리페이 등 국내 모바일 결제 시장 장악 '시동'〉. (2014. 12. 17).

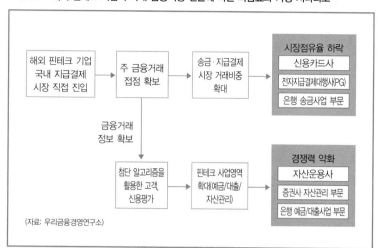

그림 23 … **해외 핀테크 기업의 국내 금융시장 진출에 따른 파급효과 가상 시나리오**[57]

(자료: 우리금융경영연구소)

이 결제 시스템을 적극 설치하고 있다. 한중 FTA가 발효되면 한중 간 금융거래도 확대될 것으로 보인다. 한편 모바일 결제 전문기업 다날은 중국의 최대 게임회사인 텐센트의 전자결제 자회사 텐페이와 계약을 체결해 중국 관광객을 위한 바코드 결제 서비스 '위챗'을 제공한다. 이로써 중국 관광객들은 중국에서 사용하던 위챗 바코드 결제 서비스를 국내에서도 이용할 수 있게 되었다.

대만의 최대 온·오프라인 전자결제업체 개시플러스는 대만 최대 게임사 게임마니아의 자회사로 9천여 개 이상의 편의점에서 서비스를 제공하고 있다. 개시플러스는 국내 시장 진출을 위해 갤럭시아커

57 우리금융경영연구소, 김종현 연구위원, 〈국내 핀테크산업의 현주소와 과제〉. (2014. 12).

뮤니케이션즈와 제휴를 맺었다. 대만 및 홍콩 사람들에게 용이하게 국내 쇼핑몰을 이용할 수 있게 서비스를 제공하는 것이 목표다.

이처럼 해외 결제 기업은 국내 금융기관과의 제휴를 통해 슬그머니 한국 결제 시장에 진출하고 있다. 결제는 금융거래의 첫 단추다. 결제를 통해 접점을 확보한 해외 금융기관은 국내 소비자들의 거래 정보 데이터를 쌓고 예금, 대출, 자산관리, 보험 등의 사업에도 점진적으로 진출할 것은 명약관화하다. 우리보다 앞선 기술력, 축적된 DB가 있는 해외 금융 기관에게 금융의 앞마당을 그냥 내줄 것이 아니라 제휴를 통해 선진 기술을 빠르게 내재화하는 전략이 필요하다.

금융에서 산업까지 종속될 수 있다

금융IT 플랫폼과 산업이 함께 진출할 경우 산업까지 빼앗길 수 있다. 싱가포르 핀테크 기업인 유주코퍼레이션의 한국 진출 전략은 직접 쇼핑몰을 열어 결제 시장에 진출하는 것이다. 유주그룹은 싱가포르증권거래소에 상장된 핀테크 기업으로 가상 화폐인 유페이와 SNS 기반 쇼핑몰 운영이 주 사업이다. 유주그룹의 결제 시스템인 유페이YouPay는 모바일 결제 시장에서 미국 페이팔, 애플페이, 알리페이 등과 함께 '빅8'로 꼽힌다. 특히 SNS를 기반으로 한 모바일 결제에 핵심 역량을 갖춘 강자다. 세계 164개국에 6천만 명의 회원이 이 유주 서비스를 이용하고 있다.

유주그룹은 한류 상품을 기반으로 쇼핑몰을 열어 결제 시장에 진출한다. SNS 기반 쇼핑 플랫폼인 유주닷컴을 통해 한류와 쇼핑을 결합한 서비스를 제공하며, 유페이로 전자결제 대행 사업에 나선다. 이 같은 전략이 나온 배경은 한류의 세계성 때문이다. 한류 팬들이 세계에 퍼져 있기 때문에 모바일을 통한 한류 제품 판매를 통해 세계인들의 눈길을 끈 뒤 품목을 확대해 나간다는 것이다. 자사 핵심 역량인 SNS를 통해 소비자를 끌고 유페이를 통해 결제케 함으로써 유페이도 세계시장으로 더 확대해 나갈 계획이다.

유페이는 플랫폼을 통해 한국 중소기업의 세계 진출에 기여하는 측면이 있다. 유페이는 쇼핑몰을 론칭할 때 국내 200 우수 업체를 유주 쇼핑몰에 입점시킨 뒤, 국내 유명 연예인으로 하여금 유주닷컴 제품을 홍보하도록 해 중소기업 제품의 세계 진출을 선도하는 전략을 세우고 있다. 이들은 연예인들의 일거수일투족을 SNS에 올리고 해당 화장품, 옷, 가방 등을 바로 구매할 수 있도록 연동해놓아 팬심이 바로 쇼핑으로 이어지는 시스템으로 성공한 바 있다.

유주의 한국, 일본 지사를 운영하는 유주그룹코리아는 B2B, B2C, C2C 등 다양한 형태의 거래가 가능한 종합 쇼핑몰을 구축했다. 한국 시장에 성공적으로 안착하기 위해 유주그룹은 국내 전자거래업체 페이뱅크와 전략적 제휴를 체결했다.

유페이와 같은 거대 핀테크 기업은 단 하나의 먹잇감을 위해 진출하는 것은 아니다. 쉬운 결제를 무기로 그들은 신규 산업에 진출하고 세계시장을 장악해나간다. 핀테크의 경쟁력이 제고되지 않으면 국내 산업은 글로벌 핀테크 기업에 종속되기 십상이다.

국내 핀테크산업, 위기가 곧 기회다

———

국내 핀테크산업은 이제 걸음마 단계이지만 한국의 저력도 만만치 않다. 목표를 향해 빠르게 돌진하는 한국인의 행동력이 핀테크산업에서도 엿보인다. 또한 세계에서 가장 예민하고 빠르고 최첨단을 선호하는 것으로 유명한 한국 소비자들의 행동 패턴의 변화 양상 역시 국내 핀테크업계에 청신호다.

국내 핀테크산업은 출발은 늦었지만 성장 속도는 세계 최고 수준일 수 있다. 특히 공인인증서 의무 사용 규제가 폐지됨에 따라 모바일 결제 시장이 빠르게 성장하고 있다. 영국 시장조사기관인 유로모니터 인터내셔널에 따르면, 인터넷을 통한 소매 거래에서 모바일이 차지하는 비중이 2011년 5.9%에서 2016년 47%로 약 800% 성장할 것으로 전망된다.

미래 먹거리 전담 조직 신설하는 금융사들

비전을 달성하기 위한 성장 동력을 강화해야 한다. 핀테크 등 신기술을 활용한 비즈니스모델을 개발하고 신규 수익원을 발굴하기 위해 최선을 다해야 한다.
- 김정태 하나금융 회장

IT 기술과 금융의 융복합은 피할 수 없는 물결이다. 우리의 영업 기회가 더욱 확장될 수 있다는 개척 정신이 필요하다.
- 이광구 우리은행장

IT와 금융의 결합은 고객들의 채널 이용 방식에 변화를 가져오고 있다. 인터넷 전업은행 등에 대응하기 위해 비대면 상담 서비스를 업그레이드해야 한다.

－한동우 신한금융 회장 [58]

2015년 신년사에서 대형 금융지주사 CEO들은 입을 모아 미래의 성장 동력으로 핀테크의 중요성을 강조했다. 핀테크 시장이 급속도로 성장하는 데 ICT업체들이 발 빠르게 시장을 선점하고 나서자 금융기관 역시 핀테크 시장 진출 방안에 골몰하고 있다.

금융기관은 핀테크업계에 발 빠르게 적응하기 위해 가장 먼저 전담 부서 신설, 태스크포스팀[TF] 구성에 나섰다. 씨티은행은 기본 e비즈니스팀을 부서로 승격했으며, 우리은행은 핀테크 사업부를 신설했다. 기업은행은 자회사 형태로 인터넷 전문은행을 두는 방안을 모색 중이며, 농협은 비대면 채널을 위한 금융 상담 창구인 스마트금융센터를 선보였다.

한편 금융기관은 핀테크를 기반으로 금융 서비스를 업그레이드할 방법을 찾고 있다. 국민은행은 빅데이터를 활용해 프라이빗뱅킹[PB] 서비스의 질적 강화에 나섰다. 빅데이터를 통해 고객에게 최적화된 맞춤형 투자 전략을 분석해 모바일 계좌로 보내주는 방식이다. 한편 우리은행은 스마트폰만으로 주택담보대출을 받을 수 있는 상품을 선보일 계획이다. 절차가 까다롭고 어려운 주택담보대출도 대면 접

---

58 뉴시스, 이보람 기자, 〈새해 금융권 키워드, '핀테크' - '수익성'〉. (2015. 01. 02).

그림 24 ··· **금융사별 핀테크 대응 현황**[59]

신한은행	네이버·카카오 등과 금융상품 출시 논의
	TV셋톱박스에 카드 끼우면 홈쇼핑 상품 즉시 결제 서비스
	신한은행 핀테크 전담조직 개설 예정
국민은행	고객 정보 분석, 모바일로 맞춤형 투자 전략 제시하는 PB 서비스 구상
	핀테크 전담팀 신설 고려
하나은행	기존 모바일뱅킹 서비스인 하나N월렛 업그레이드
우리은행	스마트폰 주택담보대출 2015년 출시 예정
	핀테크 사업부 신설
기업은행	스마트금융 내에 별도 TF 운영, 앱통합 작업 등
	자회사 형태 인터넷 전문은행 검토
씨티은행	e비즈니스팀 부서로 승격
농협은행	비대면 채널 금융상담창구, 스마트금융센터 2015년 출범

촉이나 방문신청 없이 모바일만으로도 가능해지는 것이다

은행은 기존 ICT 기업과의 연합전선을 구축해 시장을 확대하는 움직임을 활발히 보이고 있다. 핀테크에 경험과 전문성이 부족한 금융권 입장에서는 노하우가 있는 ICT 기업과 제휴해 시장을 선점하는 것이 더 유리하다. 플랫폼과 금융의 결합이 핀테크 시장의 승부수가 될 것이라 판단한 신한금융은 네이버 그리고 카카오와 플랫폼을 기반으로 한 금융상품을 검토하고 있다. 또한 신한금융은 '옴니채널' 서비스를 통해 외연을 확대하고자 한다. 옴니채널은 소비자가 온라인, 오프라인, 모바일 등 다양한 경로를 넘나들며 상품을 검색하고 구매하도록 하는 멀티 채널 전략이다. 예컨대 은행에서 발급받

---

59 서울경제, 양철민·박윤선 기자, 〈[파이낸셜 포커스] 핀테크 혁명에 빨라지는 금융사 움직임〉, (2014. 12. 28).

은 현금 IC카드를 TV 셋톱박스에 꽂아두고 홈쇼핑을 보다가 마음에 드는 물건을 발견하면 리모컨 버튼을 누르는 것만으로 결제까지 진행되는 식이다. 한편 기업은행은 부족한 IT 역량을 강화해 시장을 선점하기 위해 SK텔레콤의 자회사인 SK플래닛과 카드 사업을 제휴한다.

그러나 은행의 이러한 대처는 근본적인 혁신으로 나아가지 못할 경우 '언 발에 오줌 누기' 정도의 임시방편에 지나지 않을 수 있다. 보수적인 금융기관이 얼마나 혁신 마인드를 가질 수 있을지는 지켜봐야 한다. 정책 기조와 금융시장의 이해관계가 맞아떨어져 전 국민이 일상적으로 현금 대신 신용카드를 사용하듯이, 금융이 그 혁신성을 어떻게 사용하느냐에 따라 핀테크의 주도권을 금융이 쥐고 갈지 ICT로 빼앗길지가 판가름나게 될 것이다.

기지개 켜는 ICT 기업의 핀테크

국내에서 ICT를 이끄는 삼두마차는 통신업체, 모바일 서비스업체, 전자업체다. 각 업계는 업종의 특수성과 강점을 핀테크와 접목해 서비스를 출시하고 있다. 하지만 아직은 ICT업체들도 지급결제 서비스를 제공하는 데 머무르고 있다. 통신업계는 스마트폰 통신 서비스를 이용한 지급결제 서비스를, 카카오는 서비스 플랫폼을 이용한 송금 및 결제 서비스를, 삼성전자는 카드사와 연계해 앱 카드 출시를 통한 결제 서비스를 선보이고 있다.

한국은 규제와 투자의 제약으로 인해 SKT, KT, LG, 카카오, 삼성전자와 같은 ICT 대기업 중심으로 사업이 이뤄지고 있다. 하지만 성

그림 25 ··· **지급결제 시장에 진출한 국내 ICT 기업 현황**[60]

SKT	BLE 페이먼트	스마트폰과 POS 기기 간 결제 정보 무선 교환으로 오프라인 매장에서 결제
KT	올레 앱안심인증	휴대폰의 고유 정보로 금융기관의 앱 이용 시 자동으로 사용자 본인 인증
LGU+	페이나우 플러스	안전패턴과 간편그래픽 인증방법으로 간편 결제
카카오	뱅크월렛카카오	뱅크월렛카카오 가입 회원끼리 송금 및 오프라인 결제 가능
삼성전자	삼성월렛	신용카드사와 연합해 앱 카드 방식으로 결제 서비스 제공

자료: 각사 발표자료 종합

장기에 이르면 사업 영역은 분화되고 크고 작은 스타트업들이 무수하게 태어나고, ICT 기업들은 그들의 태생적 DNA를 닮아 혁신적인 서비스를 내놓을 것이다.

ICT 기업이 추동하는 핀테크 사업의 전망이 밝은 이유는 그들의 막대한 자금력과 정보력 때문이다. 핀테크를 움직이는 큰 축은 빅데이터다. 막대한 고객 정보를 바탕으로 쉽고 편하고 고부가가치로 맞춤형 금융 서비스를 제공하는 것이 핀테크의 매력 포인트다. ICT 대기업들은 이미 해당 분야에 역량을 쌓고 있으며 비약적으로 역량을 쌓아나갈 준비 태세를 갖췄다.

국내 ICT 기업의 성장을 가로막는 걸림돌은 각종 규제다. 한국의 엄격한 금산분리제도, 개인정보 보호법, 결제인증제도 등이 ICT 기업이 혁신적인 서비스를 내놓는 데 장애가 되고 있는 것이다. 한편으로는 ICT 기업이 금융과 협력할 수밖에 없는 장치가 되는 측면도 있다.

---

60 우리금융경영연구소, 김종현 연구위원, 〈국내 핀테크산업의 현주소와 과제〉. (2014. 12).

ICT 기업의 핀테크 성공 여부는 새로 탄생할 핀테크 서비스가 글로벌 시장에서 얼마나 주효할 것인지에 달려 있다. 세계에서 가장 먼저 선보인 SNS 싸이월드는 한국에서는 대성공을 거뒀으나, 글로벌 SNS 페이스북의 등장으로 단번에 쇠락했다. 하지만 한류는 한국에 단단히 뿌리를 내리면서 세계적일 수 있는 문화를 창조해 오랫동안 문화 권력을 누리고 있다. 핀테크도 마찬가지다. 핀테크에 국경은 없기에 글로벌한 서비스만이 살아남게 될 것이다.

지급결제에서 진화하는 통신 3사

핀테크 진출에 있어 통신 3사는 '고객군', '결제 창구', '본인인증'이라는 3가지 측면에서 유리한 고지를 점하고 있다. 국내 스마트폰 이용자가 4천만 명이다. 통신 3사는 매일 하루 2시간 51분씩 자사 서비스를 이용하는 고객을 최소 4천만 명이나 보유하고 있다. 통신사는 기존 고객의 기반을 토대로 핀테크로의 사업 영역 확장을 모색하고 있다. 또한 결제와 매월 납부되는 '통신비'를 연계함으로써 쉽게 결제 금액 청구가 가능하다.

통신 3사는 고객들이 통신사를 통해 결제까지 진행하도록 락인 rock-in 시키는 서비스에 주력하고 있다. SKT는 'BLE 페이먼트', KT는 '올레 앱안심인증', LG유플러스는 '페이나우 플러스' 등 결제 서비스를 통해 핀테크 사업에 출사표를 던졌다. 통신 3사는 내 손안에 작은 실물 세상을 만들어나가고 있다.

SK텔레콤이 주력으로 내세우는 솔루션은 모바일에 비밀번호만 입력해도 결제가 이뤄지는 'BLE 페이먼트'와 신용카드 여러 개를 하나의 전자카드에 통합해 사용하는 'BLE 전자카드'다. BLE는 '블루투스 저전력Bluetooth Low Energy'의 준말로 적은 전력으로 장기간 근거리 무선 연결을 가능하게 하는 기술을 일컫는다. BLE 페이먼트는 결제 정보가 내장된 스마트폰을 POS Point of Sales 기기에 가져가 비밀번호를 입력하면 그 자리에서 바로 결제가 이뤄지는 기술이다. 지갑에서 현금이나 신용카드를 꺼내지 않고 핸드폰에 비밀번호만 입력해도 근거리 무선통신으로 결제가 가능해진다. 한편 BLE 전자카드는 여러 장의 신용카드 정보를 한 장의 전자카드에 담은 것으로, 이 전자카드 한 장만으로 여러 카드를 통합 관리할 수 있다.

한편 SK텔레콤은 스마트폰에 내장된 멤버십 앱에 결제 기능을 장착해 두 마리 토끼를 잡는다. 멤버십 앱에 결제 기능을 장착하면 멤버십 회원들은 T멤버십 협력 업체에서 할인 혜택을 받는 동시에 결제를 진행할 수 있다. 결제 금액은 익월 통신비에 합산되기 때문에 할인, 결제, 청구가 간편하게 일원화된다.

KT는 핀테크를 주요 신사업으로 삼고 통신을 이용한 전자결제 시장에 뛰어들었다. KT가 주력하는 서비스는 '올레 앱안심인증'이다. 올레 앱안심인증은 자사 고객 데이터베이스와 스마트폰 단말기 정보를 비교해 본인인증을 하기 때문에 이용자 입장에서는 비밀번호를 입력하는 절차 없이도 간편하게 결제가 가능하다. 편리성은 뛰어나지만 KT 가입자를 대상으로 한 서비스이기 때문에 시장 규모의 제약이 있다.

뿐만 아니라 KT는 통신의 강점을 이용해 핀테크 시장 확장에 나섰다. BC카드, 지불결제 인증 전문업체 브이피 VP와 함께 제공하는 서비스인 '탭사인'은 신용카드를 스마트폰에 가져다 대면 간편하게 결제가 이뤄지는 방식이다. 스마트폰의 NFC 기능을 활용하기 때문에 접촉만으로도 결제가 가능하다. 또한 KT는 휴대폰 결제 전문기업 다날, 결제 솔루션 전문기업 엠씨페이와 함께 배달 음식 전용 모바일 결제 솔루션 '페이온Pay on 플러스'를 출시했다. 페이온 플러스는 휴대폰 소액결제만으로 음식 값을 지불하는 서비스다. 고객이 페이온 플러스 애플리케이션으로 음식을 주문하면 고객의 스마트폰에 승인번호가 전송된다. 승인번호를 스마트폰에 입력하면 결제액이 휴대전화 요금에 합산되어 청구된다. 배달업체에서 시작한 페이온 플러스 서비스는 대리운전, 주차장, 프랜차이즈 가맹점 등으로 영역을 확장할 계획이다. 한편 KT는 '올레 TV 결제 서비스'를 제공한다. 올레 TV 이용자가 TV를 시청하다가 홈쇼핑에서 물건을 사고자 할 때 개인정보를 입력하지 않고 올레 TV 비밀번호 입력만으로 물건 구매가 가능하다.

LG유플러스는 3초 만에 결제가 가능한 간편결제 서비스 '페이나우'를 제공한다. 페이나우는 휴대폰 번호를 이용자 ID로 간주하기 때문에 별도 로그인 없이도 모바일과 PC에서 결제가 가능하다. 통신사와 관계없이 페이나우 앱을 설치한 뒤 최초 1회만 결제 정보를 등록하면 추가 절차 없이 모바일 인증만으로 결제할 수 있다.

로열티 높은 회원 기반의 카카오

국내 카카오톡 애플리케이션 이용자는 3,700만 명이다. 대한민국 국민 10명 중 7.2명, 국내 스마트폰 이용자 10명 중 9명이 카카오톡으로 대화한다. 스마트폰 등장 이후 새로운 커뮤니케이션 수단으로 급부상한 카카오는 '새로운 세상, 새로운 연결'을 추구하는 생활 밀착형 플랫폼 서비스를 지향한다. 카카오는 강력한 회원 기반을 무기로 금융에서도 새로운 세상, 새로운 연결을 만들어가고 있다. 카카오와 은행을 결합한 '뱅크월렛카카오'와 카카오와 카드사를 결합한 '카카오페이'로 금융시장에 출사표를 던졌다.

뱅크월렛카카오는 카카오톡을 기반으로 한 소액 금융 서비스로 현금 충전, 송금, 현금 출금, 결제가 가능하다. 주요 서비스는 소액 현금 충전과 송금이다. 뱅크월렛카카오를 이용하면 비밀번호 1회 입력만으로 회원들 간 자유롭게 돈을 주고받을 수 있다. 뱅크월렛카카오 계좌와 사용하는 시중 은행 계좌를 최초 한 번만 인증해놓으면, '충전하기' 버튼 하나만으로 최대 50만 원까지(2015년 기준) 은행 계좌에서 카카오 계좌로 돈을 예치할 수 있다. 사용하지 않을 돈은 '내 계좌로' 버튼 하나만 누르면 카카오톡 계좌에서 은행 계좌로 돈이 전송된다. 카카오톡 회원 간에 돈을 주고받는 것은 일상 대화를 나누는 것처럼 간단하다. 카카오톡 친구 중에서 송금할 대상을 선택하고 비밀번호만 입력하면 하루 10만 원 한도 내에서 송금이 가능하다. 공인인증서와 보안카드 번호를 요구하는 기존 시중 은행 모바일뱅킹보다 절차가 훨씬 간편하다. 또한 한 명이 사용하면 동반 사용자가 늘어나는 네트워크 특성상 서비스와 확장성은 무궁무진하다 볼 수 있다. 그리고 NFC 기술을 기반으로 하는 뱅크월렛카카오는 자동화기기를 통한 현금 출금과 오프라인 결제도 가능하다. 스마트폰을 자동화기기에 가져다 댐으로써 계좌에 접속해 현금을 출금

할 수 있으며, NFC 리더기가 설치된 편의점 등에서 물건을 사고 단말기에 스마트폰을 갖다 대면 결제가 이뤄진다. 또는 뱅크월렛카카오 앱에서 일회용 바코드를 생성한 뒤 매장 스캐너에 인식하는 방식을 통해서도 결제할 수 있다.

한편 카카오는 빠르고 쉬운 모바일 결제 서비스 카카오페이를 출시해 출시 1개월 만에 120만 명, 6개월 만에 400만 명의 회원을 모았다. 400만 명은 국내 신용카드 이용자의 15%에 해당하는 규모이자 국내 스마트폰 기반 결제 서비스 중 최다 수치다. 카카오페이는 별도로 애플리케이션을 다운받지 않아도 카카오톡 애플리케이션 내에서 사용이 가능하다. 카카오톡에 최초 1회만 개인 카드 정보를 등록해두면 이후로는 비밀번호 입력만으로 결제가 진행된다. 다양한 종류의 카드를 최대 20개까지 등록 가능하며 원하는 카드를 골라 결제할 수 있다. 이런 사용의 용이성에도 불구하고 카카오페이의 보안은 단단하다. 암호화된 결제 정보는 사용자 스마트폰과 데이터센터에 분리 저장하기 때문에 개인정보의 유출을 원천적으로 봉쇄하고 있다. 배달의 민족, 교보문고, 빈폴, 도미노피자, 아모레퍼시픽몰 등의 모바일·온라인몰에서 결제할 수 있으며 카카오페이는 가맹점을 빠르게 늘려가고 있다.

애플페이를 넘보는 삼성페이

삼성페이는 세계의 지갑 혁명을 이루겠다고 선언했다. 혁명된 지갑은 어떤 모습일까?

① 식사를 한 후 계산대에서 지갑 대신 스마트폰을 꺼낸다.

② 스마트폰 화면을 아래에서 위로 쓸어 올리면 신용카드가 나온다.

③ 미리 등록해놓은 카드 중 결제에 사용할 신용카드를 고른다.

④ 지문인식센서에 손가락을 갖다 대 본인인증을 한다.

⑤ 스마트폰을 마그네틱 카드 리더나 NFC 단말기 근처에 가져다 댄다.

⑥ 결제가 완료되었다는 알림이 도착한다.[61]

삼성페이는 스마트폰 결제의 혁신을 이뤘다. 삼성페이의 범용성은 애플페이보다 월등히 뛰어나다. NFC 기술을 기반으로 하는 애플페이를 사용하려면 매장에 별도의 결제 단말기가 설치되어 있어야 한다. 반면 NFC 기술뿐 아니라 마그네틱 보안전송Magnetic Secure Transmission, MST 기술도 접목한 삼성페이는 스마트폰을 기존의 신용카드 결제기 근처에 갖다 대기만 해도 기기 간 통신을 통해 결제가 이뤄진다. 별도의 단말기를 추가로 설치하지 않아도 미국은 물론 한국 전체 상점의 90% 이상에서 쓸 수 있다. 때문에 애플페이보다 시장 진출은 1년가량 늦어졌지만 후발 주자인 삼성페이가 전세를 역전시킬 가능성도 충분하다.

삼성페이의 보안을 담당하는 3대 축은 지문결제, 보안 솔루션 녹스KNOX, 토큰화다. 삼성페이는 국내 최초로 핀테크에 생체인식을 이용했다. 지문인식 방식을 활용하는 삼성페이는 스마트폰이 꺼진 상태에서도 결제가 가능하다. 스마트폰 화면을 둘러싼 테두리를 터치

---

61 ZDNet, 정현정 기자, 〈[갤S6 六感④]올 여름 삼성페이로 지갑 혁명〉, (2015. 04. 09).

해 카드 이미지를 생성시킬 수 있는 것이다. 카드를 활성화시킨 뒤 지문으로 사용자 인증을 하면 카드 결제가 가능하다.

한편 녹스는 삼성전자가 개발한 자체 보안 솔루션이다. 하드웨어와 소프트웨어가 통합된 솔루션인 녹스는 스마트폰 기기를 켜는 순간 보안 기능이 작동해 외부 해킹 및 악성코드 공격으로부터 개인정보를 보호한다. 삼성 녹스는 애플 iOS, 구글 안드로이드, 마이크로소프트 윈도우, RIM 블랙베리 등의 스마트폰 운영체제 중에서 가장 보안성이 뛰어나다.

토큰화도 삼성페이의 보안성을 높인다. 토큰token(가상의 일회용 결제번호를 활용한 인증결제)은 카지노 칩과 유사하다. 카지노에서 현금을 칩으로 교환해 사용하듯이 삼성페이로 결제를 진행할 때마다 카드사는 매번 새로운 토큰을 생성해 스마트폰으로 전송한다. 토큰에는 카드 이용자에 대한 정보가 포함되지 않기 때문에 외부로 유출된다 해도 안전하다. 한국은 토큰 방식이 이미 활성화되어 있어 시장 확대에 큰 무리가 없지만 미국의 경우 기술의 보급도가 낮다. 미국 금융권이 토큰 방식을 위한 서버를 투자해야만 활용 가능하다. 만약 토큰 방식이 이뤄지지 못하면 카드 정보를 스마트폰에 그대로 담아야 하기 때문에 보안이 매우 취약해진다. 때문에 토큰화의 확장성 여부가 삼성페이 성공에 영향을 미칠 전망이다.

이종교배, 증권화, 그리고 빅데이터

핀테크는 국가 성장 동력을 찾기 위한 시대적 소임이 되었다. 제조업이 우리나라의 성장을 이끌어나가기에는 힘이 약해지고 있는 상황에서 금융·유통·바이오 등 3차 산업을 육성하지 못하면 국가 경제력이 많이 힘들어질 것이다. 미국, 중국, 영국 등 핀테크 선진국은 국내외 시장 점유율을 높여나가고 있으며 우리나라는 이에 비해 3~4년 늦은 상황이라 서두르지 않으면 핀테크산업에 설 자리가 없게 될 것이다.

금융투자업계에서 핀테크산업이 발전하려면 '이종교배'와 활발한 '증권화' 과정이 필요하다. 금융이 그동안의 자기 수익 모델로 순종교배를 해봐야 기존 금융과 다르지 않다. IT와 과학기술 등과의 이종교배가 필요하다는 것이다. 금융투자업계의 이종교배는 업계의 전체적인 시장 규모, 즉 파이를 확대할 수 있다. 한 업종이 IT기술을 이용해 편의성이나 접근성을 높이는 것보다 한 업종과 다른 업종을, IT기술을 접목해 융합·발전시키는 것이 금융시장의 파이를 확대할 수 있기 때문이다. 결제, 대출, 투자 및 자산관리, 보험 등 외연을 넓혀가며 다양한 서비스, 수익 모델이 나오게 되면 금융산업의 파이가 커지게 된다.

예를 들어 IT기술을 기반으로 은행이 비슷한 업무를 하는 인터넷은행으로 진출하는 것보다는 증권업계와 게임산업이 융합했을 때의 효용이 훨씬 크다. 즉 동종업계가 가진 파이를 나누는 '카니발리제이션Cannibalization' 보다 이종교배의 효용이 더 크다는 것이다.

따라서 금융투자업계의 주요한 사업인 주식중개업 브로커리지^{bro-kerage}, 자산관리·운용, 투자은행^{IB}, 리서치 등에서 전혀 다른 사업을 IT를 이용해 융합하려는 시도가 중요하다.

브로커리지의 예로, IT업체와 증권사가 참여한 애플리케이션인 '증권플러스 for 카카오'는 원래의 형태에 사용자들이 더 쉽게 접근할 수 있는 금융투자 관련 게임이나 상품이 적용되면 신규 거래자 수와 거래량이 급증하게 될 것이다. 즉 원래의 채널보다 더 표준화되고 더 시공간적 확장성이 큰 모바일 채널이 있고 IT 기반이 갖춰져 있다면, 이 채널을 이용해 적극적으로 '증권화' 된 금융상품을 적용해야 한다. 증권화는 유동성이 부족한 상품을 유동화시키는 것을 의미하며 날씨도 파생상품으로 만들 수 있다. 또한 기존에 있는 것보다 새롭고 다양한 상품들이 모바일 공간 증시에 구현된다면 금융투자업계에 큰 호재가 될 것이다.

금융투자업계뿐 아니라 금융시장 전체에 핀테크산업이 정착되려면 정부가 개개의 핀테크 기업을 육성하기보다는 의지를 갖고 빅데이터 인프라를 확장해야 한다. 또한 이와 함께 보안 문제에 대한 정확한 기준이 있어야 핀테크 기업들이 성장할 수 있다. 빅데이터 분석이 제대로 돼야 신뢰성 있는 신용 분석도 가능해지고 금투업계의 맞춤형 자산관리 등을 이용한 정보의 패턴화가 의미를 가질 수 있다. IT 기반의 빅데이터 인프라가 정착되면 은행, 증권, 자산운용사, 보험사 등 금융 전반의 수요가 늘어날 것이다. 보안의 경우 개인정보에 대한 보안 범위가 너무 넓고 또 유연성이 부족한 점이 개선돼야 한다. 이를 위해 정부는 핀테크산업 발전의 밑거름이 되는 빅데이터 인프라 형성을 돕고 보안 기준을 마련해야 한다.

기존 금융은 개인 통장 잔액, 기업 회계 보고서 등을 보고 대출 가능 여부, 금리 등의 재무적 결정을 내린다. 그러나 핀테크가 결합하면 SNS에 올린 글이나 연결된 친구 등 그동안 눈여겨보지 않았던 비재무 정보들을 재무적 결정의 근거로 활용할 수도 있다. 기존에 쓸모없어 보이던 많은 것들이 중요한 정보가 되는 것이다. 재무 정보로 비재무적 결정을 하는 반대의 경우가 생기면서 가능성이 무궁무진해진다. 세계 최대 전자상거래업체인 중국의 알리바바가 무서운 이유는 유통망이 아니라 소비자 정보다. 알리바바는 단일 기업으로 소비자에 관한 엄청난 데이터를 보유하고 있다. 상품을 누구에게 팔아야 하느냐가 기업 입장에선 중요한 정보인데 알리바바는 그 정보를, 그것도 어마어마하게 쥐고 있는 것이다.

안타깝게도 빅데이터 활용에서 한국의 핀테크업체들은 뒤떨어져 있다. 말했듯이 그동안 개인정보 보호 규제에 막혀 지금까지 정보를 얻고 활용하는 데 제약이 많았기 때문이다. 금융위는 최근 빅데이터 활성화를 위해 이름 등 식별이 가능한 정보를 제외한 정보에 대해서는 활용하도록 했다. 이는 핀테크산업에 좋은 계기가 될 것이다. 장기적으로는 정부나 금융회사들이 보유한 정보뿐 아니라 네이버, 카카오, 백화점 등이 가진 수많은 데이터도 공유되고 또 가공되도록 오픈소스 플랫폼 구축으로 가는 것이 바람직한 방향이다.

글로벌 금융기관으로의 도약 기회

——

국내 금융기관은 40년 동안 오매불망 해외 진출을 염원해 왔다. 삼성전자, 아모레퍼시픽, 현대자동차 등 기술과 제조를 기반으로 한 해외 진출은 활발히 이뤄져 왔으나, 금융은 아직 경쟁력이 약하다는 평가를 받고 있는 것이 한국의 현주소다.

핀테크는 기술과 금융의 융합이다. 기술로 금융의 국경을 지우는 것이 핀테크다. 때문에 핀테크를 잘 활용해야 한국 금융기관이 해외 시장을 선점하는 기회로 작용할 수 있다. 해외 핀테크 기업에게 국내 시장을 잠식당할까봐 두려워하는 대신 적극적으로 해외 시장을 향해 진격하는 적극성이 필요하다. 최선의 방어는 공격이다.

선진 글로벌 은행들은 투자 기회를 선점하기 위해 핀테크 기업에 대한 투자를 아끼지 않고 있다. 국내 금융기관들도 핀테크 기업을 경쟁자로 간주하기보다 동반 성장의 파트너로 인식하고 투자를 확대하는 것이 글로벌 시장으로 진출하기 위한 좋은 전략이다.

거북이처럼 느린 국내 금융의 해외 진출

연 1%대 저금리가 이어지고 시장이 포화되어 국내 금융시장의 수익성이 악화되자, 은행들은 경제성장률이 높은 지역으로 눈을 돌리고 있다. 경제성장률이 높고 물리적인 거리가 가까운 동남아를 집중 공략하면서 중남미, 아프리카, 중동으로의 진출도 검토하고 있다. 기 진출해 시장의 발판을 닦은 곳에서는 고객 확대 전략을 구사하고 있으며, 아직 진출하지 못한 지역에서는 미래의 먹거리를 확보하기 위해 깃발을 꽂고 있다.

국내 은행이 해외 진출을 할 때는 3단계의 순서를 따르는 게 일반적이다. 출장소와 사무소를 설치해 시장과 관계를 다지다가 지점으로 전환한 뒤, 직접 영업 활동을 이어나가면서 자신이 붙었을 때 법인을 설립하는 것이다.

금감원 발표에 따르면 2014년 기준 국내 은행의 해외 점포는 36개국에 162개가 있다. 대륙별로는 아시아 107개, 유럽 22개, 북미 19개, 중남미 등 기타 지역에 12개 점포가 진출해 있다. 국가별로는 베트남 18개, 중국 15개, 홍콩 12개, 일본 10개, 인도 10개 등이다. 2014년 자산 규모는 873억 달러이며, 당기순이익은 628.8백만 달러다. 국내 은행 해외 점포의 총자산수익률^{ROA}은 0.76%다.

그림 26 ··· 지역별 해외 점포 자산 규모62   (단위: 억 달러, %)

지역	2011년말	2012년말	2013년말(A)	2014년말(B)	증감(B-A)	증감률
중 국	128.0	154.4	201.2	218.9	17.7	8.8
홍 콩	85.2	92.9	104.7	110.5	5.8	5.5
일 본	119.0	117.3	103.8	88.0	△15.8	△15.2
싱가포르	33.1	37.6	43.5	53.7	10.2	23.4
인도네시아	15.6	18.3	19.9	35.0	15.1	75.9
베트남	25.7	23.8	29.4	32.6	3.2	10.9
미 국	83.8	88.1	97.2	113.2	16.0	16.5
영 국	70.8	67.7	77.4	93.0	15.6	20.2
기 타	78.5	90.1	101.3	128.4*	27.1	26.8
합 계	639.7	690.2	778.4	873.3	94.9	12.2

*바레인 20.6억 달러, 네덜란드 16.9억 달러, 캐나다 16.1억 달러, 호주 10.6억 달러 등)

62 금융감독원, 〈2014년 국내은행 해외점포 영업실적 및 현지화 지표 평가 결과〉, (2015.
04. 29).

그림 27 ··· **국내 은행 해외 진출 현황(2014년 말 기준)**[63]   지=지점, 현=현지법인, 사=사무소 (단위: 개)

진출 형태		국민	신한	외환	우리	하나	부산	대구	기업	농협	산업	수출입	합계
지점		5	9	14	14	4	1	1	6	2	8	-	64
현지법인		4	9	11	8	3	-	-	1	-	5	4	45
사무소		3	3	6	3	3	1	1	3	2	8	20	53
합계		12	21	31	25	10	2	2	10	4	21	24	162
중국	광주										지1		지1
	북경	현1	현1	현1	현1	현1			사1		지1	사1	지1,현5,사2
	상해						지1				지1	사1	지2,사1
	천진							현1					현1
	청도				지1								지1
	선양										지1		지1
	계	현1	현1	현1	현1	현1	지1	지1	현1	사1	지4	사2	지6,현5,사3
미국	뉴욕	지1	지,현1	현2	지,현1	지1			지1	지1	지1	사1	지7,현4,사1
	워싱턴											사1	사1
	LA			현1	지1								지1,현1
	계	지1	지,현1	현3	지2,현1	지1			지1	지1	지1	사2	지8,현5,사2
일본	동경	지1	현1	지1	지1	지1			지1		지1		지6,현1,사1
	오사카	지1		지1									지2
	계	지2	현1	지2	지1	지1			지1		지1		지8,현1,사1
베트남	하노이	사1		지1	지1				지1,사1	사1		사1	지3,사4
	호치민	지1	현1,지1	사1	지1	사1	사1	사1	지1		사1	현1	지4,현2,사5
	계	지1,사1	현1,지1	지1,사1	지2	사1	사1	사1	지2,사1	사1	사1	현1,사1	지7,현2,사9
인도	뉴델리		지1		사1				사1			사1	지1,사3
	뭄바이	사1	지1										지1,사1
	첸나이			사1	지1								지1,사1
	칸치푸람		지1										지1
	푸네		지1										지1
	계	사1	지4	사1	지1				사1			사1	지5,사5
홍콩		현1	지1,현1	지1,현1	지1,현1	지1			지1		현1,사1	현1	지5,현6,사1
영국		현1	지1	지1	지1				지1		지1	현1	지5,현2
싱가포르			지1	지1	지1						지1		지5
독일			현1	현1								사1	현2, 사1
브라질				현1	현1,사1						현1	사1	현3, 사2
인도네시아				현1	현2	현1						현1,사1	현5,사1
러시아				현1,사1	현1						사1	사1	현2,사3

63 금융감독원, 〈2014년 국내은행 해외점포 영업실적 및 현지화 지표 평가 결과〉, (2015. 04. 29).

진출 형태	국민	신한	외환	우리	하나	부산	대구	기업	농협	산업	수출입	합계
지점	5	9	14	14	4	1	1	6	2	8	-	64
현지법인	4	9	11	8	3	-	-	1	-	5	4	45
사무소	3	3	6	3	3	1	1	3	2	8	20	53
합계	12	21	31	25	10	2	2	10	4	21	24	162
바레인		지1		지1								지2
UAE			지1, 사1	지1						사1	사1	지2,사3
프랑스			지1								사1	지1,사1
북한				지1(개성)				재1(금강산)				지2
기타*	재1,현1,사1	현3,사3	재5,현2,사2	지2,현1,사2	현1,사1			사1		현3,사3	사8	지8,현11,사21
기타 소계	재1,현3,사1	지3,현5,사6	지1,현7,사14	지8,현6,사13	지2,현2,사4			지2,사1	지1	지12,현5,사7	지3,사43	지30,현31,사33

*국민(支:뉴질랜드, 現:캄보디아, 事:미얀마)

신한(現:캄보디아·카자흐·캐나다, 事:멕시코·우즈벡·미얀마)

외환(支:네덜란드·파나마·필리핀(2)·호주, 現:호주·캐나다, 事:칠레·터키)

우리(現:캄보디아, 支:호주·방글라데시, 事:말레이시아·미얀마)

하나(現:미얀마, 事:미얀마)

기업(事:미얀마)

산업(現:아일랜드·우즈벡·헝가리, 事:미얀마·태국·필리핀)

수출입(事:멕시코·우즈벡·필리핀·미얀마·터키·콜롬비아·모잠비크·탄자니아)

국내 금융시장의 동남아 시장 진출은 일본계와 중국계 금융기관에 비해 늦은 편이다. 일본과 중국 금융은 정부의 막대한 국가개발원조ODA를 등에 업고 동남아 시장을 적극 공략 중이다. 일본 은행은 수익의 30%를 해외에서 벌고 비이자 수익 역시 30%에 달한다. 한편 한국은 수익의 10%를 해외에서 벌며 비이자 수익은 10%에 불과하다. 국내 금융은 해외 수익도 소매금융보다는 기업금융에 치우쳐 있다. 안방에 안주하지 않고 해외 소매시장으로 적극 진출하려는 도전 정신과 경쟁력을 강화해 비이자 부문에서도 수익을 낼 수 있는 전략이 요구된다.

베트남

베트남은 금융권이 가장 탐내는 해외 시장 중 하나다. 경제성장률이 6%대로 높고 동남아시아 국가 중 비교적 지배구조가 안정적이다.

국내 시중 은행 중 19개가 진출해 있는데, 신한은행이 유일하게 법인으로 진출해 있으며 다른 은행들은 지점 형태로만 운영 중이다. 신한베트남은행은 2014년 현지 외국계 은행 가운데 대출 2위, 순이익 2위의 성취를 이뤘다. 베트남 정부의 규제로 금융기관이 직접 법인을 설립하기 힘들기 때문에 우리은행은 현지 은행의 M&A를 통한 해외 진출을 모색 중이다.

미얀마

미얀마는 연평균 8%대의 높은 경제성장률을 기록하고 있다. 풍부한 천연자원과 노동력으로 생산기지로 급부상하면서 전 세계 기업들이 진출해 있다.

하지만 국내 금융기관의 미얀마 진출은 녹록하지 않다. 2014년 미얀마 정부는 일본 은행 3개, 싱가포르 은행 2개, 중국 은행 1개, 태국 은행 1개, 말레이시아 은행 1개, 호주 은행 1개 등 9개 은행에 금융업 허가를 내줬으나 백방으로 노력했던 우리나라 은행들은 허가를 취득하는 데 실패했다. 국내 금융기관의 경쟁력이 높지 않고, 외환위기 직후 현지에 진출했던 금융기관이 대거 철수하면서 국내 금융에 대한 신뢰를 잃은 것도 부정적으로 작용하고 있다.

한편 하나은행은 미얀마에 '하나 마이크로파이낸스' 지점을 냈다. 저소득층에게 소액 대출을 하는 금융 서비스는 정부의 승인을 받는 것이 상대적으로 쉽고 은행으로의 전환을 도모할 수 있다. 하나은행은 농촌 지역에 첫 지점을 내고 농업과 자영업자에게 50만 원 한도로 소액 대출에 나선다.

인도네시아

인도네시아는 경제성장률이 5%대로 높고, 인구가 2억 명으로 시장 잠재력이 크다. 금융 안정성이 높고 4%대 예대마진을 기대할 수 있기 때문에 한국 금융기관 15곳이 기 진출해 있다. 우리은행은 인도네시아 30위권 현지 소다라은행을 인수해 우리소다라은행을 출범했다. 우리은행은 합병 회사의 지분을 74% 보유하고 있다. 신한은행은 현지 은행 뱅크메트로익스프레스[BME]의 지분 40%를 인수하고 금융 당국으로부터 2년 만에 승인을 받았다.

필리핀

필리핀은 아세안 주요 5개국 인도네시아, 태국, 필리핀, 베트남, 말레이시아 중에서 경제성장률이 가장 높다. 정치 상황이 안정되었고 인적자원과 천연자원이 풍부하다. 또한 한국이 아세안 국가 중 첫 번째로 수교를 맺은 국가로 10만 명이 넘는 교민이 거주하고 있다. 필리핀은 2014년 금융시장을 재개방했는데 신한은행은 일본 은행에 이어 두 번째로 지점 설립 인가를 받고 마닐라에 지점을 연다. 웰컴크레디라인대부도 2014년 현지 법인을 열었다.

핀테크로 세계 금융시장 진출하다

캐나다 오타와의 한 커피 전문점에서 급하게 이동하던 두 남녀가 부딪친다. 여자가 가지고 있던 커피가 남자의 옷에 왈칵 쏟아진다. 여자는 정중히 사과하며 세탁비를 물어주겠다고 한다. 지갑에서 20 캐나다 달러를 꺼내 남자에게 전한다. 남자는 괜찮다고 손사래를 친다. 여자는 세탁비를 꼭 주고 싶다며 기어이 세탁비를 남자 손에 쥐어준다. 남자는 알겠다고 돈을 받아들고는 전화번호를 알려달라고 한다. 여자는 남자에게 전화번호를 알려준다. 카페에서 자리에 앉은 남자는 스마트폰을 꺼내 온라인 스마트폰 금융 서비스 '원큐¹⁰뱅킹'을 작동시킨다. 계좌번호 입력 란에 핸드폰 번호를 넣고 이체 금액에 20 캐나다 달러를 기입한 뒤 이체를 진행하면서, 전송 메시지 란에 '당신의 잘못이 아닙니다'라고 기입한다. 반대편에 앉아 있던 여자의 핸드폰에 문자가 도착한다. 문자를 열어 보니 원큐뱅크로부터 입금 정보가 도착했다.

하나금융은 글로벌 시장 개척을 위해 자회사 캐나다외환은행을 통해 원큐뱅킹을 론칭했다. 전화번호만으로 개인 간 금융직거래를 할 수 있는 시스템으로, 론칭한 지 100일 만에 1만 1천 계좌가 열렸다. 간단한 본인 확인 절차와 강한 보안성을 무기로 젊은층을 공략할 수 있을 것이다.

6개의 지점을 운영하는 외환은행 캐나다 법인은 현지 은행 대비 영업 경쟁력이 매우 열악하다. 온라인을 기반으로 한 금융이 확대되면 지점 수의 한계에도 불구하고 신규 고객의 확보가 가능해진다. 지금까지 한국 금융의 북미 진출은 현지 교민을 대상으로 해왔으나,

그림 28 ··· **원큐뱅킹 광고**64

원큐뱅킹은 현지인 대상으로 시장을 넓힐 기회가 될 것이다. 국외 송금 수수료를 낮춰 캐나다에 거주하는 중국인과 필리핀인을 주 고객으로 확보할 계획이다.

방기석 캐나다외환은행장은 "원큐가 도입되면 지점 수의 한계를 극복할 수 있어요. 특히 부모가 대학에 다니는 자식에게 용돈을 줄 때 전화번호만 알면 돈을 보낼 수 있거든요. 돈을 받는 젊은층도 우리 고객으로 끌어들일 수 있어요. 현지 은행에 비해 상품 경쟁력은 갖췄다고 봅니다"65라며 원큐뱅킹을 통한 시장 확대를 기대하고 있다.

원큐뱅크는 휴대폰 번호를 통한 P2P 자금 이체 서비스로 캐나다 특허청에 비즈니스모델 특허출원을 했다. 캐나다 시장에 안착한 뒤

---

64 https://www.youtube.com/watch?v=YIaO6cum_M8

65 이데일리, 김동욱 기자, 〈스마트뱅킹으로 中·동남아 이민자 공략〉. (2015. 01. 09).

중국, 인도네시아로 확장한다는 계획이다. IT를 무기로 한 한국 핀테크가 해외 시장에 안착되면 한국 금융의 해외 진출에도 청신호가 켜질 가능성이 높다.

김정태 하나금융지주 회장은 '원큐 플랫폼은 총 3단계 사업으로 추진한다. 1단계로 인터넷뱅킹과 스마트폰 기반 적금, 해외 송금 등을 가능하게 하고, 2단계로 전자지갑과 e모기지 등을 연결할 방침이다. 그리고 3단계로 국내에 들여와 핀테크 비즈니스모델을 확대할 계획이다' 라며 대대적인 핀테크 투자를 예고하고 있다.[66]

한국처럼 소규모 개방경제 국가는 승부수가 필요하다. 40년간 외친 글로벌 금융기관 육성을 실현시기 위해서는 차별적인 경쟁력이 필요하다. 금융이 핀테크와 연계해 차별적인 서비스를 만들어내면 중소 금융기관의 경쟁 우위가 높아진다. 표준화된 모바일 서비스와 SNS를 통한 낮은 비용의 다양한 서비스가 결합하면 해외 진출과 국내 금융 사업의 수출도 가능하다. 특히 소매금융 인프라가 미비한 개발도상국은 전통적인 금융 시스템을 구축하지 않고 곧바로 핀테크 기반의 시장으로 이행할 가능성이 높다. 때문에 한국이 핀테크 시장을 주도한다면 성장 잠재력이 높은 시장을 발 빠르게 선점할 수 있게 된다.

과거 일본 대부업자들이 러시앤캐시로 한국에 진출했을 때 성공 가능성을 낮게 점치는 경우가 많았다. 하지만 금리가 낮은 일본 금융권은 고금리인 한국 시장에 진출해 저신용자를 대상으로 한 대출

---

66 전자신문, 길재식 기자, 〈하나금융, 캐나다에서 전자지갑 서비스 추진… 한국형 핀테크 첫 해외진출〉, (2015. 01. 22).

서비스로 크게 성공했다. 역으로, 한국 역시 초저금리 시대에 돌입했기 때문에 한국 시장에서 펀딩한 돈을 고금리인 해외 시장에 투자하는 것이 가능해졌다. 렌딩클럽과 같이 핀테크를 활용해 효율적이고 혁신적으로 대출을 하게 되면 해외 시장 안착도 가능하다. 초기 진출 시 각 국가별 고객 정보에 대한 데이터 분석이 힘들면 해당 국가 금융기관과 제휴 모색도 고려해볼 수 있을 것이다.

외환 시장에도 혁신의 가능성이 있다. 기축통화가 아닌 원화는 유동성이 좋지 못하다. 국내에서는 달러당 1,100원에 거래되던 것이 어떤 나라에서는 1,500원을 줘야 1달러로 환전할 수 있다. 수지가 맞지 않아 한국의 은행이 직접 진출하기 어려운 아프리카 등지와 같은 해외 작은 나라에서는 원화 수급의 불균형이 일어난다. 국내외에서 IT 플랫폼을 통해 외화를 직접 거래할 수 있게 되면, 해외에서 1달러를 1,300원에 거래하려는 수요에 국내 시장은 환호한다. 원화의 수요와 공급자가 만나는 핀테크 플랫폼은 거래 당사자 모두에게 더 유리한 거래를 제공하며 원화의 유동성은 국제화된다. 원화뿐 아니라 모든 통화에서도 마찬가지다.

금융과 산업은 한 몸이다

금융이 해외에 진출할 때 한국 산업의 동반 수출도 가능하다. 핀테크는 글로벌 시장에서 표준화된 방식이기 때문에 핀테크를 잡으면 산업의 연계도 가능하다. 박근혜 대통령의 '중국인들이 한국 쇼핑몰에서 천송이 코트를 살 수 없다'는 발언의 요지는 금융이 후진해 산업도 손해를 보고 있다는 것이다. 금융이 선진화되면 산업도 날개를 달 수 있다.

산업과 핀테크는 상생하는 관계다. 쇼핑몰 알리바바는 알리페이와 한 몸이며, 쇼핑몰 이베이는 페이팔과 한 몸이다. 이들은 자사 쇼핑몰 고객들에게 결제 서비스를 사용하게 해 고객 기반을 넓혔고 익숙한 결제 시스템을 무기로 쇼핑몰에 고객을 끄는 선순환을 만들었다. 결제에 길을 닦아놓으면 그 도로 위에 자유자재로 물건이 오고 간다. 페이팔이 익숙한 한국 소비자들은 이베이에서 결제해 물건을 구매하고 있다.

알리페이가 한국 시장에 본격 진출해 한국 소비자들이 알리페이에 길들여지면, 한국 소비자들도 중국 쇼핑몰에서 직접 물건을 구매하기 시작할 것이다. 그 물건을 IT와 유통이 결합한 '드론 택배'를 통해 무료 배송을 받게 될 날이 올지 모른다. 이 메커니즘은 역으로도 작용한다. 한국의 핀테크 서비스에 세계인들이 익숙해지면 세계의 여러 나라 사람들도 손쉽게 한국 물건을 직접 구매할 수 있게 될 것이다. 안방에서 전 세계로의 수출이 아주 간단하게 이뤄지는 것이다. 다시 한 번 말하지만 최선의 방어는 공격이다.

IT를 통한 금융의 수출도 가능하다. 삼성전자는 'IT with Finance' 전략으로 IT를 수출하면서 자사 금융업도 확산시킬 수 있다. 해외 삼성전자 갤럭시 매장 옆에 인터넷 금융 점포를 만들고 삼성의 금융상품을 팔 수도 있는 것이다. IT의 선진 기술, 강력한 보안, 편의성을 무기로 금융 소비자에게 다가가는 것이다. IT에 금융 상품을 탑재하는 것은 해외에 금융 지점을 내고 고객을 모으는 것보다는 한층 쉬운 일이다.

CHAPTER 5

이제껏 없던
새로운 비즈니스

모바일뱅킹에서 자산관리까지

———

금융시장은 인간의 욕구와 그 수요를 따라 발전했고, 핀테크가 주도하는 금융시장 역시 기존 금융 발달사와 같은 방향으로 진화한다. 결제, 송금 거래를 통해 금융사에 돈이 모이면 또 다른 금융 수요가 등장한다. 당장 돈은 없지만 물건을 사고 싶고 사업하고 싶은 대출 수요가 생긴다. 돈이 모이면, 어떻게 이 돈을 더 잘 관리해 수익을 낼 것인지를 고민하는 자산관리가 필요해진다. 또 자산관리에는 리스크가 발생하기 마련이므로 보험이 출현한다. 핀테크산업은 아직 걸음마 단계이기 때문에 결제 서비스에 집중되지만 점차 대출, 자산관리, 보험 등으로 진화해갈 것이다.

알리바바를 보면 핀테크 진화가 보인다

알리바바는 금융업에서의 핀테크 진화도를 보여주는 좋은 예다. 알리바바는 자사 플랫폼을 통해 거래하는 소비자와 판매자 사이의 신뢰를 담보해주기 위해 2004년 알리페이를 출시한 이래 10년 동안 '지급결제 → 대출 → 투자 → 보험 → 은행'으로 진화해왔다.

그림 29 ··· 알리바바의 금융 관련 사업 포트폴리오[67]

2004	지급결제	알리페이	알리바바그룹 내 지급결제 플랫폼 오프라인 결제 시장 진출
2007	대출	알리바바파이낸셜	알리바바, 티몰 등의 입점 업체 대상 대출 서비스 제공
2013	투자	위어바오	알리페이 계정 내 잔여 금액 중 위어바오 이체금액 대상 MMF 투자
	보험	중안온라인보험	알리바바, 텐센트, 평안보험이 투자한 인터넷 보험회사
2014	은행	인터넷 은행	중국 은행업 허가 취득

2007년에는 알리바바 산하 티몰 등에 입점한 업체를 대상으로 대출 서비스 '알리바바파이낸셜'을 시작했고, 2013년에는 알리페이 계정에 있는 잔액 중 일부를 이체하면 시중 금리보다 높은 수익을 얻을 수 있는 투자 서비스 위어바오를 열었다. 출시 1년 만에 가입자가 1억 명, 펀드 규모가 5,700억 위안에 달한 위어바오는 온라인 금융 열풍을 이끌었다. 같은 해 알리바바는 인터넷 기업 텐센트와 보험사 평안보험과 함께 '중안보험' 사를 시작했다. 평안보험의 상품 개발 능력, 텐센트의 회원력, 알리바바의 마케팅 능력이 결합해 1년 만에 50여 개의 온라인 전문 보험상품을 출시했고 가입자는 2억 명을 돌파했다. 2014년 중국 금융 당국이 은행 민영화의 시험 사업체로 알리바바를 지정함에 따라 알리바바는 민영은행을 설립할 수 있

67 LG경제연구소, 문병순·허지성 연구원, 〈규제 많은 미국이 핀테크를 선도하는 이유〉.
(2014. 12).

게 되었다. 2015년 알리바바는 온라인 은행 서비스 '마이뱅크'를 론칭했다. IT에서 시작한 알리바바는 이제 세계 금융의 큰 손이다.

알리바바가 금융의 진화를 이루고 있듯 지급결제에서 시작한 핀테크산업은 예금, 대출, 자산관리, 투자, 크라우드 펀딩, 보험 등으로 진화하며 금융의 각 분야를 혁신해가고 있다. IT 기업인 알리바바가 금융업의 강자가 되었듯이 기존의 인터넷 기업과 통신업체들이 금융업에 본격적으로 진입하기 시작하면 금융시장의 빅뱅이 도래할 것임은 명약관화하다. 인터넷과 모바일 기술을 바탕으로 한 금융 플랫폼은 연결성과 빅데이터를 기반으로 그 영역을 무한히 확장할 것이다.

핀테크는 진화를 거듭하며 미래의 먹거리가 될 것이 분명하기 때문에 IT와 금융업계 모두 당장의 수익성보다는 고객을 자사의 플랫폼에 묶어두는 데 중점을 두고 있다. 결제로 한 번 거래를 튼 고객은 향후 해당 서비스가 제공하는 대출, 자산관리, 보험 등의 금융상품을 연이어 사용할 가능성이 매우 높다. 카카오는 뱅크월렛카카오 서비스를 론칭하며 수수료 100원을 선언하는 등 당장의 수익을 거두는것보다 자사 중심의 생태계에 많은 사람을 모아들이는 데 심혈을 기울이고 있다.

디지털 혁명으로 가속이 붙었다

핀테크를 촉진한 기제 중 하나는 스마트폰이다. 언제 어디서든 은행에 접속할 수 있고, 신용카드를 가지고 다니지 않아도 핸드폰만으로도 결제할 수 있는 기저에는 스마트폰의 등장이 있다. 핀테크가 IT

와 금융의 결합이기 때문에 어떤 기술과 결합하느냐에 따라 핀테크의 모습은 천양지차다.

미래는 기술이 만들어간다. 디지털 혁명의 진화 방향에 따라 일상에서 금융을 소비하고 활용하는 방법이 달라지게 된다. 3차 혁명과 정보화 혁명을 거치면서 인간이 구사하는 기술은 비약적으로 상향되었다. 기술의 발전 속도가 비약적으로 빨라짐에 따라 금융이 일상에 작동하는 방식도 더 디지털화되어 갈 것이다.

보안은 생체인식을 통한 인증으로 진화하고 있다. 글로벌 시장조사기관 프로스트 앤 설리번은 2013년 4,323만 명이던 생체인식 스마트폰 사용자 수가 2017년에는 4억 711만 명에 달할 것으로 전망한다. 스마트폰 생체인식 기술을 통한 수익은 2013년 5,360만 달러에서 연평균 39.6% 성장해 2019년에는 3억 9,620달러에 이를 것으로 보고 있다.[68]

가장 초기 단계는 지문인식이다. 휴대폰 잠금 해제용으로 사용되던 지문인식이 핀테크에 결합되면 금융거래의 본인인증에서도 사용될 수 있다. 비밀번호 대신 지문을 통해 금융거래의 보안인증을 하는 것이다. 한국 삼성전자의 갤럭시 S6, 미국 애플의 아이폰6, 중국 화웨이의 어센드 메이트7은 이미 자사 결제 서비스에 지문을 통한 결제 기능을 탑재했다. 한편 스웨덴 벤처기업 비헤이비오섹Behaviosec은 이용자가 비밀번호를 해제하는 패턴을 분석해 본인을 인증한다.

---

68 프로스트 앤 설리번, 〈생체인식 기술이 기존의 모바일 인증 기술의 대안으로 부상〉. (2014. 09. 26).

비밀번호와 패턴을 맞추더라도 화면을 터치하는 강도, 속도, 리듬까지 똑같아야만 결제가 이뤄진다. 사용자와 완전히 똑같은 행동 패턴을 가지지 않는 한 해킹이 불가능하다. 덴마크 최대 은행인 단스케방크는 이 기술을 고객 2만 명에게 시험해 99.7%라는 인식률을 거뒀다.[69]

지문에서 한층 더 진화한 홍채인식, 표정인식을 통한 본인인증의 상용화는 그리 멀지 않았다. NTT도코모가 후지쯔와 공동으로 개발한 스마트폰 애로우스 NX F-04G에는 홍채인식 기능을 탑재했다. 적외선 카메라와 발광다이오드[LED] 기능이 더해진 이 스마트폰은 적

그림 30 ⋯ **모바일뱅킹에서 모바일 결제로 이어지는 ICT 기술의 발전**[70]

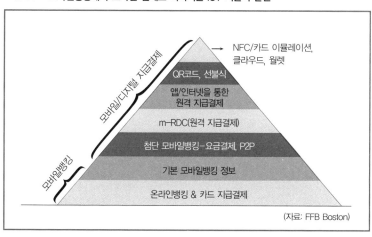

69 조선일보, 박순찬 기자, 〈SNS로 신용度 평가⋯ 성격·평판 따져 대출심사〉. (2015. 04. 06).

70 유진투자증권, 서보익, 이정, 박종신 애널리스트, 〈핀테크(Fin-Tech) 금융에서 본 핀테크, IT에서 본 핀테크〉. (2015. 01. 27).

외선 LED를 눈에 쏘아 적외선 카메라가 홍채 주름을 읽고 패턴을 코드화한다. 중국의 스마트폰업체 비보가 개발한 홍채인식 스마트폰 X5프로는 사용자 홍채의 혈관 패턴을 인식해 본인 여부를 인증한다. 삼성전자 역시 스마트폰에 홍채인식 기능을 탑재할 계획이다.

하지만 생체인식 기술은 아직 기술 수준이 완전하지는 않아서 오인식률False Acceptance Rate, FAR과 오거부율False Rejection Rate, FRR이 높은 편이다. 개인정보를 기반으로 이뤄지기 때문에 사생활 침해에 대한 우려도 있다. 사생활에 대한 기준은 국가별로 상이하기 때문에 생체인식 기술을 기반으로 한 서비스는 국가별로 각기 다른 전략으로 적용되어야 한다. 생체인식 기술을 전 세계에서 범용적으로 활용하기 위해서는 글로벌 스탠더드를 위한 합의가 필요하다.

금융 소비자와 생산자가 같아진다

1994~2004년의 웹1.0 시대를 지나 2004년 웹2.0 시대가 시작되었다. 웹1.0은 일방향으로 정보가 흘렀다. 소수의 정보 공급자가 있었고 다수의 정보 소비자가 있었다. 웹2.0 시대에는 개인이 단순 소비자에만 머무르는 것이 아니라 생산자까지 활동 영역을 넓히게 되었다. 웹2.0의 대표 서비스는 유튜브다. 유튜브는 영상 전문가가 만들어 일방적으로 공급하던 콘텐츠를 전 세계인 모두가 콘텐츠의 공급자가 될 수 있는 장을 열어주었다. 유튜브는 매 분마다 300분의 동영상이 신규로 업로드되는데 세계 10억 명이 시청한다. 75개국, 61

개 언어로 서비스되며 유튜브를 시청하는 시간은 매년 50%씩 증가하는 추세다. 유튜브는 동영상 플랫폼을 만들어 막대한 부를 얻고 있다.[71]

핀테크는 금융2.0과 동의어다. 금융1.0 시대는 금융기관이 금융을 통제하고 있었다. 금융기관이 금융상품을 만들어 일방향적으로 소비자에게 팔아왔다. 핀테크가 만들어가는 금융2.0은 금융 소비자를 금융 생산자로 지위를 승격시킨다. 지금과 같은 일방향적인 금융기관은 더 이상 생존할 수 없다. 대마불사大馬不死, 큰 말은 쉽게 죽지 않고 살 길이 생겨난다는 말이 있지만 대마도 패러다임이 바뀌면 반드시 죽는다. 오늘날의 금융기관은 금융2.0을 향해 진화하거나, 사라지거나 둘 중 하나의 선택만이 남게 된다. 금융기관의 유튜브가 되는 곳이 세계의 부를 거머쥘 것이다.

생활 밀착형 플랫폼의 승자독식

플랫폼이 지향하는 정점은 '생활 밀착형'이다. 집에서 밥 먹고 대중교통을 이용하고 친구와 카카오톡으로 대화하는 것처럼 일상의 생활 속에 자연스럽게 스며들어 없어서는 안 되는 존재가 되는 것이 플랫폼이 궁극적으로 지향하는 바다. 생활 밀착형 플랫폼으로 한 번 자리 잡으면 마케팅 비용을 쓰지 않고도 고객을 선점하는 효과를 얻을 수 있다. 또한 플랫폼은 그 자체로 정보의 보고다. 소비자들이 언제, 어디서, 무엇을 하는지 가장 정확한 정보를 주는 것이 플랫폼이다. 때

---

71 〈Youtube Statistics〉.

문에 한 번 플랫폼이 형성되면 그 가치가 기하급수적으로 높아진다.

LG경제연구원 김종대 책임연구원은 '전 세계 모바일 결제는 5년 내 1천 조 원 규모까지 성장할 것이다. 하지만 결제 사업자들이 얻을 수 있는 수수료는 모두 합해 최대 5조 원 정도밖에 안 될 것이다. 목표는 자사 상품과 서비스들을 하나의 플랫폼으로 묶는 것'[72]이라고 분석했다.

한편 플랫폼은 다양한 이해 관계자들이 모여 집적될 때 그 힘이 더 강해진다. 카카오페이와 뱅크월렛카카오로 금융 서비스를 제공하는 카카오는 생활 밀착형 플랫폼을 만드는 데 주력하고 있다. 은행과 카드사 등 여러 금융 이해 당사자들을 모아 힘을 키우고 있다. 카카오 페이먼트 사업셀을 책임지는 류영준 부장은 '혼자 할 순 없다. 카카오 그리고 은행과 카드사 등 여러 금융권이 모여서 플랫폼으로 만들어낸다면 새로운 금융 황금기가 오지 않을까 생각한다. 카톡(카카오톡)이 단순 메신저로 시작했는데 이모티콘이 한 달에 몇 억씩 매출을 올리고 게임 아이템이 연간 1조 원이 넘게 거래될지는 우리도 몰랐다. 여러 사람이 모이면 기회를 만들 것이다. 중간에 수수료만 받아도 장사가 되지 않을까 생각했는데 정말 사람들을 모아놓고 보니 시장이 된 것'[73]이라며 미래의 먹거리는 플랫폼에 있다는 입장이다. 때문에 카카오는 당장의 수익화보다는 사용자의 폭을 넓히는 데 중점을 두고 있다. 한편 카카오는 강력한 플랫폼을 기반으로

72 비트허브, 〈'플랫폼' 에 올인하는 기업들〉. (2015. 01. 12).

73 디지털데일리, 이대호 기자, 〈핀테크 발전하려면 금융도 플랫폼으로 가야〉. (2014. 12. 11).

택시 애플리케이션 카카오택시를 출시해, 출시 두 달 만에 이용자 100만 명, 등록기사 7만 명이라는 성과를 거뒀다. 또한 대리운전과 퀵 서비스산업으로의 진출을 도모하고 있다.

플랫폼이 미래 가치 창출의 원천이므로 플랫폼화는 전 산업에 걸쳐 진행되고 있다. 또한 핀테크를 산업에 접목하려는 시도도 일어나고 있다. 예컨대 미국의 인터넷 전문은행 얼라이뱅크Ally Bank는 자동차 기업 GM이 핀테크에 진출한 대표적인 사례다. 얼라이뱅크는 자동차할부금융회사인 얼라이파이낸셜의 자회사이며, 얼라이파이낸셜은 GM의 자회사다. 총자산이 1,015억 달러(한화 약 112조)에 달하는 얼라이뱅크는 찰스슈와브뱅크Charles Schwab Bank와 함께 미국 인터넷 은행의 양대 산맥이다. 얼라이뱅크는 GM의 네트워크와 고객 기반을 십분 활용해 자동차 금융에 특성화된 서비스로 시장에 안착했다. 예금, 송금, 결제 등 기존 금융 서비스도 제공하지만 수익원의 46%는 자동차 딜러를 대상으로 한 기업 대출이며, 38.9%는 자동차 구매자를 대상으로 한 오토론 이자 수입이다. 얼라이뱅크는 지점은 하나도 없이 인터넷, 이메일, 전화 등을 통해 계좌를 열고 거래한다. 때문에 예금 금리가 높고 수수료가 매우 저렴하며 미국 전역에서 ATM기 수수료도 무료다. 한국은 금산분리 정책으로 인해 산업이 핀테크로 직접 진출하는 데 제약이 있지만, 어떤 산업이건 자사 플랫폼의 영역을 확대하고 그 기저에 핀테크를 접목하려는 시도는 계속될 것이다.[74]

---

74 New1, 이현아 기자, 〈美 '얼라이뱅크' 보면 현대캐피탈·롯데카드가 인터넷 전문은행으로 '딱'〉, (2015. 05. 18).

그림 31 ··· **얼라이뱅크 성장 규모**75

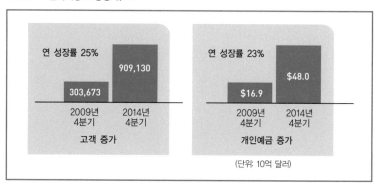

벤모는 젊은층을 집중 공략해 성공한 지인 기반 무료 송금 플랫폼이다. 전화번호, 이메일, 페이스북 등에 등록된 지인들끼리 간편하게 돈을 주고받을 수 있다. 돈 보내라는 말을 'Just Venmo me!(그냥 벤모로 보내)'라고 표현하는 게 일상일 정도로 미국 젊은이들 사이에서는 소액 송금 플랫폼으로 자리 잡았다. 우리나라 젊은이들이 '문자해'라고 하는 대신 '카톡해'라는 말을 일상어로 쓰기 시작한 것과 유사한 현상이다.

특히 벤모는 더치페이에 굉장히 유용하다. 친구들과 함께 식사를 한 뒤, 참가자들을 그룹으로 초대해 1/N로 나눈 금액을 청구할 수 있다. 이때 문자 메시지로 재미있게 나눈 시간에 대한 감상을 적어 보낼 수도 있다. 이체 내역에 문자를 달아 기분이나 생각을 표현할 수도 있다. 벤모 사용 내역을 '공개'로 설정하면 벤모 서비스를 사용

75 얼라이뱅크, 〈Annual Report (2014)〉.

하는 지인들과 거래를 공유할 수 있고 페이스북을 통한 공유도 가능하다. '우리 여기서 같이 밥 먹고 놀았어!'를 사진으로 표현하는 것이 아니라 결제 내역을 통해서 알리는 핀테크식 SNS다.

소액 기반 서비스로 주당 300달러로 이용액이 제한되며, 사회보장번호 등 각종 인증을 거치면 최대 3천 달러까지 사용이 가능하다. 직불카드나 은행 계좌와 연동할 경우 이체 수수료는 무료이며 신용카드와 연계할 때 수수료는 3%다.

2009년 문자 기반 지급결제 시스템으로 사업을 시작했으나 P2P 시장이 성장함에 따라 2012년 3월 SNS 결제 플랫폼으로 벤모를 론칭했다. 그해 브레인트리는 벤모를 2,700만 달러에 인수했으며 2013년 페이팔이 브레인트리를 8억 달러에 인수했다. 현재 벤모는 페이팔의 모기업인 이베이그룹 내에서 운영된다. 벤모를 통한 거래액은 2014년 기준 24억 달러에 달한다.

우리는 이미 핀테크를 쓰고 있다

———

화폐는 물물교환의 불편함을 해소하기 위해 태어났다. 때문에 화폐의 본질적인 기능은 화폐를 등가의 물건과 교환하는 것이다. 화폐가 IT를 만나 진화한 것이 바로 신용카드다. 단말기만 갖춰져 있으면 국내 어디에서든, 또 해외에서도 손쉽게 신용카드 한 장만으로 물건을 살 수 있다. 우리나라는 신용카드 사용 환경이 잘 발달되어 있어 결제 분야 핀테크의 발전이 미진한 경향이 있다. 하지만 우리가 주

춤하는 사이 글로벌 핀테크 기업들은 신용카드의 영역을 파괴하며 퀀텀점프를 하고 있다.

핀테크의 가장 근원적이며 본질적인 역할 역시 거래의 매개로서 화폐 기능을 담당하는 것이다. 핀테크는 기존 화폐 거래 방식의 불편함을 포착해 더 나은 대안을 제안함으로써 시장에 등장하고 있다. 거래 수수료를 줄이고 실물 신용카드 없이도 결제가 가능하게 만든다. 각종 인증의 불편함을 대폭 줄이고 빅데이터를 활용해 맞춤형 서비스를 제공하며 금융 사고를 미연에 방지한다. 또 거래의 속도를 높이고 국경을 넘어 거래가 가능한 시스템을 제공한다. 특히 온라인·모바일 쇼핑이 증가하면서 온라인 거래의 편의성을 높일 수 있는 서비스들이 핀테크 시장의 선두 주자로 부상하고 있다. 페이팔, 알리페이, 애플페이, 스퀘어, 카카오페이, 스트라이프 등의 서비스는 모두 기존 거래 방식의 불편함을 개선해 시장에서 각광받고 있다.

사라지는 실물 신용카드

간편 결제가 일상에 뿌리 내리고 대세로 안착하면서 'Mobile'의 'M'은 이제 'Money'를 상징하는 데 이르렀다. 앞으로 실물 신용카드는 점점 사라지게 될 것이다. 스마트폰이 신용카드가 담당했던 역할을 모두 수행하기 때문에 굳이 신용카드를 가지고 다닐 필요가 없다. 스마트폰이 신용카드를 대체하는 것은 시간 차이가 있을 뿐 거스를 수 없는 물결이 되었다.

국내 카드사들은 발 빠르게 스마트폰을 통한 결제 시장에 뛰어들었다. 카드사는 신용카드 애플리케이션을 통해 결제하는 진영과 모바일 유심USIM 카드를 통해 결제하는 진영으로 나뉜다. 한편 삼성전자는 삼성페이로 스마트폰 결제 시장에 출격했다.

먼저 플라스틱 신용카드는 스마트폰 애플리케이션 '앱 카드'로 진화했다. 앱 카드는 스마트폰에 카드사 앱을 다운받은 뒤 기존에 사용하던 신용카드를 등록해 사용할 수 있다. 앱 카드가 각광받는 이유는 편의성과 보안성이다. 신용카드를 가지고 다니지 않아도 애플리케이션만으로 결제가 가능하며, 특히 신용카드 번호와 유효 기간 등의 결제 정보를 매번 번거롭게 입력하지 않아도 6자리 비밀번호 입력 한 번만으로 온·오프라인 결제가 이뤄진다. 또한 앱 카드는 실제 신용카드 번호가 아닌 1회용 가상 번호를 통해 결제하는 토큰 방식으로 진행되기 때문에 보안성이 매우 뛰어나다.

신한카드, KB국민카드, 삼성카드, 롯데카드, 현대카드, NH농협카드 등 카드 시장의 강자들은 '앱 카드 협의체'를 구성한 뒤 줄줄이 앱 카드를 출시했다. 2013년 5월 신한카드가 선두로 나서 앱 카드를 출시했는데 2014년 신한앱 카드를 통한 거래액은 2조 225억 원에 달하며, 2015년 4월 누적 발급 규모가 모바일카드 최초로 600만 장을 돌파했다.[76] 신한카드는 앱 카드에서 꽃배달, 대리운전, 퀵 서비스 등을 바로 주문할 수 있는 '앱 카드 오더' 기능을 장착해 O2O 시장으로도 나섰다. 현대카드는 카드 서비스와 간편 결제를 한 번에 진행할 수 있는 통합 애플리케이션을 출시했다. 다른 카드사들이 조

---

76 연합뉴스, 〈신한 앱 카드, 모바일카드 최초 600만 장 돌파〉. (2015. 05. 03).

회용 카드 애플리케이션과 결제용 카드 애플리케이션을 각각 따로 운영하는 데 반해, 현대카드는 통합 카드를 출시해 편의성을 더했다. 현대카드는 700만 카드 이용자들의 카드 사용 행태를 분석해 이용 빈도가 높은 메뉴를 전면에 배치했다.

한편 통신사와 연관된 카드사들은 모바일 유심 카드 시장에 승부수를 던지고 있다. SK텔레콤이 지분을 가지고 있는 하나카드와 KT가 지분을 가진 BC카드는 휴대폰 유심 카드에 신용카드 정보를 심는 모바일카드 방식을 택했다. 애플리케이션을 구동시켜 비밀번호를 입력할 필요 없이 단말기에 스마트폰을 대기만 하면 결제가 이뤄진다. 이용의 편의성이 매우 뛰어난 방식이다. 유심에 카드 정보를 심게 되면 결제의 일부 주도권이 통신사로 넘어가고 통신사에서 수수료를 부과할 수 있기 때문에 통신사 계열 카드사들이 선호한다.

금융위원회가 카드 발급 규제를 완화함에 따라 실물 없는 모바일카드의 발급이 가능해졌다. 우리나라 최초의 모바일 전용 카드는 하나카드가 출시한 '모비원Mobi 1'이다. 모비원은 스마트폰 앱이나 홈페이지로 카드를 신청하면 실명 확인 후 24시간 후 고객의 스마트폰 유심칩으로 신용카드가 발급된다. 신용카드의 신청과 발급이 모두 유심을 통한 기기인증 방식을 적용하기 때문에 타인의 스마트폰에서는 카드 발급이 불가능하다. 신용카드 정보는 유심칩에 암호화해 저장하기 때문에 보안 역시 뛰어나다. 실물 플라스틱 신용카드의 경우 카드 한 장을 발급하는 데 카드 제작비, 설계사 비용, 카드 배송비용 등 1만 5천 원~2만 원가량 드는 데 비해 모바일카드는 발급 비용이 거의 들지 않는다. 정해붕 하나카드 사장은 '모비원 출시와 함께 신용카드는 1950년 세상에 모습을 드러낸 이후 처음으로 플라스틱 카드의 형태를 벗어났을 뿐만 아니라, 5~7일이 소요되던 카드 발급 기간도 24시간으로 단축하는 등 진정한 혁신기를 맞게 되었다'며 패러다임의 변화를 고했다.[77]

대안적인 핀테크 결제 방식

트위터의 공동창업자 잭 도시는 모바일카드 리더기를 통한 결제 서비스인 스퀘어를 출시했다. 스마트폰의 오디오잭에 스퀘어의 카드 리더기를 연결하는 단순한 방식으로 결제가 가능해 길거리에서도 신용카드 결제를 할 수 있다. 실시간 거래 데이터 분석도 가능해 매장의 포스POS 시스템의 대체재로 사용되며 노점이나 소상공인들에게 각광받고 있다. 모든 상인들이 대기업이 갖는 비즈니스 도구들을 가질 수 있어야 한다고 생각하는 스퀘어는 무상으로 신용카드 리더기를 제공하고 있으며 거래 시 2.75%의 수수료를 받는다.

비트코인은 독자적인 화폐 세계를 만들어가는 가상의 디지털 화폐다. 각국의 중앙은행이 화폐 발행을 독점하고 자의적인 통화정책을 펴는 것에 반발해 2009년 1월 사토시 나카모토라는 필명의 프로그래머가 개발했다. 프로그램 설계도가 오픈소스로 공개되어 있어 세계 다수의 프로그래머들이 공동으로 관리하고 업데이트한다. 비트코인은 광부가 광산을 캐는 것처럼 비트코인이라는 화폐를 캐내는 방식으로 통화가 공급된다. 컴퓨터가 제시하는 어려운 수학 문제

77 전자신문, 길재식 기자, 〈신용카드, 65년 만에 플라스틱과 작별〉. (2015. 05. 23).

를 풀면 비트코인이 지급되는데 일반 PC 1대로 5년이 걸려야 풀 수 있을 만큼 어렵다. 2145년까지 총 2,100만 비트코인만 캘 수 있도록 설정이 됐는데 2009년부터 캐기 시작한 비트 코인은 2015년 3월 기준으로 1,300만 개가 발행되었다. 통화량이 정해져 있기 때문에 인플레이션으로 인한 가치 하락의 위험은 없다.

비트코인은 화폐로서 교환 기능을 한다. 모바일이나 PC에서 비트코인 전용 지갑을 개설하면, 현금으로 비트코인을 사거나 비트코인을 현금으로 환전할 수 있으며 비트코인을 취급하는 상점에서 비트코인으로 물건을 사는 것도 가능하다. 특히 은행 계좌 없이도 거래가 가능하기 때문에 전 세계 어디에서나 누구나 쉽게 적은 비용으로 화폐를 거래할 수 있다.

케냐 경제를 움직이는 핀테크

아프리카 케냐는 모바일 금융 분야에서 세계 최선두를 달리고 있다. 2007년 케냐 통신사 사파리콤이 시작한 휴대폰 결제 서비스 엠페사가 그 돌풍의 주역이다. 엠페사는 금융업이 낙후된 아프리카 실정에 가장 적합한 방식의 서비스를 제공해 대성공을 거뒀다. 케냐는 도시를 벗어나면 은행도 ATM기도 찾기 어렵기 때문에 지방에 사는 사람들은 은행 서비스에서 소외될 수밖에 없었다. 케냐 전국에 ATM기는 700대에 불과했다. 돈은 집 안에 보관했고 다른 지역에 돈을 보낼 때는 버스 운전기사에게 맡기는 등 인편을 통해야 했다.

엠페사는 휴대폰을 은행 계좌 삼아 모바일로 돈을 거래하는 서비스다. 'M-PESa'의 'M'은 모바일을 의미하며 'PESa'는 아프리카

스와힐리어로 돈을 의미한다. 동네 곳곳에 자리한 엠페사 대리점, 동네 슈퍼 등 핸드폰을 충전할 수 있는 곳에 돈을 지불하면 전화기 계정에 돈이 등록된다. 문자 등 SMS를 통해 송금할 수 있고, 계좌에 있는 돈의 현금화가 가능하며 물건 값도 지불할 수 있다. 은행에 접근성이 낮은 서민들이 편리하게 사용할 수 있게 되면서 케냐 인구의 29%에 해당하는 1,200만 명이 사용한다. 사업 대금을 결제하고, 월

그림 32 ··· **아프리카의 '모바일 머니' 사용자**[78]

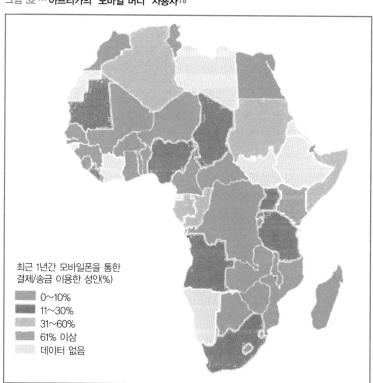

최근 1년간 모바일폰을 통한
결제/송금 이용한 성인(%)

- 0~10%
- 11~30%
- 31~60%
- 61% 이상
- 데이터 없음

78 Worldbank Blog, ASLI DEMIRGÜÇ-KUNT, 〈What the Global Findex Database says about Africa〉. (2012. 06. 18).

급을 지급하고, 등록금을 납부하고, 저축하는 수단으로 사용하는 등 케냐 서민 금융거래의 기본으로 자리 잡았다. 돈이 흐르지 않아 경제가 막힌 케냐에서 엠페사는 경제를 움직이는 혈액 역할을 톡톡히 하고 있는 것이다.

엠페사는 탄자니아, 아프가니스탄, 남아프리카공화국 등 아프리카 전역으로 확산되었다. 뿐만 아니라 2011년에는 인도 시장에 진출했으며 2014년부터는 루마니아 등 동유럽으로도 퍼져가고 있다.

대출 시장에 출현한 신개념 신용 등급
———

월드뱅크의 조사에 따르면 은행 계좌를 가진 사람은 2011년 51%에 불과했으나, 모바일 금융의 발전으로 2014년 62%로 실적이 훌쩍 뛰었다. 하지만 여전히 15세 이상 세계 인구 중에 20%에 해당하는 20억 명은 은행 거래를 한 적이 없다.

금융기관이 '돈을 얼만큼 빌려줄까?' 그리고 '어떤 이율로 돈을 빌려줄까?'는 그 사람의 '신용 등급'이 좌우한다. 신용 등급이 어떤 기준으로 책정되느냐에 따라 금융시장에서의 지위가 달라진다. 지금까지 신용 등급 평가는 금융기관 고유의 권한이며 책임이었다. 금융기관들은 리스크를 최소화하면서 수익을 최대화할 수 있는 가장 안전한 방법을 고수했다. 그것은 금융거래의 실적이었다. 대출 경험이 없거나 신용카드 사용 실적이 없으면 예금이 많아도 신용 등급은 낮게 책정된다. 특히 은행은 개인 대출자에겐 더 문턱이 높

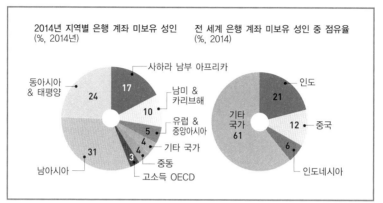

그림 33 ··· **지역별 은행 계좌 미보유 조사**[79]

2014년 지역별 은행 계좌 미보유 성인
(%, 2014년)

- 동아시아 & 태평양 24
- 사하라 남부 아프리카 17
- 남미 & 카리브해 10
- 유럽 & 중앙아시아 5
- 기타 국가 4
- 중동 4
- 고소득 OECD 3
- 남아시아 31

전 세계 은행 계좌 미보유 성인 중 점유율
(%, 2014)

- 인도 21
- 중국 12
- 인도네시아 6
- 기타 국가 61

* 기타 국가는 고소득 비-OECD 국가, 알제리, 튀니지를 포함

다. 하는 수 없이 급하게 사채를 찾다 보면 신용불량자가 되는 것은 금방이다.

대출을 받기 위한 절차도 복잡하다. 재직증명서, 소득세원천징수 확인서, 4대 보험 확인서, 혼인증명서 등등 한 뭉텅이의 서류를 제출해야 한다. 대출이 가능할지 내내 마음을 졸여야 하고, 대출 담당자의 눈치도 보게 된다. 여러 모로 돈 빌리는 것은 여간 어려운 일이 아니다. 때문에 좀 더 간편하게 대출을 받을 수 있는 방법을 원하는 금융 소비자의 욕구는 커져가고 있었다.

소외 계층을 포괄하는 신용 등급 시스템

지금까지 금융은 가진 자에게 유리한 방식으로 작동했다. 신용 등급

79 World Bank Group, 〈The Global Findex Database 2014〉.

이 좋은 사람이나 기업에게 은행은 제발 돈 좀 빌려가라 사정했고, 신용 등급이 좋지 않은 사람이나 기업은 은행에 제발 돈 좀 빌려달라고 사정했다. 금융시장은 대기업 등 안전한 곳에 초 저금리로 대출해주거나, 대부업체가 위험을 감수하는 대신 초고금리로 대출해주는 시장으로 양분되어 있는 것이다.

대안적인 신용 등급 시스템은 없을까? 핀테크 시대가 도래하면서 IT 기업들은 신용 등급을 평가하는 기상천외하고 기발한 방법들을 내놓고 있다. '얼마를 가졌는가'를 보는 정량적 신용 등급 평가 시스템이 아니라, '얼마나 갚을 의지가 있는가' 하는 정성적 잣대를 과감하게 들이대고 있다. 때문에 기존 금융권에서 사용하던 평가 시스템으로는 도저히 대출을 받을 수 없던 금융 소외자들도 대출받을 수 있는 길이 열렸다. 소액 대출이 필요한데 높은 이자를 감당해야만 했던 소상공인, 대학생, 사회초년생, 창업 기업 등도 핀테크를 통해 자금을 융통할 수 있다.

독일의 온라인 대부업체인 크레디테크Kreditech는 고객의 온라인 데이터 분석을 통해 대출을 결정한다. 개인의 성향을 종합적으로 분석하면 연체 가능성 여부를 판단할 수 있다고 본다. 크레디테크는 자사에서 개발한 알고리즘을 기반으로 수 초 만에 2만 개의 데이터를 분석한다. 고객의 위치정보GPS, SNS 활동, 스마트폰 기종, 인터넷 브라우저, 온라인 쇼핑 행태 등을 분석해 신용 등급을 평가한다. 대출 관련 정보를 꼼꼼히 읽으면 신용 점수가 올라가고, 또 신청서를 성실하게 작성했는가도 영향을 미친다. 대출 서류에서 맞춤법 정도를 살피고 문장 특성까지 분석한다. 소상공인이 대출을 요청할 경우 이베이 등을 통해 가게에 대한 고객의 리뷰를 살펴보고, 페이스북의 '좋아요' 숫자를 확인해 미래의 수익 전망을 평가한다. 크레디테크는 폴란드, 스페인, 체코, 멕시코, 러시아, 호주, 페루, 카자흐스탄에도 진출했다.

미국의 대부업체 어니스트Earnest는 현재가 아닌 잠재 소득을 토대로 대출한다. 어니스트를 창업한 루이스 베릴은 신용 기록이 없어 높은 이자로 대출할 수밖에 없었던 자신의 경험을 바탕으로 창업했다. "신용 평가 시스템에 구멍이 많아 보였다. 이제 막 뭔가를 시작하려는 사람에게는 신용 기록이랄 만한 것이 없어서 자금을 구하기가 굉장히 어렵다. 고리高利를 요구하거나 아예 대출을 거절하거나, 둘 중 하나다."[80]

2009년 하버드 경영대학원 등록금을 마련하기 위해 대출을 신청했지만 대출 금리가 너무 높았다. 연방정부로부터 연이율 6.28%로 2만 5천 달러의 학자금을 대출받았지만 추가 대출을 받으려면 이자가 7.9%로 뛰었다. 프린스턴대학을 졸업하고 모건스탠리와 리먼브라더스에서 트레이더로 일한 경력도 있지만 은행은 높은 이자와 연대보증을 요구했다. 대출 평가에서 그의 가능성은 전혀 고려되지 않았다. 때문에 어니스트는 대출 신청자의 직업, 소득, 학력, 예금, 연금 잔액, 링크드인 정보 등을 토대로 알고리즘을 돌려 상환 역량을 평가하게 되었다. 기존 금융기관에서는 신용도가 낮아 대출이 어려

---

80 월스트리트저널, Douglas Macmillan, 〈신용 점수 낮은 사람에게도 소액 대출해주는 스타트업〉, (2015. 06. 02).

운 사람들도 어니스트에서는 대출이 가능한 경우가 많다.

심리학과 빅데이터로 대출 심사

2006년 창업한 영국 벤처기업 비주얼 DNA^{Visual DNA}는 퀴즈로 인간의 행동을 예측하는 빅데이터 기업이다. 심리학과 빅데이터를 결합시켜 인간의 행위를 이해하는 비주얼 DNA는 온라인 퀴즈로 대출자의 신용평가 등급을 매겨 금융기관에 제공한다. 심리학자, 데이터분석 전문가, 금융 마케팅 전문가, 소프트웨어 엔지니어 등 150여 명의 전문가가 만든 40개의 문제를 통해 고객의 성향과 상환 의지를 평가한다. 10분 안팎의 시간이면 심리검사를 통해 한 사람의 신용도가 결정된다. 개방성, 성실성, 외향성, 친화성, 신경성이라는 5가지 성격이론을 바탕으로 한다.

허무맹랑한 소리라 생각하는가? 전혀 그렇지 않다. 글로벌 신용카드사 마스터카드는 비주얼 DNA가 제공한 신용평가 정보를 바탕으로 대출을 집행했을 때 기존 방식에 비해 부실률^{default rate}이 23% 감소했다고 밝혔다. 또한 금융 정보가 부족한 신파일^{thin file} 고객에 대한 대출 집행도 50%나 증가했다.[81] 터키, 러시아, 영국, 폴란드 등 15만 명이 이 평가 방식을 통해 거래 심사를 받았다. 금융거래 실적이 없는 전 세계 25억 명도 대출받을 수 있도록 신용의 근거를 만들어주겠다는 비주얼 DNA는 그 목표를 이뤄가는 중이다.

[81] MasterCare, Michael J. McEvoy, 〈Enabling financial inclusion through "alternative data"〉.

하버드 국제개발센터에서 시작된 EFL Entrepreneurial Finance Lab 역시 금융거래의 사각지대에 놓인 개발도상국 사람들이 금융거래의 기회를 가질 수 있도록 심리학을 통해 대안적인 신용평가를 제공한다. 2006년에 시작된 EFL은 27개국, 36개 금융기관을 통해 지난 10년 동안 그 유효성을 검증받았다. EFL은 리스크를 측정하고 대출 기회를 확대하고 대출 절차를 효율화하는 데 탁월하다.

라틴아메리카에서 가장 큰 신용평가기관인 이퀴팩스 Equifax는 중소기업의 성장 가능성이 높다고 봤지만, 기존 평가 방식으로는 중소기업은 저평가될 수밖에 없었다. EFL은 심리학 기반 신용평가의 효과를 입증하고자 이퀴팩스와 1년간 파일럿 테스트를 진행했다. 그 결과, EFL 방식이 기존 방식보다 부실률을 50%나 감소시킨 것으로 나타났다.

한편 EFL은 부실률이 동일할 때 대출 규모를 35% 키운다. 페루의 전자제품 소매업체인 GMG는 저소득 고객에게 신용으로 물건 판매를 하고 싶었다. 그러나 해당 고객군은 신용도를 파악할 만한 자료가 희소해 리스크와 안정성을 객관적으로 측정할 수가 없었다. 2013년 GMG는 EFL과 협업해 금융거래 기록이 없는 고객을 대상으로 심리학을 토대로 신용평가를 진행했다. 1년 후 20개의 매장에서 7,500건의 평가가 이뤄졌으며 3천 명이 신용으로 물건을 구매할 수 있게 되었다. GMG는 부실률은 동일한데 실적이 35% 상승하는 효과를 얻었다.

인도네시아에서 네 번째로 큰 은행인 BTPN은 신용평가 과정을 표준화해 대출 진행에 걸리는 시간을 줄이고 싶었다. 하지만 수치화

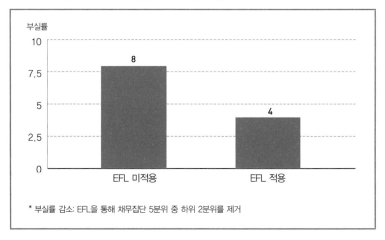

그림 34 ··· **부실률을 50% 감소시키는 EFL의 능력 입증**[82]

가능한 신용 정보가 부족해 주관적이고 시간이 오래 걸리는 평가 방식을 쓸 수밖에 없었다. BTPN은 EFL 평가표를 활용해보기로 했다. 수치화 가능한 신용 정보가 확보되자 대출에 걸리는 시간은 79%나 감소되었다. 은행원들은 대출 여부를 심사하는 데 시간을 들이는 대신 고객과 대면해 서비스를 제공하는 데 더 많은 시간을 쓸 수 있게 되었고, 이는 수익 증가로 이어졌다. EFL의 효과성에 만족한 BTPN은 전국 모든 지점에 이 EFL을 적용케 했다.

SNS로 신용도를 평가하다

2011년에 설립된 렌도^{Lenddo}는 홍콩에 본사가 있으며 SNS로 신용도를 평가해 대출을 진행하는 평판 대출 회사다. 렌도에서 대출을 받

---

82 https://www.eflglobal.com

으려면 '렌도 점수'가 좋아야 한다. 렌도는 대출 희망자의 동의를 받아 그들의 페이스북, 트위터 등 SNS 활동을 파악한다. 친구 목록, 연애 상태, 생년월일, 경력, 학력, 출신지, 관심사, 사진 등의 정보를 수집해 신용도를 평가한다. 2시간이면 0~1,000점까지 신용 점수가 도출되고 자격이 되면 돈을 빌려준다.

페이스북 친구들의 신용도는 자신의 신용에 영향을 미친다. 지인이 연체하면 내 신용 점수가 낮아지고 지인이 제때 대출을 상환하면 점수가 높아진다. 렌도의 공동창업자인 제프 스튜어트는 '사람들은 자신의 친구들 가운데 누가 믿을 수 있는 사람인지를 잘 파악하고 있는 것으로 알려져 있다. 컴퓨터(알고리즘)를 이용해 이를 측정할 수 있게 되었다'[83]고 렌도의 기본 메커니즘을 설명한다. 렌도의 대출 이율은 연 1.99%로 매우 낮은데 대출금 상환율은 95%가량으로 매우 높다. 마닐라, 보고타, 멕시코 시티, 뉴욕 등 글로벌 시장에도 진출했으며 렌도는 SNS로 50만 명의 신용도를 검증했다.

새로운 수익 모델로 급부상한 핀테크

핀테크는 수익성 악화로 어려움을 겪는 금융투자업의 새 수익 모델이 된다. 모바일을 통한 핀테크가 활성화되면 주식위탁매매 영역에서는 계좌 개설, 인증 절차 등이 간소화되어 신규 고객 유치와 거래

---

[83] 연합뉴스, 임상수 기자, 〈페북 친구 때문에 대출 신용 등급 바뀔 수도 있다〉. (2013. 08. 27).

를 활성화할 수 있다. 또한 투자은행 영역에서는 투자·대출 패키지를 이용한 P2P 모델을 통해 기업을 상대로 양질의 서비스를 제공할 수 있다. 또 크라우드 펀딩을 통해 투자 자금을 펀딩받으면 창업 활성화 그리고 대기업과 중소기업 간 양극화 완화도 가능하다.

증권시장은 은행시장보다 자금의 중간유통시장Secondary Market이 잘 발달되어 있다. 채권 등 파생상품을 활용한 유동성이 있다. 유동성이 크면 시장 규모가 커진다. 은행시장의 경우 고객 100만 명의 고객 계좌를 합친 규모가 약 1조 원이라 하자. 그러면 은행의 시장 규모는 1조 원이 전부다. 증권시장의 경우 고객 100만 명의 예탁금을 합치면 1.5조 원이라고 하자. 하지만 예금과 달리 시장 규모는 1.5조 원이 아니다. 하루에 거래되는 주식 거래 대금은 하루에 5조 원이다. 시장이 호황일 때는 9조 원까지도 거래가 된다. 고객 계좌 수와 예탁 금액은 변하지 않지만 사고파는 행위를 반복하면서 시장이 커진다. 회전율에 따라 시장의 규모가 달라진다.

금융시장의 역사는 금융상품 유동화의 역사와도 같다. 어떤 시장이건 인간의 본성과 잘 맞는 상품은 장수하고, 그렇지 못하면 일시적으로 나타났다가 소멸하고 만다. 자본주의가 발달하면 할수록 인간이 원하는 것은 편의성이다. 유동성도 편의성의 한 부분이다. 돈을 묶어두지 않고 언제든 현금화할 수 있고, 사고팔 수 있는 유동성은 인간이 요구하는 중요한 편의성이다. 증권화는 유동성이 없는 금융상품에 유동성을 부여하는 과정이다. 자산유동화증권Asset Backed Securities, ABS은 은행이나 기업이 가진 자산을 담보로 발행하는 증권이고, 주택저당증권Mortgage Backed Securities, MBS은 금융기관이 주택을 담보로 장기대출해준 주택저당채권을 대상으로 해 발행하는 증권이다.

증권시장에서 증권회사의 수익 모델은 거래량이나 거래 대금이 아니다. 시가총액도 아니다. 거래에서 발생하는 수수료가 수익이다. 수수료가 높으려면 회전율이 높아야 한다. 핀테크는 거래 방식을 쉽게 하고 재미를 더해 핀테크의 회전율을 높인다. 시장이 커지면 핀테크업체와 자산운용사의 수익이 높아진다. 자연스럽게 세금이 늘어나게 되고 사회복지 영역에서 그 세금을 흡수할 수 있다. 증권업의 해외 진출도 가능하다.

주식과 펀드 모바일 거래

카카오는 2014년 2월 '증권플러스 for 카카오' 서비스를 내놨다. 증권플러스는 카카오톡 친구 간에 관심 종목을 공유하고 주식을 매매하는 국내 유일의 소셜 주식 거래 서비스다. 강력한 카카오톡 플랫폼을 기반으로 론칭 13개월 동안 40만 명의 회원을 확보했다. 카카오톡을 통해 국민 게임으로 등극한 애니팡은 쉽고 재미있으며 친구와 랭킹 경쟁을 벌이는 중독성으로 성공했다. 증권플러스 또한 기존 증권 거래의 복잡함과 무거움을 탈피해 게임적인 즐거움과 쉬운 콘텐츠를 통해 시장에 안착하겠다는 계획이다.

증권플러스에서는 실시간으로 종목 시세 및 정보를 쉽게 확인할 수 있으며 카카오톡 친구들의 관심 종목도 확인할 수 있다. 또한 증권사 체결 분자메시지 분석을 바탕으로 실전투자대회도 진행한다. 키움증권, 유안타증권, 미래에셋증권 3개 증권사의 경우 증권플러스를 통한 주식 주문 거래도 가능하다. 시장 잠재력은 크지만 실적

그림 35 ··· 미국 주식 모델 사례

회사	사업 모델	차별점
에이콘스 Acorns (www.nvestly.com)	• 센트 단위로 단수가 남는 금액으로 투자. 은행 API를 통해 센트 단위 금액을 이전 • 수익 모델: 월 \$1 및 연 0.25~0.5% 관리수익	• 적은 금액을 모아서 운용할 수 있도록 유도 • 리스크프로파일에 따른 자산운용
로열3 Loyal3 (www.loyal3.com)	• 주당가격 전체를 지불하지 않으면서, 해당 주식 구매(예: 구글 주가는 \$500이지만, \$10으로 단수주 구매 가능) • 수익 모델: 명확하지는 않으나, 'best price matching' 이 아닌 방식으로 거래에서 이익 실현	• 개인투자자들이 전체 주식을 구매하지 않으면서도 여러 주식 포트폴리오 구성 가능 • 거래 수수료가 없기 때문에 저렴한 주식거래 가능
슬라이스드 인베스팅 Sliced Investing (www.slicedinvesting.com)	• 헤지펀드 크라우드 펀딩 • 수익 모델: 0.5~1% 관리수익	• 기존에 헤지펀드에 참여하기 위해서는 최소 \$5~10M가 필요하였으나, 최소 \$20,000으로도 참여 가능 • 일반적인 재간접 헤지펀드보다는 낮은 수수료(온라인 기반)

은 아직이다. 신규 고객 유입의 효과는 있지만 거래량은 아직 크지 않다. 혁신적으로 개선할 여지가 많은 분야이기도 하다.

펀드 등 금융상품에서의 활용도 가능하다. 온라인펀드 판매는 펀드 판매의 0.5%일 정도로 미미한 실정이다. 때문에 온라인 거래를 통한 수수료를 낮추면서 판매량은 늘릴 수 있는 전략이 필요하다. 핀테크 펀드상품의 대표주자는 앞서 여러 번 설명한 대로 중국 알리바바의 위어바오다. 1년여 만에 100조 원의 엄청난 판매 실적을 냈다. 위어바오는 온라인·모바일 고객 기반이 클 때 적절한 서비스를 제공하면 더 많은 고객을 금융상품으로 끌고 올 수 있음을 확실하게 보여줬다.

그림 36 ··· 펀드 운용 모델 사례

회사	사업 모델	차별점
베터먼트 Betterment (www.betterment.com)	• 온라인 알고리즘을 기반으로 한 자산운용 • 수익 모델: 직접자산운용으로 평균운용자산의 연 0.15~0.35% 관리수익	• 일반인들이 접근하지 못했던 글로벌 자산 분배 투자 가능 • 투자목표에 따른 자산 배분 • 사용자 인터페이스가 좋아 정보 전달력이 뛰어남
시그피그 SigFig (www.sigfig.com)	• 자산운용 통합 관리 및 자문 • 수익 모델: 파트너 브로커리지 회사(TD Ameritrade) 또는 자문사로부터 수익 분배	• 상동
엔베스틀리 Nvestly (www.nvestly.com)	• 소셜 기반 주식운용: 브로커리지 회사의 API 연계 • 수익 모델: 연결된 브로커리지 회사로부터 받는 수수료	• 링크드인이나 페이스북에 연결된 사람들의 주식운용 현황 파악 및 모방 • 유명 투자자의 주식운용을 따라할 수 있도록 정보 제공

글로벌 시장에서는 참신한 핀테크 투자 스타트업들이 부상하고 있다. 에이콘스Acorns는 잔돈을 모아 투자 서비스를 제공한다. '거대한 오크나무도 작은 도토리에서 시작한다Tall oaks from little acorns'의 '도토리acorn'에서 착안한 회사 이름은 개인 투자자들이 일상의 저축을 통해 큰돈을 만들도록 돕는다. 에이콘스와 신용카드 계좌를 연동해두면 거스름돈은 자동 투자된다. 스타벅스에서 4.50달러의 커피를 사서 마시면 5달러가 결제되고 에이콘스는 50센트를 펀드에 투자한다. 자신의 투자 성향을 입력하면 에이콘스는 노벨 경제학 수상자가 구축한 5가지 유형의 포트폴리오 중 하나로 자동 관리한다. 투자금은 언제나 회수할 수 있다.

소액 고객 맞춤형 자산관리

핀테크가 자산운용관리와 결합하면 보다 정교한 맞춤형 서비스가 가능하며 증권사들에게는 새로운 수익 창출의 기회가 된다. 투자자는 모두 개별적인 존재들이다. 때문에 리스크를 좋아하는 정도, 돈이 필요한 시기, 자산 분배 방식 등이 모두 다르다. 지금까지 개인의 자산관리는 거액의 자산을 은행에 맡긴 VIP 고객을 대상으로 한 프라이빗 뱅킹 서비스만이 제공되었다. 금융 전문가들이 한 명 한 명에게 맞춤형 서비스를 제공하는 데에는 비용이 많이 들 수밖에 없는 구조였다.[84]

하지만 빅데이터 분석이 가미되면 소액 고객에게도 맞춤형 자산관리가 가능하다. 특히 퇴직연금 가입자 등 필요성은 크나 그간 관리가 취약했던 소액 고객도 빅데이터를 기반으로 한 '나만의 금융상품'을 추천받을 수 있다. 투자자문 애플리케이션은 실시간으로 시장 정보를 종합적으로 분석해 제공하고, 산업 및 기업 분석, 포트폴리오 투자 전략 등을 제공한다. 오프라인 지점에 가지 않아도 저렴하고 편하게 맞춤형 자산관리와 투자자문을 받을 수 있다. 핀테크는 맞춤형 자산관리에 소요되는 비용을 낮춰 많은 사람들이 자신을 위한 금융 자문단을 가지게 만든다.

대표적인 자산관리 서비스는 '민트Mint'다. 미국과 캐나다에서 서비스되고 있는 민트는 이용자의 모든 금융 계좌와 신용카드 정보를 종합해 자산 상황을 알려준다. 주택과 증권 가격의 경우 순자산 가

---

84 이데일리, 김민구 부장, 〈증권업계의 핀테크 활용법〉. (2015. 01. 16).

그림 37 … **핀테크를 활용한 자산관리(예: 퇴직연금) 모델**　　　　　　(자료: 금융투자업계)

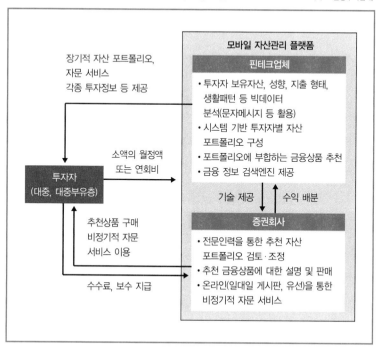

치를 실시간으로 산정해 보여준다. 신용카드 사용 내역은 자동으로 등록되며 항목별로 얼마나 썼는지 알 수 있다. 예산을 초과한 지출이 발생하면 경고 알람이 울린다. '이번 달 외식비가 과다하니 줄여라'는 식이다. 모든 데이터는 그래프로 제공돼 한눈에 자산 상황을 파악할 수 있다.

금융거래 패턴과 목표 수익률을 분석해 맞춤형 금융상품도 추천한다. 민트가 추천하는 금융상품에 이용자가 가입하면 민트는 금융사로부터 수수료를 받는다. 이용자들은 과거 금융권의 VIP들이 받던 것보다 더 탁월하고 최적화된 서비스를 무료로 받을 수 있다.

민트는 2006년에 출시되었는데 2008년 30만 명, 2009년 150만 명, 2014년 1천만 명으로 사용자가 꾸준히 늘고 있다. 회계 소프트웨어 전문회사인 인튜이트 Intuit는 2009년 1억 7천만 달러(한화 약 1,900억 원)에 민트를 인수했다.

창업 기업 크라우드 펀딩 투자

크라우드 펀딩은 시장실패 영역에서 큰 힘을 발휘한다. 기존 금융권에서 소외된 창업 초기 기업, 소상공인은 크라우드 펀딩을 통한 투자 유치가 가능하다. 기업에 투자하려면 그에 상응하는 기업 평가 방법이 필요하다. 크라우드 펀딩은 집단 지성이 평가의 주축이다. 여기에 빅데이터 분석을 기본 툴로 가미하면 더 정확한 평가가 가능해진다.

한국에 필요한 크라우드 펀딩 모델은 증권사와 핀테크업체가 협력해 만드는 소상공인을 위한 크라우드 펀딩 서비스다. 증권사와 핀테크업체 두 축이 만나면 시장실패 영역에서 시장 파이를 키울 수 있다. 기업 평가는 재무분석과 비재무분석 두 카테고리로 나뉜다. 증권사는 애널리스트를 참여시켜 기업의 재무 상태를 분석하고, 핀테크는 SNS 정보 분석 등을 통해 정성적인 기업 현황을 파악하면 정교한 분석이 가능해진다.

이 같은 방식은 중소기업 전용 주식시장 코넥스 기업에도 도움을 줄 수 있어 증권업계가 기업 생태계 전반에 IB모델을 갖출 수 있는 계기가 된다. 코넥스의 경우 모바일을 이용할 경우는 소액 거래도 가능하다는 등 규정을 달리 적용해 편의성을 높일 필요가 있다.

그림 38 ··· **크라우드 펀딩 구조**

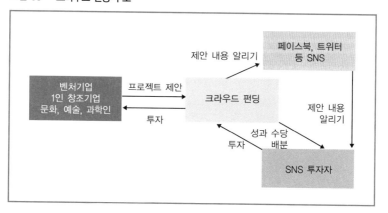

그림 39 ··· **증권사 IB모델 확장 구조** (자료: 금융투자협회, 서강대학교 글로벌핀테크연구소)

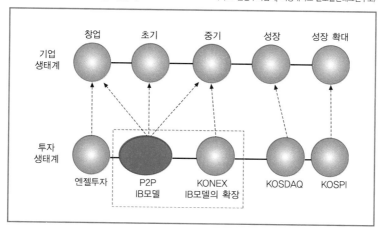

로봇에게 받는 자산관리, 베터먼트

로봇이 자산관리하는 서비스를 '로보 어드바이저'라 부른다. 2008
년 글로벌 금융 위기 이후 미국에서는 로보 어드바이저 영역이 빠
르게 성장하고 있다.

로보 어드바이저의 선두 주자는 2008년 뉴욕에서 설립된 베터먼

트 Betterment다. 우리나라도 쿼터백랩 등 로보 어드바이저가 늘고 있다. 베터먼트는 금융사 계좌와 연결해 고객이 스스로 자산을 관리할 수 있도록 포트폴리오 관리 툴을 제공한다.

자산관리 전문가를 통해 자산을 관리하려면 연평균 1%의 수수료를 부담해야 하지만 베터먼트 수수료는 0.15%에 불과하다. 10만 달러의 자금을 운용했을 때 기존 자문 서비스 이용자들은 매월 83달러를 지불해야 하지만 베터먼트가 받는 수수료는 13달러에 불과하다. 베터먼트는 총 자산관리 금액에 수수료를 부과할 뿐 거래 횟수에 따른 수수료는 없다.

로보 어드바이저의 주 타깃은 자산 규모 10만 달러 이하 가구다.

그림 40 ··· **베터먼트의 특징**[85]

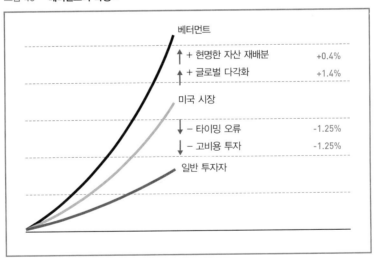

85 https://www.betterment.com

자산 규모가 작지만 디지털에 익숙하고 재테크에 관심이 많은 20~40대가 주요 타깃이다. 이 밖에 장기적인 자산 계획과 관리가 꼭 필요한 은퇴 노년층도 주요한 타깃이다. 베터먼트가 관리하는 자산의 20%는 은퇴 노년층의 자금이다.

베터먼트는 모든 수준의 리스크에서 시장보다 더 높은 수익률을 얻도록 설계되었다. 분산 투자, 자동화된 재조정, 낮은 수수료 등을 통해 베터먼트를 활용한 투자자들은 보통의 개미 투자자들보다 4.3% 더 높은 수익을 얻는다. 또 투자에 부과되는 세금을 줄이고 환급되는 세금을 늘리는 투자 기법으로 절세 효과를 최대화한다.

또한 베터먼트 포트폴리오는 투자자들이 수익률 목표를 달성하도록 설계되었다. 목표에 기반한 투자 시스템은 투자 목적에 맞는 투자를 하고 있는지를 계속해서 알려준다.

인프라 중의 인프라, 금융 빅데이터

금융업계에 금융 데이터산업이 급부상 중이다. 지금까지 금융업계의 금융 데이터의 활용은 고객의 신용도를 파악해 이자율을 계산하는 제한적인 형태가 대부분이었다. 하지만 인터넷과 스마트폰을 기반으로 정보의 축적과 활용성이 높아지면서 가공된 고객 정보를 금융에 접목해 새로운 부가가치를 창출하는 데까지 이르고 있다. 고객 정보를 대량 확보한 플랫폼 기반의 IT업체를 중심으로 발전하고 있지만 금융업계 역시 빅데이터를 분석하는 부서를 신설해 발 빠르게 대응하고 있다.

핀테크 성장의 주춧돌

빅데이터는 핀테크에 있어 인프라 중의 인프라다. 대출, 증권, 자산 운용 등 활용되지 않는 곳이 없다. 렌딩클럽의 신용 분석 결과를 봐도 방대한 SNS 데이터 분석을 통해 신용 분석이 은행보다 훨씬 빠르고 정교하다고 한다. 빅데이터 분석이 제대로 되어야 신뢰성 있는 신용 분석도 가능해지고 금투업계의 맞춤형 자산관리 등을 이용한 정보의 패턴화가 의미를 가질 수 있다.

　금융시장에서 강력한 힘을 발휘하는 빅데이터업체들이 등장하고 있다. 구글 출신 데이터 분석가들과 금융사 캐피털원 출신의 대출 전문가들이 창업한 제스트파이낸스ZestFinance는 기존 금융시장에서 대출이 어려운 저신용 등급자들의 신용을 빅데이터를 통해 재평가한다. 보통 은행들이 40개 미만의 요소로 개인의 신용도를 평가하는데 반해, 제스트파이낸스는 수천 개의 데이터를 분석해 신용도를 평가한다.

　제스트파이낸스의 모델로 분석된 신용도는 기존의 신용 점수보다 40% 이상 상향 평가된다. 빅데이터를 기반으로 대출을 진행하면 금융기관은 대출자의 저변을 확대할 수 있어 경쟁자보다 더 나은 비즈니스 기회를 갖게 된다. 이 방식의 경우 대출 승인율이 동일할 때 부실률은 기존 평가 방식보다 더 낮으며 수익률은 훨씬 높다. 한편 대출자는 기존 금융기관에서 불가능했던 대출의 기회를 가질 수 있다.

　국내에서는 어떻게 빅데이터산업을 키울 수 있을까. 금융시장 전

그림 41 ··· 데이터 분석 핀테크 기업[86]

기업명	주 사업	영역	DataFox 기업 평가점수	투자받은 금액	위치	설립일
두딜 DueDil	법인세, 재무제표 등의 기업 정보와 주가 정보 등을 분석 가공해 재무 정보 제공	지급결제, 분석, 금융 서비스	1019	$22m	런던	2011
에스티마이즈 Estimize	기업 실적 평가기관	파이낸스, 크라우드펀딩, 금융 서비스	986	$5.58m	뉴욕	2011
제스트파이낸스 ZestFinance	빅데이터 기반 신용 분석	분석, 파이낸스, 보험	979	$132.03m	LA	2009
레드비전시스템 RedVision System	부동산 소유 정보 제공, 부동산 자문 솔루션	분석, 부동산 소유 정보	976	$11.8m	뉴저지	2001
콘틱 Contix	소셜미디어 정보를 분석해 금융자산에 미칠 영향 뉴스 제공	핀테크, 분석, 파이낸스	953	$1.43m	호놀룰루	2012
인포트리 파이낸셜 솔루션 InfoTrie Financial Solutions	뉴스 분석	빅데이터, 분석, 자문	931	$500k	싱가포르	2012
루세나 리서치 Lucena Research	헤지펀드와 자산 자문가 등 투자 전문가의 의사결정을 돕는 소프트웨어 제공	소프트웨어, 파이낸스, 파이낸스 기술	927	$2.28m	애틀랜타	2011
헤지코 HedgeCo	헤지펀드 커뮤니티에 정보 제공, 투자자와 펀드 매니저의 의사결정 조력	큐레이션, 광고, 투자관리	922	$3m	웨스트팜비치	2002
아이빌리어네어 IBillionaire	억만장자의 투자패턴을 반영한 지수	핀테크, 파이낸스 기술, 파이낸스	919	$2m	뉴욕	2013
프레미스 Premise	경제 데이터 추적 플랫폼	정보 제공, 비즈니스 인텔리전스, 분석	915	$11m	샌프란시스코	2012

86 DataFox.co, 〈핀테크 기업정보〉.

체에 핀테크산업이 정착되려면 정부가 개개의 핀테크 기업을 육성하기보다는 의지를 갖고 빅데이터 인프라를 확장해야 한다. 인력도 인력이지만 빅데이터와 데이터 분석 시스템 구축이 선결 요건이다. 이를 위해선 공공 성격의 협회 등을 통한 데이터 구축, 우수 인력과 데이터 분석 시스템을 갖추고 있는 대학을 산학협력 차원에서 적극 활용할 필요가 있다. 특히 대학은 지식자원이 다양해 금융과 IT 융합의 촉매 역할에 적격인 데다 중간자 입장에서 금융기관과 핀테크 업체의 갈등 조정도 가능하다. 금융과 IT가 결합된 핀테크가 교육부가 강조하는 인문·이공계의 융합 사례로도 적합한 만큼 대학 사회 전반의 협력을 유도하는 것도 한 방법이다.

빅데이터 활용도 가지각색

빅데이터는 금융 전 영역에서 활용되고 있다. 대출자의 신용 리스크 관리가 성공의 핵심인 대출 영역에서는 앞서 설명한 제스트파이낸스와 같이 차별화된 빅데이터 분석 능력을 갖춘 기업들이 등장하고 있다. 한편 알리바바는 2011년 소액 대출 서비스인 알리파이낸스를 출시할 때 전자상거래 사이트 내 거래량, 재구매율, 만족도 등과 같은 정량 데이터와 구매 후기, 판매자와 구매자 간 대화 등 정성 데이터를 종합적으로 분석해 대출을 진행했다.

아직 보험업계에서는 빅데이터의 활용이 크지 않지만, 앞으로 빅데이터는 보험의 전 프로세스를 혁신시킬 것이다. 빅데이터 분석을 통해 아직 개발되지 않은 미 개척 영역의 보험상품을 개발할 수 있고 적시에 적합한 사람에게 최적화된 보험상품을 판매할 수 있으며,

알고리즘을 통해 보험금 지급 심사, 보험사고 조사 등을 빠르고 정확하게 진행해 보험금을 지급할 수 있다.

해외에서는 '운전습관연계보험 Used Based Insurance, UBI' 이 활성화되어 있는데 국내에서도 KT와 흥국생명이 운전자 습관에 따라 달라지는 보험상품을 공동 개발하고 있다. KT는 차량에 차량 정보 수집장치를 장착해 실시간으로 운행 정보를 확보하고, 흥국생명은 KT가 수집한 정보를 바탕으로 보험료 산정 등에 활용하게 된다. 안전한 운전 습관을 가진 운전자들은 보험료를 할인받는다. KT 미래융합사업추진실장 윤경림 전무는 'IoT 및 빅데이터 기술과 보험상품의 융합으로 3천만에 달하는 국내 운전자들에게 합리적인 보험료를 산정해주는 동시에 안전운전 습관을 유도할 수 있다. 차량 무선통신기술 기반으로 스마트파킹, 카셰어링 등 커넥티드 카Connected Car 사업 영역을 확장해 나가고, 연내 동남아 등 해외 시장 진출을 위해 노력할 것이다' 라고 밝혔다. 흥국화재 조훈제 대표이사는 '향후 KT와의 긴밀한 협력을 통해 IoT 기반의 신규 보험상품을 적극 추진할 예정이며 빠른 사업화가 가능할 것으로 기대한다. 이는 보험 가입자뿐 아니라 정부 입장에서도 바람직한 방향이라 판단하고 있으며 향후 의료·건강보험 등 다양한 영역에서의 상품 개발을 위해 협력하겠다' 고 했다.

핀테크는 천편일률적인 증권사 리서치도 다변화시킬 수 있다. 증권이나 운용사 내 리서치 영역도 핀테크의 SNS 빅데이터 분석과 결합할 경우 새로운 수익 모델이 될 수 있다. 빅데이터 분석, 고도의 검색엔진 등 핀테크를 통해 본연의 리서치 기능을 강화하고, 이 같은 차별화된 리서치 기술을 바탕으로 독립 리서치 전문회사도 설립할 수 있다.

결제 없이 할부 구매 가능한 어펌

온라인 신용결제를 지원하는 어펌Affirm은 소비자 금융을 재발명했다는 평가를 받는다. 맥스 레브친Max Levchin 페이팔 창업자가 만든 어펌을 이용하면 온라인 쇼핑몰에서 물건을 구매할 때 신용카드 없이 본인의 신용만으로 할부 구매가 가능하다. 신용카드가 발급되지 않는 사람도 온라인몰에서 할부로 쉽게 물건을 살 수 있다.

어펌은 자체 알고리즘을 통해 이용자의 신용을 평가한다. 이용자는 어펌에 가입할 때 이름, 전화번호, 이메일, 생일, 사회보장번호네 자리만 입력하면 된다. 어펌은 페이스북 등 SNS를 통해 거주지, 출신 학교 등 개인정보를 확인한다. 또 이용자가 이름을 대문자로만 입력하는지 등의 빅데이터를 바탕으로 다양한 정보를 복합적으로

그림 42 ⋯ **어펌**[87]

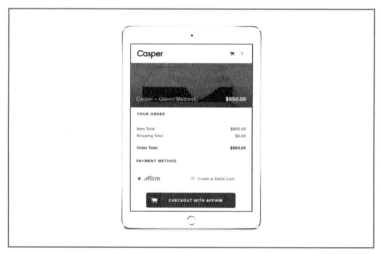

[87] https://www.affirm.com

파악해 4분 안에 신용도를 평가한다. 분석을 바탕으로 어펌은 할부 결제 가능 금액과 할부 수수료(10~30%)를 알려준다. 서비스 이용자는 3개월, 6개월, 12개월로 할부 개월 수를 선택할 수 있다. 할부로 이용한 금액은 매달 어펌 웹사이트에서 신용카드, 계좌이체, 수표 등으로 상환하면 된다.

소프트웨어는 거들 뿐

'금융 소프트웨어'는 금융 업무를 더 효율적으로 만드는 소프트웨어를 제공하는 일을 가리킨다. 금융 소프트웨어로 보다 진화된 스마트 기술을 활용해 기존 방식보다 효율적이고 혁신적인 금융 업무 및 서비스 관련 소프트웨어를 제공하는 것이다. 리스크 관리나 회계 업무 등을 더 효율적으로 만드는 것도 여기에 속한다. 'Risk Management', 'Banking, Asset Management', 'Insurance', 'Accounting' 등의 세부 영역으로 나눠볼 수 있다. 송금, 결제, 대출 등의 핵심 금융 기능을 제공한다기보다는 빅데이터 분석 및 특유의 알고리즘, 인공지능, 독자적인 사용자 인터페이스 등을 통해 금융의 편의성을 증대시켜주는 소프트웨어들이 이에 해당된다.

사기거래탐지 소프트웨어

사기거래탐지 Fraud Detection System, FDS 소프트웨어는 사기거래를 사전에 탐지해 예방하는 솔루션이다. 기술이 나날이 발전해감에 따라 사기

거래의 방식도 교묘하고 복잡해지고 있다. FDS가 등장하기 전 사기 거래는 재무, 경제, 경영, 법규 등 다양한 영역의 지식이 복잡하게 얽혀 조사하는 데 시일이 오래 걸리고 다루기 어려웠다.

소비자 행동 패턴에 대한 데이터가 누적되면 빅데이터를 활용해 이상 징후를 사전에 포착해 사기 행위 자체를 예방할 수 있다. 소비자 행동을 분석해 패턴화하고, 패턴에 어긋나는 이상 행동이 발생하면 사용자에게 추가 인증을 요구해 사기거래인지 아닌지를 결제 거래 이전에 판별한다. 예컨대 오전에 한국에서 점심을 먹고, 오후에 두바이에서 쇼핑을 하는 행위가 포착되면 도난 등으로 인한 사기거래인지 아닌지 확인 절차를 거친다.

핀테크 결제 부문 양대 축인 페이팔과 알리바바는 자체적으로 사기거래 방지 소프트웨어를 구축했다. 페이팔은 2001년, 알리바바는 2005년부터 단말기 정보, 접속 위치, 거래 내용 등을 종합적으로 분석해 의심 거래가 발생하면 거래를 차단하는 FDS를 적용하고 있다. 특히 페이팔은 '옥스데이터의 H2O 기계학습' 알고리즘을 활용한다. H2O 기계학습은 인공지능의 한 분야로 컴퓨터가 스스로 학습한 내용을 바탕으로 미래의 금융거래를 예측한다.

미국의 소프트웨어 개발업체 빌가드Billguard는 예측 알고리즘을 활용해 신용카드 도용, 수수료 과다 인출, 청구서 오청구 등의 징후를 포착해 회원에게 알려준다. 스마트폰 위치 추적 등을 통해 잘못 결제되거나 부정 사용된 징후가 있으면 고객에게 알려준다.

한국 정부 역시 금융회사가 FDS를 도입해 활용해야 한다고 보고 있다. 사기거래를 원천 차단하기 위해 마련된 것이 공인인증서다.

그러나 비효율성으로 인해 공인인증서를 사용하지 않고 대안적으로 FDS를 활용하는 방향으로 규제의 방향이 전환되고 있다. FDS가 효과를 발휘하려면 고객 정보가 방대하게 누적되어야 한다. 때문에 한국 금융기관은 FDS를 하루 빨리 구축하기 위해 적극 나서고 있다.

자산관리 소프트웨어

미국 최고의 자산관리 소프트웨어 핀테크 기업은 인튜이트다. 인튜이트는 가정과 회사에서 발생하는 복잡한 재무 일을 간편하게 처리하도록 도와줌으로써 사람들이 삶과 비즈니스에 더 양질의 시간을 쓸 수 있게 돕는다.

인튜이트는 1983년 가정의 재무 문제 해결을 덜어주는 재무 소프트웨어업체로 시작해 현재는 4,500만 명이 사용하는 연 매출 40억 달러의 기업으로 성장했다. 인튜이트는 중소기업, 금융기관, 가정 등에서 요긴한 다양한 재무관리 솔루션을 제공한다. 중소기업을 위한 회계 프로그램 '퀵북스QuickBooks', 개인 재정관리 서비스 '민트', 세금 신고 소프트웨어 '터보택스TurboTax', 개인 자산관리 서비스 '퀵큰Quicken'이 대표 서비스다.

인튜이트는 재정관리를 혁신적으로 할 수 있는 소프트웨어들을 적극 인수해 규모를 키워왔다. 2009년에는 민트를 1억 7천만 달러에 인수했으며, 2014년에는 모바일 애플리케이션 '체크check'를 3억 6천만 달러에 인수했다. 체크는 모바일로 각종 고지서를 확인하고 요금을 지불하는 서비스로 가입자가 1천만 명에 달한다.

세상은 소셜, 모바일, 글로벌 세 가지 트렌드로 진화하고 있다. 때문에 모바일에 기반해 놀라운 소비자 경험을 제공하는 데 초점을 맞추고 있다. 또 언제, 어디에서, 어떤 디바이스로도 사용할 수 있도록 클라우드 서비스를 제공한다.

인튜이트는 '중소기업과 개인을 위한 빅데이터Big Data for the Little Guy'라는 목표를 두고 빅데이터를 대중화하고자 한다. 데이터 공유를 허락한 사용자들의 거래, 행동, 소셜네트워크 등의 데이터를 방대하게 보유하고 있다. 빅데이터는 소비자들이 더 쉽고 빠르고 혁신적으로 재무관리를 할 수 있도록 돕는 데 쓰인다. 인튜이트 서비스는 캐나다, 영국, 호주, 싱가포르, 인도에도 진출했다.

신용 점수 관리 소프트웨어

2007년 미국에서 시작된 크레딧 카르마Credit Karma는 사용자가 자신의 신용 점수를 관리할 수 있는 소프트웨어를 무료로 제공한다. 크레딧 카르마의 미션은 기술로 개인의 재정관리 의사 결정을 돕는 것이다. 누구나 자신의 재정 건정성을 제대로 알고 관리할 수 있어야 하고, 그러기 위해 신용 정보에 무료로 쉽게 접근할 수 있어야 한다고 본다. 때문에 크레딧 카르마는 무료로 신용 정보와 신용 보고서를 제공한다. 투명하고 명확한 정보를 제공하며 매주 정보를 모니터링한다. 신용 정보는 신용정보회사인 트랜스 유니온의 정보를 활용하는데 서비스가 무료인 대신 온라인 광고를 통해 수익을 얻는다. 고객 신용 점수에 최적화된 금융상품을 맞춤형으로 추천하는 방식이다.

개인 신상 정보를 입력하면 즉각 신용 점수를 확인할 수 있다. 웹사이트에서 이메일, 이름, 주소, 사회보장번호 마지막 4자리를 입력하고 추가 본인인증을 거치면 신용 점수가 나온다. 신용 등급이 상위 몇 %에 해당하는지, 신용 등급을 결정하는 요소는 무엇인지, 신용 등급을 높이려면 어떻게 관리해야 하는지에 대한 정보도 제공한다.

크레딧 카르마는 3,500만 명이 이용하며 구글 캐피털, 타이거 글로벌 등으로부터 2004년 9월 기준으로 1억 9,350만 달러를 투자받았다.

CHAPTER 6

규제는 풀고, 특허전쟁에 대비하라

구태언(테크앤로 대표 변호사)

핀테크의 본질은 '핑거테크'

2015년 2월 4일 금융위원회 주최로 '대한민국 금융의 길을 묻다–2015 범금융 대토론회'가 열렸다. 필자도 대토론회에 초청받아 참석했다. 그 자리에서 핀테크는 금융산업에 있어 선택이 아니라 필수이며, 인터넷 플랫폼 기업이 전통산업 영역을 지배해나가는 O2O에 대한 정확한 인식과 더불어 이를 통한 파괴적 혁신을 수반해야 한다고 금융 관료와 금융회사 수장들에게 전했다.

온라인 세계의 지배자가 오프라인산업을 장악해나가는 현상인 O2O가 금융산업도 장악해나가게 될 것이다. 선진국의 경우 금융회사가 적극적으로 핀테크업체들과 함께 새로운 패러다임을 만들어가고 있다. 온라인 세계의 강자들이 소비자 접점을 장악하고 이를 무기로 오프라인산업에 들어와 파괴적 혁신을 이루고 경제 주도권을 가져가는 현상은 음악, 책, 영화와 같은 콘텐츠산업에서 먼저 일어났다. 그리고 이제는 숙박, 배달, 택시와 같은 유통산업을 넘어 의료, 자동차, 금융과 같은 전통적인 규제산업 영역에도 그 쓰나미가 밀려들고 있는 것이다.

금융 서비스와 규제의 변화가 필요하다

지금은 누구나 모바일 기기를 들고 다니고, 누구나 IT 서비스를 이용하는 IoT 시대다. 핀테크 열풍을 달리 표현하면, 금융산업이 온라인서비스로 전면 변신하지 않으면 모바일 플랫폼을 장악한 거대 온라인 기업에게 지배당할 위기로도 요약된다. 모바일 세계를 점령한 애플과 구글이 자동차 특허를 출원하고 무인 자동차를 개발하는 등 자동차산업에 진입하고 있다. 카테크업체들에게 자동차 제작사들이 종속당해가고 있는 것이다. 과거에는 전혀 상상할 수 없었던 일이다.

외국의 금융산업은 자신들의 존재를 위협하는 핀테크산업의 잠재력을 인식하고, 금융회사들이 적극적인 협업을 통해 인터넷 은행, P2P 대출, 간편 결제 등을 과감하게 도입해 금융 온라인 서비스를 제공하고 있다. 금융 서비스 분야의 O2O, 즉 핀테크 현상은 쉬운 자금 이체, 간편한 결제, 그리고 간편한 자금의 모집 및 대출, 선불지급수단 등 4가지 영역에서 폭발적으로 성장 중이다.

핀테크산업은 선택이 아니라 필수다. 왜냐하면 O2O 현상은 본질적으로 자기 손으로 간편히 이용하고 싶어 하는 모바일 이용자들의 욕구와 생활패턴의 변화가 근본적 원인이기 때문이다. 그래서 핀테크의 본질은 '핑거테크Finger Tech'라 부를 수 있다. 온라인 금융 서비스라는 플랫폼, 그 핵심 수단을 누가 선점하느냐에 따라 핀테크산업의 주도권이 바뀔 수 있다. 모바일 이용자들의 접점은 이미 온라인 서비스 기업들이 장악하고 있으며, 글로벌 인터넷 거인들이 인터넷 은행을 설립하고 바이오 인증을 통한 간편 결제를 도입하면서 금융 서비스 시장에 진출하고 있다. 카카오톡이라는 메신저가 게임산업의 부흥을 이끌기도 했지만, 게임산업이 카카오톡에 매출의 21%를 수수료로 떼어줘야 하는 현실이 금융산업에도 곧 실현될 것이다.

금융 당국은 금융산업에 대해 규제 마인드를 갖고 있다. 이제 국경을 넘나들며 금융 서비스가 제공되는 시대다. 금융산업에서 핀테크와 쉽게 결합해 서비스를 창출하고, 시장에서 경쟁할 수 있도록 하는 관점에서 기존의 금융 규제들을 재평가해야 한다. 인터넷에서는 국경을 넘어선 서비스를 막을 수 없다. 국내형 규제에 얽매인 국내 금융회사들은 혁신적 서비스를 도입할 수 없기 때문에 글로벌 인터넷 거인들은 결국 국내 금융회사들의 사업 기회를 빼앗아가게 될 것이다. 글로벌 인터넷 기업들이 국내 금융기관을 지배하게 될 것이라는 위기 국면을 빨리 깨닫고 과거의 관점에서 벗어나 기존의 서비스를 온라인 서비스로 변경하려는 노력이 필요하다. 다시 말해 금융산업은 핀테크 기업들과 협업해 기존의 규제를 완화하거나 서비스에 맞게 변화시키고 또 과감하게 폐지하는 것이 필요하다.

금융감독 당국과 금융회사들은 모두 규제를 풀어야 한다는 인식에는 공감하는데 구체적 해법에서는 입장차가 많아 보인다. 우리나라 금융산업은 오프라인 서비스 시절의 진입 규제와 온라인(전자금융) 서비스 시절의 보안 규제가 복합적으로 얽혀 있어 그 난맥상을 O2O 시대에 맞게 풀기란 여간 어려운 것이 아니다.

예를 들어 전자금융감독규정의 일회용 비밀번호와 관련한 기술적 규제였던 매체분리 규제는 최근 폐지되어 스마트폰에 장착된 NFC 기반의 일회용 비밀번호 기술, 소프트웨어 방식의 일회용 비밀번호 기술 도입이 가능해졌다. 그러나 일회용 비밀번호를 대면 발급해야 한다는 규제는 여전히 유지되고 있다. 온라인으로 일회용 비밀번호를 발급받아도 은행을 찾아가야 하는 불편함은 여전한 것이다. 우리나라는 신용카드 승인을 통한 본인 확인, 문자메시지를 통한 본인 확인, 공인인증서 등 법정 본인 확인 수단 인프라를 갖고 있는데도 말이다. 이렇게 느린 속도로는 우리나라의 핀테크산업이 경쟁력을 가질 수가 없다.

금융산업 혁신을 위한 구체적 해법

금산분리 또는 은산분리 원칙도 이런 국제적 경향에 비춰 재검토할 필요가 있다. 산업 분야의 강자가 은행업을 하지 못하도록 하거나, 은행 등 금융산업이 산업을 지배하지 못하도록 하는 규제는 우리나라의 경제적 특수성에 비춰 점차 강화되어 왔다. 그러나 우리나라의 금산분리 규제는 전 세계에서 유래가 없는 강력한 진입 규제다. 미국의 경우에도 25%의 지분에 대한 투자가 가능하지만 우리나라는 은행법, 금융지주회사법의 따른 산업자본의 은행 보유 지분 한도가 4%에 불과하다. 칠레와 남아프리카공화국을 제외하면 세계에서 가장 강한 금산분리 규제를 시행하고 있는 것이다.

애플사는 중국의 은련카드와 제휴해 중국에 애플페이 서비스를 제공하고 있고, 중국의 알리바바는 최근 은행 설립 허가를 받았다. 알리페이 서비스를 통해 전통 은행보다 두 배나 높은 금리를 제공해 1년 만에 수신고 98조 원을 기록했다. 알리바바는 이를 바탕으로 미국 증시에 상장해 페이스북보다 시장가치가 높은 기업이 되었다. 미국과 중국의 IT 기업들은 정부 당국의 은행업 허가, P2P 대출상품 신규 허용 등 규제 완화와 발달된 기술력을 등에 업고 전 세계 금융 서비스 시장을 노리고 있는 것이다. 애플은 시가총액이 900조 원을 넘어섰고 200조 원에 가까운 현금을 쌓아두고 있다. 우리나라 40대 재벌기업을 모두 인수하고도 남을 가치다. 먼 훗날 금산분리 규제가 완화되었을 때 우리나라 금융회사들이 해외 IT 기업들에게 넘어가는 상황은 상상만 해도 끔찍하다.

이제 구체적인 해법을 마련할 때다. 간편 결제 도입에 따른 부작용인 해킹 위험 등은 신용카드사의 FDS 기술을 통해 방지하고, 무분별한 카드 발급과 과잉 대출은 미국의 핀테크 기업과 같이 빅데이터를 활용한 신용도 평가 방식의 선진화를 통해 해결해야 한다. 그리고 개인정보를 비롯해 신용정보, 금융 정보의 제공으로 인한 피해는 PG사의 책임과 보험제도로 해결하고, 이른바 대출형 크라우드 펀딩, 즉 P2P 금융업은 투자자의 정확한 투자 판단을 위한 제도로 보완해야 한다. 또한 인터넷 은행을 통한 대포 통장 증가는 시민참여형 감독의 강화로 해결하고, 유사 업체의 증가에 따른 금융시장 경쟁 심화는 사후 책임의 철저한 추궁으로 해결해야 한다. 투자형 크라우드 펀딩의 경우는 투자 규모 및 환매제한을 통한 규제보다는, 투자자의 세금공제 또는 면제를 통해 비용 인정의 범위를 확대해 손실을 보상해주거나 책임보험제도의 도입으로 위험을 분산하는 등의 적극적 대안을 마련해가야 할 때다.

전통적 규제 중 금융 소비자 보호를 위해 금융회사 책임주의와 책임보험을 통한 위험 분산이라는 큰 틀의 신뢰보호제도는 유지되어야 하나, 투자자 등 금융 소비자 보호와 밀접한 관련이 없는 기존 인허가 제도를 유지하기 위한 진입 규제는 과감하게 완화해야 한다. 그리고 핀테크 기업들이 시장에서 경쟁하고 기술력을 검증받도록 기회를 열어주자. 그것이 금융산업을 온라인산업으로 변신시키고 우리 금융회사를 세계로 뻗어나갈 수 있게 하는 지름길이다.

글로벌 특허괴물의 습격을 대비하라

최근 중국의 핀테크 열풍이 거세다. 중국의 전자상거래업체 알리바바는 2013년 지방정부인 항저우시의 적극적인 지원과 중국 정부의 민영은행 시범 사업자 선정, 즉 인터넷 은행업 허가에 따라 알리페이라는 지급결제 서비스에 MMF인 위어바오 서비스를 장착했다. 은행 지점을 설치하지 않아도 되므로 기업의 비용을 절감할 수 있었고, 그 절감된 비용을 금융 소비자에게 돌려줄 수 있었다. 중국의 시중 은행의 이자율이 3%였는데 알리바바는 알리페이에 선불로 충전해두거나, 물건을 받기 전 구매 대금을 미리 지불할 경우 대금 결제 시까지 시중 이자율의 2배에 달하는 6%의 이자율을 지급했던 것이다.

그러나 우리나라는 금산분리, 은산분리 등과 같이 금융자본과 첨단 IT산업을 포함하는 산업자본의 겸업을 금지하고 있고, 공적 투자기관은 심지어 금융IT 벤처기업의 금융 분야에 대한 투자를 막고 있다. 우리나라의 금융IT 융합산업의 첨병인 핀테크 기업은 그야말로 각종 법령상의 규제를 융합적으로 적용받아 불리한 것은 최대한 적용되고, 유리한 것은 최소한 적용되는 복합 규제를 받고 있는 상황이다.

이를테면 지급결제 서비스업체들이 지속적으로 유지되는 수신고를 가지고 운영을 하려 한다 가정하자. 중국 알리바바의 알리페이, 텐센트, 바이두는 정부의 은행업 허가를 받아 MMF를 운영할 수 있을 뿐만 아니라, 은행이나 카드회사에 추가로 별도의 수수료를 지급할 필요가 없다. 그런데 우리나라의 전자금융업자 내지 전자금융 보조업자들은 선불, 직불 및 후불 등 각종 송금 서비스업을 하면서 인터넷 은행업을 겸업할 수 없기 때문에 막대한 수수료를 은행, 카드업체, PG사에 지불해야 한다. 우리나라의 핀테크 기업들이 수익성을 유지하기 어려운 구조인 것이다.

따라서 창조기업의 대표인 핀테크 기업들의 경우 대출도 어려울 만큼 수취거래액이 적고, 엔젤투자를 받으려 해도 선행 투자기관인 창업투자회사들이 투자를 할 수 없는 규제가 있어 기업가치 면에서 저평가가 이뤄지고 있는 상황이다. 중소기업창업지원법 제3조 단서 규정 및 같은 법 시행령 제4조 제1호는 금융 및 보험업을 창업투자회사의 투자 대상에서 제외하고 있기 때문이다.[88] 핀테크 금융 규제는 창조기업의 창업 비용을 불필요하게 확대시키고, 수익성 있는 서비스가 어렵게 만들며, 기업의 투자유치와 증시 상장 등을 어렵게 하는 악순환 구조를 갖고 있다.

---

88 뉴스핌, 〈엠벤처투자 등 벤처캐피탈, 핀테크 투자 길 열린다, 중기청, 4월 1일 시행 목표로 법 개정〉. (2015. 03. 13).

금융과 기술의 융합인 핀테크 기업은 금융 규제 그리고 IT 기업 규제를 모두 받아야 마땅한가. 금융회사는 2014년 신용카드 유출 사고에 따른 범정부 결정에 따라 금융 분야 개인정보보호법인 신용정보법을 통해 개인정보보호 규제도 철저히 준수해야 한다. 금융회사는 개인(신용)정보의 수집에서부터 파기에 이르기까지 개인정보의 전 생명주기에 따른 보호 조치를 철저히 준수해야 한다. 핀테크 기업에게 제공하는 서비스에 따라 금융산업 관련 규제, 즉 개인정보보호법 또는 신용정보보호법이 적용될지, 아니면 IT 기업에 관한 규제, 즉 정보통신망법이 적용될지 현재로선 정부의 입장이 불분명한 상황이다. 예를 들어 카카오의 핀테크 서비스인 '뱅크월렛카카오'의 경우 어느 법에 따라 개인정보보호를 해야 하는지, 또는 양쪽 법이 모두 적용되는지 여부가 불분명하다. 핀테크 기업과 금융회사의 협업을 가로막는 구체적 요소를 정리하면 다음과 같다.

첫째, 금융실명법은 실지명의에 의한 금융거래 실시를 통한 금융 질서 확립 및 지하경제 양성화를 목적으로 하고 있다. 그러나 오프라인 접점이 없는 핀테크 기업들은 대면 본인확인제 등의 준수가 곤란한 상황이다.

둘째, 은행지주회사법과 은행법의 은산분리, 금산분리 규제는 금융자본과 산업자본에 의한 상호 지배를 제한하고 있다. 동일 소유자의 의결권이 있는 주식 최대 보유 지분율을 4%로 제한하고 있다.

셋째, 은행 설립 및 전자금융업자 등록에 필요한 최소자본금 요건

등 시장 진입에 있어 높은 장벽이 존재한다. 최소자본금의 대부분이 보안설비에 투자되고, 회사마다 보안설비를 갖춰야 하는 중복 투자가 발생한다. 보안이 정말 문제라면 IDC센터 등 공동 보안설비를 이용하도록 개선하면 될 것이나 우리나라 금융회사들은 전산설비의 아웃소싱이 금지되어 있다.

넷째, 우리나라는 강력한 개인정보보호 제도를 통해 비교법적으로 가장 강력한 개인정보보호 법제를 가지고 있다. 개인정보를 기반으로 하는 SNS, 빅데이터 서비스를 제공할 경우 민형사 및 행정적 책임 위험이 급격히 증가한다. 관련 법규가 개인정보를 초광폭으로 정의하고 있어 어려움이 많다.

전 세계적으로는 핀테크산업이 금융·결제 서비스에 있어서 모바일 혁명을 주도하고 있다. 핀테크산업은 지급결제, 국내외 송금업, 증권형 크라우드 펀딩업, 대출형 크라우드 펀딩업으로 크게 나눌 수 있다. 이것의 핵심 기술은 빅데이터 분석 및 SNS 소셜 스코어링 등을 통한 금융 데이터 수집 및 분석을 통해 자체적으로 신용평가를 수행하는 도구다. 비근한 예로, 미국의 렌딩클럽은 이용자들의 빅데이터 분석을 통해 대출 유가증권 상품 신청서를 모두 대문자로 작성하는 사람의 경우 신용도를 낮게 평가하는 등 유의미한 통계자료를 활용한 새로운 신용평가 기법을 활용하고 있다.

구체적인 동향을 살펴보면 첫째, 구글은 '구글 월렛'으로 이메일 기반 송금 서비스를 주도하고 있고, 렌딩클럽은 유가증권 상품을 개발해 소액 대출 서비스를 주도하고 있으며, 애플은 전자지갑인 '패스북'과 NFC 결제 방식인 '애플페이'를 주도하고 있다.

둘째, SNS업체로는 페이스북이 아일랜드에서 전자화폐 서비스를 하고 있고, 중국의 텐센트는 지급결제 서비스 '텐페이'와 인터넷 은 행업 허가를 받아 MMF인 '리차이통' 서비스를 하고 있다. 그리고 국내의 카카오는 '뱅크월렛카카오'를 통해 선불 등 송금 및 결제 서비스를 제공하고 있다.

셋째, 전자상거래업체로는 알리바바가 결제 서비스 '알리페이'와 MMF인 '위어바오' 서비스를 하고 있다. 그리고 이베이가 지급결제 서비스 '페이팔'을 관계사로 분사시켰고, 선불카드인 '마이캐시My Cash'를 출시했다. 아마존닷컴도 지급결제 서비스인 '아마존 페이먼트'를 출시했다.

그 외에 미국의 통신사들인 버라이존, AT&T 및 T모바일은 공동으로 아이시스라는 모바일 지급결제 서비스를 하고 있고, 중국의 최대 검색 서비스업체인 바이두 역시 인터넷 은행업 허가를 받아 온라인 전용 MMF인 '바이파'를 출시했다.[89]

작년에 발간된 미국특허청USPTO의 〈1963년~2013년 미국 특허 통계U.S. Patent Statistics〉에 따르면, 2013년 미국의 핀테크 특허 현황은 13만 3,593건으로 전 세계 핀테크 특허 출원건수인 27만 7,835건 중 약 48%를 차지하고, 미국 이외의 핀테크 특허는 14만 4,242건이 출원되었다.[90]

---

89 금융감독원, 〈핀테크 동향 및 IT감독 방향〉.

90 U.S. Patent and Trademark Office, 〈U.S. Patent Statistics, Calendar Years 1963~2013〉 USPTO Electronic Information Products Division/Patent Technology Monitoring Team, 2014.

미국 핀테크 특허(705류) 현황을 보면 지난 5년간 출원건수로는 IT 기업인 IBM이 2만 3,826건으로 독보적이고, 금융회사인 뱅크오브 아메리카가 531건, JP모건 체이스뱅크가 324건, 투자회사인 골드만 삭스가 158건, 카드회사인 비자 인터내셔널 서비스 어소시에이션이 118건, 투자회사인 모건스탠리가 103건을 출원하고 있다.

반면 우리나라 금융회사들의 핀테크 특허 출원은 수십 개에 불과 하고, 핀테크와 관련 없는 일반적인 특허도 은행권이 약 2,220여 개, 카드권이 361건, 증권계가 234건, 보험사권은 68건에 불과하다. 핀 테크와 관련성이 큰 특허 중 휴대형 기기 이용 결제의 특허 출원 현 황을 보면, 핀테크 기업을 포함해 온라인 IT 기업이 1,411건을 출원 해 전체 출원건수의 약 33%에 달하고 있다. 특허 출원 현황만 봐도 우리나라의 핀테크산업은 온라인 IT 기업들이 선도하고 있음을 알 수 있다.

반면 휴대형 기기 이용 결제와 관련해 카드권은 63건을 출원해 전체의 1%였고, 은행권은 189건을 출원해 전체의 4%에 불과했다. 기존 금융권은 법제도가 허용하는 행위나 상품만 출시할 수 있었기 때문에, 온실의 화초로서 글로벌 금융 변화라는 폭풍우에서 견디긴 했지만, 특허협력조약인 PCT Patent Cooperation Treaty 국제출원제도 등 해 외 특허 장벽의 구축이 완성되면 국내외 경쟁에서 살아남을 특허 등 의 무기를 가질 기회를 잃어버릴 수 있다.

특허 분쟁에 대한 대응전략

미국의 백악관 블로그 자료를 살펴보면, 최근 미국에서 '특허괴물

Patent Trolls'에 의한 특허 침해 소 제기가 급증하고 있다. 특허괴물이란 특허를 실시하거나 사업화해 수익을 창출하는 일반 기업들과는 달리, 특허권만을 구매하고 소송을 제기해 거액의 합의금을 받거나 손해배상액을 주 수익원으로 삼는 특허 비실시 기업을 말한다. 특허괴물에 의한 소송이 2006년에는 전체의 19%이던 것이 2007년 23%, 2008년 25%, 2009년 27%, 2010년 29%를 거쳐 2011년 45%에 달하고 급기야 2012년에는 전체 특허침해 소송의 62%를 차지하고 있다.

최근 핀테크산업에 대한 주도권을 금융회사들이 가져야 하는지, 아니면 핀테크 기업, 즉 온라인 IT 기업들이 가져야 하는지에 관한 논의가 한창이다. 그러나 금융회사든 핀테크 기업이든 그 경쟁자는 국내에 있지 않다. 핀테크산업 분야의 기업들은 글로벌 기업들과 경쟁해야 하는 것이다. 핀테크산업 참여자들이 경쟁자인 글로벌 핀테크 기업들과 어깨를 견주고 경쟁하지 않는다면, 단기적으로는 현행 법령의 보호막 아래서 이익을 향유할 수 있을 것이다.

그러나 국내 핀테크 시장이 성숙해서 국내 기업이 해외 시장에 진출할 때엔 해외 특허괴물들에 의한 특허 분쟁 제기로 어려움을 겪게 될 것이다. 나아가 특허괴물들은 해외에 머물지 않고 PCT 출원으로 국내에 진입해 특허 소송을 제기해 힘들게 얻은 이익을 회수해갈 가능성이 높다. 결국 글로벌 핀테크 기업들이 구축한 특허 장벽에 의해 국내 핀테크산업의 성장이 급정지될 수 있다. 이런 특허 분쟁에 따른 핀테크 기업의 구체적인 대응전략에 대해 살펴보자.

첫째, 핀테크 기업들은 구상하고 있는 서비스 및 상품에 관한 글로벌 특허 경향을 파악해둬야 한다.[91] 중소기업 지원 당국의 특허 프로그램에 참여하거나 전문 법률회사의 자문을 받아 상세한 정보를 파악해두는 것이 용이할 것이다.

둘째, 특허괴물 등의 무분별한 침해 소송에 단호히 대응해야 한다. 무차별적인 경고장을 보내고 합의를 통해 해결하려는 특허괴물이 많기 때문에 전문가의 상담을 받아 대처해야 한다. 정부의 지원 프로그램을 활용하는 것도 비용을 절약하는 방법이 될 것이다.

셋째, 핀테크 협업을 위한 협상 단계에서 비밀유지협약[NDA]을 체결하는 것도 고려해야 한다. 특히 회사 직원 접촉 금지 약정조항 등을 체결해 기술제휴나 기술 도입보다는 회사 직원을 고용해 해결하려는 회사들에 주의해야 하기 때문이다.

넷째, 대기업이라면 핀테크 기술의 자체 개발이나 특허 출원보다는 이미 핵심 핀테크 특허를 가진 국내외 유망 기업을 인수하거나 특허권만 취득하는 것도 좋은 전략이 될 수 있다. 최근 삼성전자는 핀테크 특허 3건을 가진 루프페이를 추정치 1억 달러에 인수한 바 있다.

기업가치 증대라는 선순환 고리를 위해

선순환의 고리를 만들려면 규제 당국은 어떻게 변해야 하는지 살펴보자. 핀테크 기업의 금융과 IT의 융합적 성격을 고려할 때 금융과 IT를 관장하는 규제 담당 기관이 산업진흥기관으로 일신해야 한다.

---

91 특허청, 〈특허분쟁사례에서 배우는 효과적인 특허관리를 위한 10가지 전략〉. (2004. 07).

금융 소비자 보호와 관련 없는 불필요한 규제는 속히 개선해 핀테크 산업의 법적 성격, 산업에 참여한 기업들의 법적 지위, 기업들이 지켜야 할 관련 법령을 명확히 함으로써 규제의 예측 가능성을 보장해야 한다. 다행히 엔젤투자 규제에 대해서는 변화의 바람이 불기 시작했다. 중소기업청이 중소기업창업지원법 시행령을 개정해 핀테크 기업에 대해서는 창업투자회사가 투자를 할 수 있도록 할 예정이다.[92]

규제의 예측 가능성이 생기면 핀테크 기업들은 컴플라이언스 등 법적 리스크가 감소될 것이다. 그리고 엔젤투자의 활성화로 기업가치가 증대되면 금융회사의 투자 또는 대출 증대 또는 금융회사와 핀테크 기업과의 협업이 성공할 수 있다. 핀테크산업이 활성화되면 핀테크 기업들은 축적한 신용평가 노하우 등 증대된 비즈니스 경험과 신규 엔젤투자에 힘입어 R&D 비용을 투입할 수 있다. 핀테크 기업들은 R&D의 산출물을 비즈니스모델 특허로 출원하거나 영업 비밀로 관리하는 등 지식재산권IP 생태계를 강화시킬 수 있다.

그렇게 되면 특허괴물에 의한 특허 분쟁 발생 시 최소한 크로스라이선스 체결을 하는 등 협상력이 강화되고, 특허괴물의 특허 장벽을 공동으로 이용하거나 그 '특허 풀patent pool'을 합리적인 비용에 이용할 수 있게 된다. 특허 분쟁에 쓰일 비용은 다시 R&D 투자비용으로 전환되어 기업가치가 증대되는 선순환의 고리가 형성될 수 있을 것

92 뉴스핌, 〈엠벤처투자 등 벤처캐피탈, 핀테크 투자 길 열린다, 중기청, 4월 1일 시행 목표로 법 개정〉. (2015. 03. 13).

이다. 기업가치가 증대되면 정부의 지원이 없더라도 기관투자가나 창업투자회사들의 투자가 용이해지고, 규모가 일정 이상 커지면 국내외 증권회사에 기업공개를 해 기업의 규모를 키울 수 있다. 창업에 성공한 기업주는 다시 엔젤투자자가 되어 새로운 핀테크 창조기업들을 지원하게 될 것이다.

아이언맨도 어쩔 수 없는 개인정보보호 규제

중국의 지방자치정부인 항저우시는 전자거래업체인 알리바바를 적극적으로 지원해 중앙정부가 알리바바를 민영은행 시범 사업자로 선정하도록 했다. 알리바바 이용자들은 이제 중국뿐 아니라 우리나라 명동의 일반 상점들에서 알리페이를 이용한 결제를 이용할 수 있다. 반면 우리나라의 이용자들은 복잡한 본인인증 절차, 금융 정보 및 개인정보보호를 위해 매번 신용카드 번호를 입력해야 하는 불편함 등과 복잡한 유통마진 구조 등의 이유로 해외 직접 구매를 하고 있다.

IoT 시대에는 애플사의 애플워치 등이 심박동 정보를 수집하거나, 리서치킷과 같은 전자기기 또는 앱이 다양한 센서와 파킨슨병 진단 기능 등을 갖추고 네트워크와 연결되어 건강 정보, 생체 정보 등 민감 정보와 위치 정보 등 개인정보를 처리하게 된다. 마이크로소프트의 애저Azure와 같이 클라우드 서비스 회사가 EU의 개인정보보호 인증을 받거나 ISO 개인정보보호 규격 승인을 받는 등 클라우드 서비스를 통한 개인정보 유통도 늘어나게 된다. 클라우드 서비스를 받는 이용자는 자신의 물리적 위치와 다른 나라의 클라우드 서버에서 자신의 정보가 유통될 수 있다는 것을 염두해둬야 한다.

개인정보보호를 위한 규제, 무엇이 문제일까

한편 우리나라의 개인정보보호 관련 규제 수범자는 크게 정보통신망법의 규제를 받는 영리 목적 정보통신 서비스 제공자들과 신용정보보호법 개정안의 규제를 받을 금융회사, 그리고 개인정보보호법의 규제를 받는 기타로 나눠볼 수 있다. 규제 수준을 기준으로는 정보통신망법상 규제와 개인정보보호법 내지 신용정보보호법 개정안으로 나뉘고, 후자는 신용정보 등 개인정보의 전 생명주기, 즉 수집부터 파기까지 개인정보 주체의 개별적·구체적인 사전동의, 수집목적 외 이용 금지 등 규제를 준수할 의무를 부과하고, 법령을 위반할 경우 형사처벌, 행정처벌, 민사구제를 규정하고 있다. 우리나라의 개인정보보호 체계는 EU의 강한 규제 법령과 비교해볼 때에도 상대적으로 더 강한 규제에 둘러싸여 있다.

오프라인 거래업체는 NFC 카드를 결제단말기에 근접시키거나 마그네틱 카드의 자기장을 발생시켜 간편하게 거래를 하는데, 전자거래업체는 간편 결제라고 하면서, 결제를 할 때마다 개인정보 처리방침에 일일이 이용자 동의를 받아야 한다면 소비자의 편의성 측면에서도 실효성이 떨어질 것이다. 일반 전자거래업체의 입장에서도 역시 빅데이터를 활용해 거래 취소율에 따른 블랙 컨슈머 명단 등 개인정보의 이용이 필요하므로, 다양한 수집 목적에 따른 사전동의를 받아야 하는데 가령 중국인 관광객들이 복잡한 이용 방법에 거부감을 가지게 된다면 어떻게 될까. 중국인들은 당연히 자국의 편리한 알리바바의 알리페이 서비스를 이용하게 될 것이다. 개인정보보호 규제가 소비자들의 보호를 위한 것이 아니라 서비스의 이용 편의성을 떨어뜨리고, 전자거래의 장점을 없애는 방식으로 작동한다면 개선해야 할 것이다.

마블 엔터테인먼트가 제작한 영화 〈아이언맨 Iron Man〉에는 주인공이 빌딩에서 추락할 때 구조하러 온 슈트의 헬멧 스크린에 뜬 윈도 오류 메시지 때문에 결국 추락한다. 만일 영화 속 주인공 아이언맨이 우리나라의 개인정보보호 규제를 받는다면 개인정보를 수집하고 이용할 때마다 개인정보 처리방침에 동의해야 하므로, 적과 싸우기도 전에 추락하고 말 것이다. 테슬라의 전기자동차나 2020년에 출시될 애플의 애플카, 하물며 구글의 무인 자동차 운전 도중 사고를 당할 위기에서 화면에 나타난 개인정보 처리방침에 동의를 해야 한다면 어떻게 할 것인가. IoT 기기를 활용할 때 생명을 위협하는 안전사고가 날 수 있는 상황에서는 개인정보 이용 동의를 받는 것이 가능하지 않을 것이다.

물론 기존의 규제는 과거 제정 당시의 상황에서 개인정보보호를 강화하기 위해 필요했을 수 있다. 그러나 정작 이용자들은 이용하는 서비스마다 반복되는 복잡하고 다양한 고지사항과 개별 동의 창에 둔감하게 반응하고, 내용을 읽어보지도 않은 채 '전체 동의'를 클릭하고 있다. 최근 음성으로 조작하는 리모컨, TV의 스마트 기능 등만 봐도 쉽게 상상할 수 있듯이, IoT 시대의 진화와 함께 구체적·개별적

동의를 받아야 할 정보도 확대될 것이다. 규제의 한편에는 소비자가 이해하기 쉬운 개인정보 처리방침의 작성이 필요하고, 또 다른 규제의 한편에서는 점점 더 구체적이고 기술적인 개인정보 수집 및 이용목적의 다양화가 필요한 상황이다. 결국 이대로 가면 개인정보보호 주체인 개인도 그 처리자인 기업도 모두 패자만 존재하는 구조로 가고 말 것이다.

또한 일부의 개인정보 민감 소비자들은 보다 구체적이고 개별적인 필수 개인정보의 이용 고지와 동의 절차를 바랄 수 있겠으나, 고령자 등 정보사회 소외계층은 물론 대개의 일반인들은 넘쳐나는 개인정보 동의에 둔감해질 수밖에 없어 개인정보보호의 양극화가 문제될 수도 있다. 글로벌 IT 기업들과 치열한 경쟁에 놓여 있는 기업 입장에서도 복잡한 개인정보보호 관련 법령을 준수해야 하므로, 서비스의 편의성이 나빠져 경쟁력이 약화될 수밖에 없다.

개인정보보호 규제 패러다임의 전환이 필요하다

전자거래업체는 영리 목적 정보통신 서비스 제공자로서 정보통신망법상 개인정보보호 규제를 받고, 개인 금융신용정보 등 개인정보를 다루게 되므로 개인정보보호법 및 개정 신용정보보호법의 개인정보보호 규제까지도 적용받을 수 있다. 해외 경쟁업체와 경쟁해야 하는 우리 전자거래 기업은 국내 소비자는 물론 해외 소비자들로부터도 외면받게 될 것이다.

IoT 시대의 개인정보보호 규제의 패러다임은 〈그림 42〉와 같은 세 가지 측면에서 전환이 이뤄져야 한다. 요약하면 ①개인(동의) 책임형으로부터 국가 후견형으로, ②사전 규제형에서 민원 처리형으로, ③형사 책임형에서 시정 명령형으로 전환되어야 한다.

구체적으로 첫째, 현재의 개인(동의) 책임형에서 국가 후견형으로 전환이 필요하다. 개인 책임형은 이용자의 동의가 있기만 하면 기업의 개인정보 이용에 포괄적인 면죄부를 주는 방식이다. 반면 국가 후견형은 정부와 민간기업의 협력적 지배 규제다. 국가는 기초적인 원칙을 정하고, 기업 자율로 자신들이 지켜야 할 개인정보 처리방침을 게시하며, 소비자는 이를 신뢰하고, 국가는 개인정보보호를 오남용하는 개인정보 처리방침을 작성한 기업에 사후 규제를 가하는 것이다.

둘째, 현재의 사전 규제형에서 민원 처리형 규제로 전환되어야 한다. 사전 규제형은 소비자 개인정보보호에 문제가 생기기 이전에 사전 고지와 사전 동의 제도를 갖추지 않을 경우 불법으로 처벌하는 것이다. 서비스를 제공하는 기업은 소비자들이 아무런 불만이 없어

그림 43 ··· **개인정보보호 규제 패러다임의 전환 3원칙**

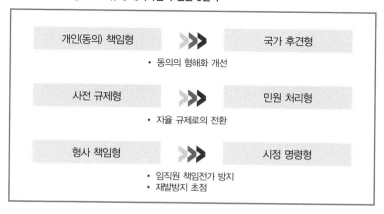

도 개인정보보호 관련 법령 위반으로 형사처벌되는 등 예측 불가능한 법률 위험을 감수해야 한다. 반면 민원 처리형이란 기업에 대해 개인정보보호와 관련한 민원이 제기되기 전까지는 정부가 나서지 않고 관찰하고, 민원이 발생하면 소비자를 보호하기 위한 대응조치를 규범화하는 것을 말한다.

셋째, 현재의 형사 책임형에서 시정 명령형으로 전환해야 한다. 현재의 형사 책임형은 기업보다는 개인정보보호책임자 등 실무 임직원만 처벌되어, 해당 임직원의 개인 불법행위로 처리될 뿐 법인이 근본적인 개인정보보호 정책을 수정하는 계기가 되진 못한다. 나아가 현재의 형사 책임형 규제는 사소한 불법행위도 이용자의 고소, 고발이 있으면 경찰 등 수사기관이 개입해야 하고, 문제를 해결하기 위한 합리적 대응조치는 개인정보보호 당국이 처리해야 하는 선행 처벌, 후행 조치의 순으로 이뤄지는 문제가 있다.

반면 시정 명령형이란 개인정보 유출 등 사고 발생 시 또는 민원이 생겼을 때 개인정보보호 당국이 조직과 인력을 보강할 수 있고, 시정명령을 통해 합리적인 해결을 꾀하는 방식이다. 그리고 현저한 위반 행위에 대해서만 대표자를 형사고발하도록 해 형벌의 최후 보충성 요건을 충족시키는 방식이다. 시정 명령형의 장점은 기업의 담당자에 대한 형사처벌 위험을 낮추고, 법인에 대해 시정명령 준수 의무를 부과하고, 현저한 위반 시에는 법인의 형사처벌을 가능하게 해, 법인이 법규 준수에 더욱 관심을 갖게 된다는 것이다.

IoT 등 현재의 기술 수준에 비춰볼 때, 현재의 개인정보보호 법령은 시대에 뒤처진 비효율적 제도라는 점에서 공감의 폭이 넓어지고 있다. 형사 책임형인 우리 개인정보보호 제도는 개인정보의 정의 폭이 지나치게 넓으며 시장의 수요가 급증하고 있는 빅데이터의 처리를 어렵게 하고 있다. 즉 개인식별이 가능한 정보를 모두 개인정보로 판단하기 때문에 개별적·구체적인 동의가 없으면 빅데이터의 수집 및 이용이 힘들다. 이러한 모순점을 해결하기 위해서는 개인정보보호 규제에서 형사처벌법 조항을 대폭 완화해 시정 명령형 구조로 변경해야 한다. 또는 EU 및 일본의 개인정보 식별 가능성에 관한 정의와 같이 한정적인 경우에만 개인정보로 규제하는 식으로 개인정보의 정의를 조정할 필요가 있다.

개인정보보호 규제는 서비스 제공자가 소비자의 편의성과 효용을 위해 그 개인정보를 이용하고, 합리적인 범위 내에서 상업적 용도로도 사용하는 것을 허용할 때 비로소 개인정보 주체와 개인정보 처리자의 이해관계의 조화를 꾀할 수 있을 것이다. 소비자 스스로 편리하게 생각해 이용하는 서비스를 해당 소비자 개인의 의사를 묻지 않고 기업의 개인정보 이용을 불법화하는 제도가 과연 개인정보보호 규제의 목적에 맞는 것인지 재검토할 필요가 있다. 해외 글로벌 기업과 경쟁하는 국내 서비스 기업들이 경쟁에서 밀려날 때, 결국 개인정보보호 규제는 후퇴할 수밖에 없을 것이기 때문이다.

전통과 혁신의 법률 전쟁, 진정한 승자는?

O2O가 등장한 뒤 전통산업의 보호라는 가치와 신기술을 통한 새로

운 사업의 장려라는 가치가 충돌하고 있다. 그러나 그 본질을 자세히 살펴보면 이는 새롭게 등장한 갈등이 아니다. 인터넷 초창기 '소리바다' 논란부터 최근 '우버Uber 사태'까지, 인터넷이 확산되면서 기술의 혁신으로 무장한 신흥경제와 전통경제 주체 간 초국가적 갈등이 그 본질이라고 할 수 있다. 특히 이러한 갈등은 숙박이나 운수, 의료산업과 같이 인·허가산업에 있어 더욱 첨예한 형태로 표출된다. 그 대표적인 사례가 바로 금융과 핀테크산업의 갈등이다. IoT는 이러한 O2O와 함께 초연결사회인 미래 시대를 특징짓는 현상이다. 우버 택시나 핀테크산업이 처음 등장했을 때 우리가 궁금했던 것은 이들 사업의 시행이 기존의 법령에 반하는지 여부였다. 여객자동차운수사업법을 위반하지는 않는지, 전자금융거래법을 위반하지는 않는지 말이다.

그러나 새로운 기술에 대해 오래된 법을 적용하는 것은 골프채로 야구하는 격과 다름이 없다. 오래된 법을 통해 새로운 기술을 규제한다면 새로운 산업은 투자 부진 등의 원인으로 그 생태계가 구축되지 않을 것이다. 또한 그에 따라 해외 진출이 늦을 뿐만 아니라 해외 업체와의 경쟁에서도 밀리게 될 것이다. 새로운 기술에 대한 특허도 확보할 수 없게 되어 글로벌 특허괴물에 의한 특허 전쟁이 발생할 수 있는 가능성도 배제할 수 없다. 기술의 발전에 따라 드러나는 충돌적 현상을 선제적으로 간섭하거나 규제하는 것은 문제가 있다고 본다. 그보다는 기득권층과의 충돌 과정에서 발생하는 부정적 측면을 충분히 경험하고, 사회가 자율적으로 해결할 수 있도록 인내해 자율적 조정이 작동하지 않음이 명백해질 때 국회나 정부가 조정자 역할을 하는 방향으로 법 정책이 운영되어야 한다.

해외 인터넷 서비스로의 망명

최근 모바일 기기의 강세가 이어지면서 해외 인터넷 서비스 기업들의 시장점유율이 점점 증가하고 있다. 국내 규제는 해외 인터넷 서비스 기업에게는 적용하기 어려운 부분이 많기 때문에 규제의 역차별 문제도 발생한다. 이메일 망명부터 시작해 SNS 망명, 클라우드 서비스 망명이라는 용어도 등장하듯이 해외 인터넷 서비스를 이용해 국내 규제를 피하는 현상도 발생하고 있다. 해외 인터넷 서비스를 이용하면 정보가 해외에 저장되므로 물리적으로 국내에는 정보가 비게 되는 정보공동화 현상이 일어나게 된다. 동해 바다를 통해 전 세계 인터넷과 연결되는 우리 기간통신망이 새로운 안보 취약점으로 변해가고 있다. 해외에 민간의 주요 정보가 산재하며 인터넷 기업 경쟁에서 패퇴하고 있는 현 상황인 것이다. 이런 상황에서 자국의 정보 주권을 어떻게 지킬 수 있을까. 국내 인터넷 서비스 기업이 글로벌 회사들과 경쟁해 이겨내지 않으면 안 되는 이유가 여기에 있다.

어떤 기업이 회사 업무를 수행하게 해주는 그룹웨어를 클라우드 방식으로 제공하는 해외 서비스 기업을 이용할 경우 해당 기업의 모든 정보는 해외에 저장된다. 만일 해당국이 자국에 저장되는 정보에 대해 관할권을 행사하고 그 내용을 들여다보게 된다면 영업 비밀의 유출도 발생하게 된다. 자체 데이터 센터^{IDC}를 보유하기에는 재력이 약한 중소기업은 인터넷이 중단 없이 제공되는 것에 회사의 명운이 좌우되게 된다. 인터넷 서비스의 경우 몇몇 글로벌 기업들이 시장을 지배하고 있는 승자독식의 현상이 강하게 나타나는 영역이다. 인터넷 역기능, 청소년 보호, 개인정보보호와 같은 국내 이슈들을 따라 규제를 증폭시켜온 결과 2000년대 이후 창업한 인터넷 기업 중에 글로벌 기업으로 성장한 사례가 하나도 없다(카카오의 경우 다음이 카카오를 인수 합병한 사례다).

정보공동화 현상을 가져온 국내 인터넷 서비스 기업의 패배 이유는 다양한 원인을 거론할 수 있으나 무엇보다 지난 20년 동안 정부가 강화시켜온 각종 미시적 규제가 그 주된 원인이라고 본다. 2014년 국내 최대 모바일 메신저 카카오톡의 감청영장집행 협조에 반발해 해외 망명이 발생했고, 국내 이메일업체들을 이탈해 해외 이메일 계정을 이용하는 현상도 생겨났다. 이는 우리나라의 합리적 법 집행 기대가 낮아졌기 때문에 발생한 것이다.

또한 다단계 하청구조로 인한 소프트웨어 인력 홀대가 낳은 공대 기피 현상은 우리나라 소프트웨어산업의 침체를 초래했으며, 결국 1990년대 창업한 포털 사이트 몇 빼고는 쓸 만한 인터넷 서비스가 별로 없는 상황에 이른 것이다.

2015년 초 발생한 우버 형사처벌 사태를 돌아보자. 이용자가 모바일 기기를 이용해 쉽게 자가용 택시를 호출할 수 있고, 현재 어디쯤 오고 있는지 위치를 확인할 수 있으며, 미리 입력된 신용카드 정보로 결제가 용이하게 이뤄지는 우버는 그 편리성 때문에 급속도로 이용자를 늘려갔다. 그러나 서울시와 국토교통부는 우버가 운수사업법, 위치정보법 등 국내 규제를 위반했다고 해 압박하고 검찰은 우버 본사 사장을 기소함으로써 우버의 영업 중단을 이끌어냈다. 수조 원의 투자를 유치하고 전 세계에서 맹위를 떨치는 세계적인 업체도 한국의 강한 규제 앞에서는 두 손을 들고 만 것이다.

오프라인 시장의 온라인화

O2O는 온라인시장을 장악한 인터넷 서비스 거인들이 오프라인 시장의 온라인화를 주도하는 현상이다. 모바일 인터넷 시대를 맞아 세계 각지의 음악, 출판, 언론, 게임, 방송 서비스산업을 장악해나가는 온라인 서비스 기업들은 이제 전통적인 오프라인산업인 운수, 금융, 자동차, 의료산업에 진출하고 있다. 우리나라도 모바일 시대가 열린 이상 이 물결을 피할 수는 없다.

국내 스타트업 기업들이 규제에 묶여 오프라인 기업들에게 고전하고 있을 때 해외에서는 적극적인 규제 혁신으로 새로운 서비스 시장을 만들어 성장시켜가고 있다. 글로벌 강자들은 선순환의 고리를 형성해 스타트업들의 투자자가 되고, 투자를 받은 스타트업 기업들은 주식의 시장공개를 통해 기술 투자 여력을 확보하며, 다시 이들 기업의 창업주들은 새로운 스타트업 기업들에 대한 엔젤투자자가 된다. 미국 정부는 6개월 만에 증권거래소 규정을 새로 만들어 렌딩클럽과 같은 P2P 대출 기업을 양성화하고, 우버 등 새로운 운송 서비스업체들과 협력해 항공운송 서비스 영역까지 진출하게 하는 등 기존 전통적 산업시장을 온라인 서비스 시장으로 성장시켜나가고 있다. 그 결과는 미국 기업들의 세계시장 장악으로 나타나고 있다. 2008년 실업률 10% 돌파로 큰 경제위기를 겪은 미국은 이제 고용률이 증가해 이자율 상승을 고려하고 있을 정도로 전 세계의 돈을 긁어모으고 있다.

전 세계를 뒤덮은 O2O의 물결

우리나라의 금융회사들은 강한 규제의 온실 속에서 키워져 왔다. 핀테크는 소비자가 국경을 넘어 금융 서비스 공급자를 선택할 수 있게 한다. 한국의 대출 희망자가 페이스북 계정 이용 실적을 바탕으로 인맥 정보 등 소셜 스코어링에서 높은 점수를 받아 미국의 렌딩클럽 등 P2P업체로부터 10만 달러를 대출받는 데 성공한다고 가정해보자. 그는 다시 이 돈을 비트코인과 같은 디지털 화폐로 환전해 한국에서 소비하거나 영국의 트랜스퍼와이즈와 같은 국제송금 서비스업체를 이용해 국내 화폐로 소비할 수 있다. 이자와 원금은 그 반대 방법으로 상환한다. 중국 관광객들은 서울의 명동에서 중국 알리바바가 제공하는 간편 결제 서비스인 알리페이를 이용해 상품을 구입하고 결제한다. 한국의 결제대행업체들은 중국 관광객들의 소비에 따른 수익을 전혀 누리지 못한다.

이제 금융 소비자가 은행을 바꾸고, 국경 없는 대출을 할 수 있는 시대가 온 것이다. 최근 금융위원회는 IT가 가져올 국내 금융산업의 경쟁 약화를 간파하고 급히 핀테크 지원에 나섰다. 그러나 정부 수립 이후 여신, 수신, 투자중개, 보험 등 각 금융산업에서 그물망처럼 발전시켜온 수많은 규제들을 일거에 풀어내기란 여간 어려운 일이 아니다. 기존에 인허가를 받아 사업하고 있는 금융회사들의 기득권을 보호해야 하는 상황도 문제다. 수많은 IT업체들을 새로운 금융회사로 받아들이는 상황에서 신구 업체들 간 발생하는 갈등을 어떻게 조정할 것인가.

O2O의 물결은 전 세계를 뒤덮고 있다. 이러한 시대에 정보 쇄국을 할 것인가, 아니면 규제 혁신을 통해 글로벌 경쟁력을 갖춘 인터넷 서비스 기업들을 양성해나갈 것인가. 이는 궁극적으로 우리나라 국민들의 소중한 정보가 우리나라에 남을 것인가, 해외로 빠져나가게 될 것인가라는 정보주권의 문제와 연결돼 있다. 병인양요 때 프랑스에게 빼앗긴 외규장각 의궤를 돌려받는 데 150년이 걸렸지만, 글로벌 강대국의 기술 우위를 기반으로 한 공습에 밀려 정보주권을 잃게 되면 다시 회복할 방법이 없다.

하드웨어 크라우드 펀딩, 투자인가 기부인가

—

벤처기업 창업 초기에는 종잣돈으로 기업을 경영하고 은행 등 금융권으로부터 자금을 융통할 수 있지만 본격적인 기술개발, 생산, 그리고 마케팅 단계에 들어서면 수억에서 수십 억 원의 비용이 필요하다. 기술개발에 성공했다 하더라도 사업화 단계에 이르기 전까지, 필요 자금 대비 가용자금이 부족한 시기를 '데스밸리Death Valley'라 부른다. 신생·벤처기업이 데스밸리를 쉽게 통과하는 방법 중의 하나는 하드웨어 스타트업을 지원하는 크라우드 펀딩이다. 기술력과 아이디어는 있으나 이를 실제 제품화할 수 있는 자금력이 부족한 중소업체가 이러한 크라우드 펀딩을 통해 유용한 도움을 받을 수 있다.

하드웨어 스타트업을 지원하는 크라우드 펀딩 중 대표적인 것이 미국의 킥스타터다. 킥스타터는 '지원을 통해 창조의 후원자가 되어라Fund and Follow Creativity'는 철학을 바탕으로 2009년 설립돼 음악, 영화, 예술, 기술, 디자인, 출판 및 창조적 아이디어가 필요한 프로젝트에 크라우드 펀딩을 통해 자금을 중개하는 역할을 담당한다. 킥스타터는 목표 금액이 100% 도달했을 때 해당 프로젝트에 자금을 지원하고, 목표 금액에 미달했을 경우 모든 금액을 후원자에게 환급해주는 'All-Or-Nothing' 펀딩 모델을 기반으로 하고 있다. 킥스타터에서 이뤄졌던 크라우드 펀딩 프로젝트 중 가장 대표적인 것은 스마트시계인 '페블타임 Pebble Time'에 대한 펀딩이다. 페블타임 펀딩에 총 68,929명이 참여했으며 초기 목표였던 10만 달러를 훨씬 초과해 1,026만 6,845달러를 펀딩하는 데 성공했다. 이러한 하드웨어 스타트업에 대한 크라우드 펀딩 성공은 크라우드 펀딩에 대한 인식 확대로 이어졌다.

크라우드 펀딩을 어떻게 규율할 것인가

현재 국내 크라우드 펀딩의 경우 지분투자형, 대출형, 기부 및 후원형 모두 합쳐 약 20~30여 개가 존재하지만 법령상 규제가 많아 아직 갈 길이 멀다. 한편 하드웨어 스타트업에 대한 크라우드 펀딩은 위 어느 유형에 해당한다고 보기 어려운바, 그 법적 성질이 논란의 대상이다. 이를 대금을 지급하고 완성된 물품을 수령하는 민법상 매매계약(민법 제563조)으로 볼 경우, 프로젝트가 실패하거나 중단될 때 투자자는 채무불이행에 따른 계약의 해제 또는 해지가 가능해 대량

환불 사태가 발생할 우려가 높다. 또한 유사수신행위법은 법령에 따른 인허가를 받지 아니하거나 등록·신고 등을 하지 아니하고 불특정 다수인으로부터 자금을 조달하는 것을 업業으로 하는 행위로서, 장래에 출자금의 전액 또는 이를 초과하는 금액을 지급할 것을 약정하고 출자금을 받는 행위를 유사수신행위로 규정해 이를 금지하고 있다(유사수신행위법 제3조). 그러므로 투자자가 특정 프로젝트에 일정한 금원을 투자하고, 하드웨어 스타트업 크라우드 펀딩이 원금을 보장해준다고 한다면 유사수신행위에 해당해 형사처벌을 받을 가능성도 있다. 하드웨어 스타트업에 대한 크라우드 펀딩의 법적 성질을 투자로 본다면 자본시장법의 규제를 받게 된다. 지분투자형 크라우드 펀딩은 거의 대부분 자본시장법상 지분증권 또는 투자계약증권Investment contract에 해당되어 자본시장법의 규제 대상이 된다. 하드웨어 스타트업 크라우드 펀딩을 단순히 기부 행위로 본다고 하더라도, 1천만 원 이상 자금을 모집하는 경우 기부금품법에 의한 모집등록이 필요하고, 위 법상 규정하고 있는 사업 종류를 벗어나는 목적으로 모집하는 경우 형사처벌의 대상이 된다는 점에 문제가 있다.

미국의 경우 이미 2012년 3월 'JOBS법'을 통해 크라우드 펀딩에 대한 규율을 시작했다. 우선 크라우드 펀딩 자체를 합법화했다. 지분형 크라우드 펀딩에 대해서는 JOBS법을 통해 규율하고, 대출형 크라우드 펀딩에 대해서는 지분형과 유사하게 사업구조를 유도해 감독하고 있다. 영국의 경우 2006년도 세계최초 P2P 대출업체인 조파가 출현한 이후 관망하는 입장을 취하다가, 2014년 4월 영국금융감독청FCA을 통해 크라우드 펀딩에 대한 감독 규정을 제정했다. 위

규정은 미국의 'JOBS법'과 같이 크라우드 펀딩을 육성 및 지원하면서도 투자자들은 순투자가능자산의 10%까지만 투자할 수 있고, 발행인은 투자의 위험성을 명확하게 고지하는 등 투자자 보호에 중점을 두고 있다.

크라우드 펀딩법

우리나라도 크라우드 펀딩에 대한 수요 증가라는 세계적 추세에 발맞춰 자본시장법 일부개정법률안(이른바 '크라우드 펀딩법')을 국회에서 논의 중이다. 크라우드 펀딩이 신생 기업에 대한 혁신적인 자금조달 수단이 되고 있어 창업·벤처 생태계 활성화에 핵심 역할을 하고 있음을 인정하면서, 이를 뒷받침할 수 있도록 법적 근거를 마련하고자 하는 것이다. '크라우드 펀딩법'은 온라인을 통한 소액의 증권공모를 가능하게 해 크라우드 펀딩이 창업·벤처 기업들의 실질적인 자금조달 수단으로 활용될 수 있도록 하고 있다. 개별 기업은 온라인으로 연간 7억 원까지 모집할 수 있고 개별 기업에 대한 투자한도는 투자자 기준으로 500만 원(동일 기업은 200만 원)으로 제한한다. 그러면서 개인의 연간 투자 규모는 제한을 두지 않아 개인 투자자가 손쉽게 분산투자할 수 있도록 하는 한편, 공시규제 완화에 따라 투자자가 선의의 피해를 보지 않도록 발행인의 정보를 게재하도록 하고 광고 행위를 제한해, 온라인소액투자 중개업자가 중립성을 유지하고 발행인에게 배상책임을 부여하는 것 등을 주요 내용으로 하고 있다.

　창업·벤처 생태계를 활성화시키기 위해서는 하드웨어 스타트업에 대한 크라우드 펀딩이 가능하도록 관련 법령을 개정해 투자자들의 관심을 이끌어내야 할 것이다. 우선 하드웨어 스타트업 프로젝트에 대해 투자를 받는 것의 법적 성질을 명확히 해 장래 발생할 법률상 문제에 대비해야 한다. 미국의 킥스타터나 국내의 와디즈^{Wadiz}의 경우 '구매'라는 표현을 사용하고 있어 일견 그 법적 성질이 매매계약인 것으로 보이나, 앞서 언급한 대로 법적 성질의 불명확성은 그래도 남아 법적 안정성을 떨어뜨려 산업발전의 걸림돌이 될 수 있다. 당사자 모두에게 그것이 명확하도록 제도 정비가 요구된다.

마지막으로 이러한 유형의 크라우드 펀딩과 이를 통한 중소산업을 육성하기 위해서는 하드웨어 스타트업 크라우드 펀딩 플랫폼 사업자의 법적 책임 제한이 필요하다. 프로젝트의 내용이 현행 법령에 반하는 것이 명백하거나, 해당 프로젝트에 의해 피해받은 투자자의 신고가 있음에도 이를 방조한 경우를 제외하고는, 크라우드 펀딩 플랫폼 사업자의 민형사상 책임을 면제함으로써 사업적 안정성과 예측 가능성을 부여하는 것이 필요하다. 핀테크산업의 한 분야로서 하드웨어 크라우드 펀딩을 육성하고 이를 통해 관련 중소산업을 육성하기 위해서는 과거의 막힌 규제 틀이 아닌 새로운 열린 관점의 접근이 요구된다.

규제 철폐에 발 벗고 나선 중국

—

글로벌 시장에서 중국의 ICT 기업들이 급격히 부상하고 있다. 2004

년 시작한 알리페이는 2014년 9월 기업공개를 통해 약 218억 달러(약 23조 9,800억 원)를 조달해 미국 정보통신업종 IPO의 최고 기록인 페이스북의 160억 달러(약 17조 6천 억 원)를 넘어서면서 주목을 받았다.[93] 또한 이른바 '대륙의 실수'라는 별명을 가진 스마트폰 제조업체 샤오미는 삼성전자를 제치고 2014년 3분기 중국 내 스마트폰 시장점유율 1위를 차지하더니, 최근에는 출시 제품을 다변화해 국내에서도 소위 '가성비(가격 대비 성능 비율) 최고'의 제품으로 알려지며 인기몰이를 하고 있다.

초창기 샤오미는 스마트폰 보조 배터리, 고품질 이어폰 등 스마트폰 액세서리 제품 위주로 인기를 끌었으나, 요즘은 에어컨 등 일반 가전제품의 영역까지 진출하고 있다. 뿐만 아니라 검색 서비스업체인 바이두, 메신저와 게임 서비스업체인 텐센트 역시 각각 검색과 메신저 서비스 플랫폼에 기반해 사업 영역을 확장하고 있다.

우리나라는 핀테크산업이 복잡한 정부 규제 등으로 인해 인터넷 전문은행이나 간편 결제 서비스 등 O2O의 발전이 지체되고 있음에 반해 중국 대표 3개 인터넷업체인 알리바바, 바이두, 텐센트는 정부로부터 지급결제 플랫폼 내지 인터넷 전문은행 설립 허가를 받는 등 O2O 영역으로 사업을 급격히 확장시키고 있다. 뿐만 아니라 최근 중국에서는 알리바바의 마윈, 샤오미의 레이쥔 등 혁신적 창업자를 일컫는 '촹커創客' 열풍이 불면서 창업기업들에 투자하는 엔젤투자도 급증하고 있다. 중국 당국도 스타트업 창업에 적극 지원하기

---

93 한국인터넷진흥원, 〈중국 ICT 기업동향분석 및 시사점〉. (2015).

시작하면서 2015년 상반기에만 엔젤투자가 7억 달러를 넘어섰다고 한다.[94]

우리나라는 온라인 기업이 일방적으로 오프라인 시장에 진출해 전통산업과 갈등을 일으키면서 사업 영역을 확장하는 형태의 O2O 현상이 지배적이다. 이와 달리 중국에서는 오프라인 기업과 온라인 기업이 합작 법인을 세우는 형태도 등장하고 있다. 중국 대형 유통 전문업체 완다 그룹과 중국 최대 인터넷 사업자인 텐센트와 바이두가 연합해 E-커머스 기업을 공동으로 설립했다. 3사는 완다 그룹의 오프라인 유통 사업 기반을 바탕으로 텐센트와 바이두의 인터넷 서비스 기술력을 결합해 새로운 소비 모델을 창조하고자 총 50억 위안(약 8,580억 원)을 투자하고, 텐센트의 텐페이 등을 완다 E-커머스의 서비스에 연계할 예정이라고 한다. 알리바바 역시 2014년 중국 내 36개의 백화점 등을 운영 중인 인타임 유통그룹Intime Retail Group의 지분 매입에 6억 9,200만 달러(약 7,300억 원)를 투자하는 등 오프라인 유통 업계로까지 사업 영역을 확장하고 있다.[95]

이러한 스타트업 열풍 현상에 따라 중국의 O2O는 연평균 60%의 성장세를 기록하고 있고, 과거 낮은 품질의 제품을 생산하는 것으로 알려진 중국 기업의 이미지에서 벗어나 소비자들의 만족도 평가에서 가격 대비 성능이 우수한 제품으로 변신하고 있다.

---

94 아주경제, 〈마윈의 후예를 키우자, 중국 올 상반기 엔젤투자 급증〉, (2015. 08).
95 한국인터넷진흥원, 〈중국 바이두-텐센트-완다그룹, e-커머스 시장 영향력 확대 위한 O2O 사업 제휴〉.

중국 그리고 우리나라의 스타트업 창업 환경

중국의 스타트업 열풍 현상의 원인에는 알리바바의 마윈 등 성공한 창업자들에 의한 창업 문화 조성도 있지만, 그 밑바탕에는 중국 당국의 기존 법 규제 철폐, 신사업 분야에 신규 법 규제 도입의 최소화 등 정부 차원의 선도적 창업 환경 지원도 큰 힘이 되는 것으로 분석된다. 중국 국무원은 2014년 2월 '등록자본등기제도 개혁안'을 통해 최소 창업 자본금 요건을 철폐했다. 그리고 2015년 1월 총 400억 위안(약 7조 원) 규모의 '국가신흥산업 창업투자 촉진기금'을 통해 차세대 ICT, 환경, 바이오 등 신흥산업 분야의 스타트업을 지원하고 있다. 또한 '대중 혁신창업 장려정책'을 내세워 대중 창업 공간 확대, 창업 진입문턱 낮추기, 과학기술 인력과 대학생의 창업 장려, 혁신창업에 대한 공공서비스 지원 확대, 엔젤투자 등 자금조달 시스템 개선, 창업 행사 활성화 및 문화 조성 등을 통해 스타트업 생태계 조성에 집중하고 있다.[96]

중국은 중앙정부 차원뿐 아니라 지방정부 차원에서도 스타트업 창업을 지원하고 있다. 베이징시는 2009년 중관춘 전자거리를 '국가 자주혁신시범구'로 지정하면서 정책적인 지원과 자금을 집중시켰다. 중관춘에서는 혁신 인재로 인정받을 경우 100만 위안의 장려금을 지급하고, 창업투자 자금을 보조·지원하며 일부 기업에 대해 세금도 감면해주는 등 여러 지원을 하고 있다. 레노버·바이두 등이 중관춘에서 창업한 대표적인 기업이고, 바이두·샤오미 역시 중관춘

---

96 대외경제정책연구원, 〈중국 주요지역의 ICT 창업환경 분석〉. (2015. 07).

에서 창업해 급성장했다.

텐센트, 화웨이, ZTE가 창업한 선전시는 대학 및 공공 연구기관과의 합작 운영 등을 통해 스타트업 기업들의 연구개발을 적극 지원하고, 2013년 중국 도시 중 처음으로 회사 설립에 필요한 최저 자본금 제도를 폐지하고 영업허가증 발급 절차를 간소화했다.[97] 상하이시도 베이징, 선전시와 창업기업 정책이 대동소이하지만 한국과 일본 그리고 미국에서 온 해외 창업팀을 대상으로 지원프로그램을 운영한다는 특징이 있다.

중국과 달리 우리나라에서 창업하기 위해서는 넘어야 할 산이 너무 많다. 특히 핀테크 분야에서는 기존 금융산업의 진입장벽이 스타트업 창업의 걸림돌로 작용하고 있고, 그 외에도 개인정보보호법 등 개인정보 관련 법령, 전자금융거래법 등 금융 관련 법령, 대출이나 송금과 관련된 대부업법 내지 외환관리법 등 넘어야 할 규제가 많은 것이다. 서비스 기술개발보다는 법 규제를 준수하는 역량을 먼저 키워야 하는 상황이다. 아직까지도 비대면 신용카드 거래 시 본인 확인 수단이 법률에 정해진 수단만 가능하도록 되어 있는 등 핀테크 스타트업을 가로막는 규제가 엄존하고 있다. 우리나라보다 중국이 창업에 훨씬 유리하게 되자 우리나라 기업들이 중국에서 창업하는 사례도 늘고 있다. 대한무역투자진흥공사[KOTRA]도 우리 기업이 하드웨어 인프라가 우수한 중국 선전시의 민간 인큐베이팅센터 프로그

---

[97] 한국경제, 〈중국 선전은 '창업천국' … 텐센트 입사 동기 모두 스타트업 대표로〉, (2015. 04).

램을 활용해 창업에 필요한 도움을 주고 있다.

국내에서의 창업 환경 조성 개선에도 노력할 필요가 있다. 중국과 달리 우리나라의 경우 주로 창업 초기 단계(1~3년)에 대한 지원 프로그램이 집중되어 있고, 상품화 이후 마케팅·유통 단계에서의 지원은 부족한 편이다. 스타트업 기업으로서는 제품의 연구개발 후 마케팅·유통 단계로 진입하는 과정에서 수많은 법 규제라는 암초를 만난다. 핀테크 스타트업 창업을 활성화하기 위해 범국가적인 규제 개혁이 절실한 시점이다.

CHAPTER 7

핀테크,
기회는 있다

전후방 효과를 놓치지 마라

———

스마트폰은 표준화된 기기다. 스마트폰에 접속하면 세상에 알려진 거의 모든 정보를 찾을 수 있다. 스마트폰이 이끄는 21세기는 정보를 조합하고 융합하는 역량이 가장 중요하다. 스마트폰 세상에는 재화, 서비스, 상품이 모두 모여 있다. 1차산업, 2차산업, 3차산업 모두 접근 가능하다. 생산 정보가 있고, 소비 정보가 있고, 고객 데이터가 있다. 생산과 소비를 연결해 수요자와 공급자가 만나면 시장이 된다. 내 손바닥에 있는 스마트폰에서 24시간 내내 생산 공장과 소비 시장에 접근할 수 있다. 생산자가 소비자를 탐색하는 비용과 유통 비용 또한 매우 저렴하다.

중국 스마트폰 제조업체 샤오미는 스마트폰 환경에 최적화된 비즈니스를 구사하고 있다. 샤오미는 출시 3년 만에 애플, 삼성을 잇는 세계 3대 스마트폰업체로 급부상했다. 샤오미는 자체 생산공장도 없고 오프라인 영업점도 없다. 주문자 상표부착 생산방식Original Equipment Manufacturing, OEM으로 생산하는데 최저의 비용으로 최고의 품질을 조달받는다. 스마트폰업체들이 30%대의 수익을 목표로 가격을 선정하는 데 비해, 샤오미의 목표는 5%대에 불과하다. 하드웨어에서 수익을 거의 내지 않고 고품질의 스마트폰을 저가에 판매하면서 중국 소비자들을 열광시켰다. 대신 샤오미는 애플리케이션 등 소프트웨어 판매를 통해 수익을 얻는 전략을 구사한다. 하드웨어 제품으로는 거의 수익을 남기지 않고 보급하는 대신 확산된 콘텐츠 플랫폼에서 이익을 얻는 것이 궁극적인 지향점이다.

또한 샤오미는 오프라인 영업점 없이 소셜미디어를 기반으로 한 마케팅으로 시장을 평정했다. 샤오미는 광고 비용을 따로 들이지 않고 뉴미디어를 통해 직접 커뮤니케이션을 했고 쌍방향적인 마케팅에 주력했다. 마케팅·프로모션을 외주로 진행하지 않고 100명의 마케팅 직원들을 뽑아 소셜미디어에서 직접 고객과의 즉각적인 소통을 통해 제품을 설명하게 했다. 샤오미는 스마트테크Smart-tech 시대에는 정보가 수평적이고 빠르게 흐른다는 것에 주목했다. 소비자들은 더 이상 회사가 하는 말을 주의 깊게 듣지 않는다. 소비자는 스스로 경험하고 판단하길 원하고 다른 소비자가 말하는 진짜 경험담을 듣고 싶어 한다. 게다가 소비자는 생산의 주체가 되기를 원한다. 때문에 샤오미는 독자 소프트웨어인 미유아이MIUI를 개발했을 때 100만 명에게 무료로 제공해 소비자의 평가를 받았고 소비자의 경험은 입소문으로 이어졌다. 또한 제품과 서비스 개발 과정을 홈페이지에 공유하고 고객의 의견을 수렴한 개선 방향을 홈페이지에 개시하는 방식을 취했다.

스마트테크는 스마트폰에 내장된 테크놀로지가 다양한 산업을 만나 만들어내는 새로운 세상이다. 스마트테크는 '일대다一對多' 가 주류를 이루던 산업구조를 '다대다 多對多'로 전환시킨다. 만인에 의한 만인의 소비, 만인에 의한 만인의 금융, 만인에 의한 만인의 생산 모델을 만드는 것이 바로 스마트테크다.

핀테크는 금융 플랫폼 혁명이자 스마트테크의 일부이며 과도기적인 현상이다. 소비 플랫폼 혁명에서 시작한 스마트테크는 금융 플랫폼 혁명을 거쳐 생산 플랫폼 혁명으로 이어진다. 핀테크는 소비, 금융, 생산 삼위일체의 플랫폼 혁명에서 소비 혁명과 생산 혁명을 연결하는 매개이자 촉매제다.

핀테크는 다른 산업의 전후방 효과가 크다. 핀테크는 금융을 넘어 전 산업으로 확장된다. 때문에 핀테크의 기반을 단단하게 다져 빠르게 스마트테크로 전환하면 산업의 효율화를 추동할 수 있다. 비단 금융기관과 IT업계뿐 아니라 유통, 부동산, 제조업 등 전 산업에서 핀테크에 관심을 보이고 있다. 핀테크와 결합하면 생산 혁명과 소비 혁명을 촉진할 수 있기 때문이다. 일차적인 변화는 전자상거래 영역에서 일어나고 있지만 고객 정보를 확보하고 있는 신세계백화점이 직접 핀테크로 진출하거나, 네이버가 PG사가 되겠다는 등 이종 간의 융합과 업종 간의 경합이 시작되고 있다.

스마트테크의 관문인 핀테크에서 승자가 되면 전 산업에서 미래의 승기를 선점할 수 있다. 한국은 저렴한 인건비와 물량 공세로 쫓아오는 중국 때문에 괴로워하고 더 선진화로 나아가기에는 인적 물적 자원의 열세로 힘들어 하고 있다. 핀테크는 똑똑한 한국인이 적은 자원으로 세계를 재패할 수 있는 최적의 기회다. 2000년대 초반 스카이프보다 빨랐던 다이얼패드, 페이스북보다 빨랐던 싸이월드의 실패를 되새기며 발을 동동 구르기만 할 때가 아니다. 지금도 늦지 않았다. 한국인 특유의 스피드와 한 방향 DNA와 결합해 나아가자.

중소기업, 핀테크로 도약하라

핀테크로 가장 큰 수혜를 볼 수 있는 영역 중 하나는 중소기업이다. 기업을 영위하는 데 꼭 필요한 것은 아이템, 자본, 인력, 시장이다. 좋은 사업 아이템과 기술력을 가지고 기업을 운영하더라도 자본과 인력이 부족해 어려움을 겪는 소상공인과 중소기업이 태반이다. 핀테크는 비즈니스 플랫폼을 만든다. 자본, 시장, 대체 인력을 제공함으로써 중소기업의 선진화와 수익성 향상을 돕는다.

크라우드 소싱과 연결된 핀테크는 중소기업이 기존 금융기관을 거치지 않고 금융 소비자들로부터 직접 자금을 빌리거나 투자받을 수 있도록 돕는다. P2P 온라인 플랫폼은 중소기업이 자금을 조달할 수 있는 최적의 시스템이다. 투자와 대출 패키지를 이용해서 P2P IB 모델을 구현해, 양질의 기업 서비스 제공이 가능하다. 특히 중소 벤처, 소상공인에게 자금 공급을 원활히 해 IB모델을 확장할 수 있다.

앞서 살펴봤듯이 렌딩클럽은 미국의 P2P 대출을 이끌고 있다. 투자자와 대출자를 연결해주는 렌딩클럽은 현재 세계 최고의 P2P 대출 플랫폼이다. 중소기업이나 소상공인이 렌딩클럽에 사업계획서를 제출하면, 렌딩클럽은 적정 이자율을 산정하고 대부업체보다 낮은 이자로 자금을 조달할 수 있다. 렌딩클럽은 크라우드 펀딩을 통

그림 44 … **크라우드 펀딩 수용 곡선**[98]

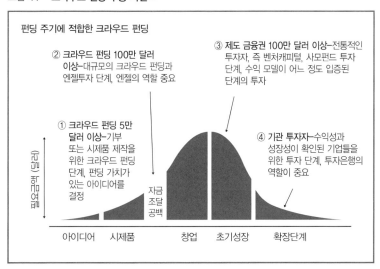

해 낮은 신용 등급자들에게 대출을 해주면서 은행 이상의 효율성을 보여준 에다.

소액자금 대출과 낮은 신용 등급 기업 및 소상공인에 대한 핀테크 서비스 제공은 현재의 금융회사 역할에 대한 강력한 보완책이 될 수 있다. 크라우드 펀딩을 통해 창업을 활성화할 수 있으며 대기업과 중소기업 간 양극화 해소에도 기여한다. 창업 초기 기업 및 소상공인 등 시장실패 영역과 금융 취약 영역에서 P2P 금융과 같은 핀테크를 우선 활용할 수 있도록 정책 우선 순위를 고려해야 한다.

또한 핀테크는 강력하고 저렴한 소프트웨어를 통해 전문화된 인력을 대체 공급한다. 중소기업도 분야별로 전문화된 인력을 채용해

---

98 The World Bank, 《Crowdfunding's Potential for the Developing World》, (2013).

기업을 운영하면 좋겠지만, 인건비가 높은 인력을 다수 채용할 만큼 여건이 되는 중소기업은 많지 않다. 또 크고 작은 경영의 어려움이 생길 때마다 컨설팅업체에서 전문적인 서비스를 받으면 좋지만 그 비용이 중소기업 입장에서는 과도하게 비쌀 때가 많다. 게다가 컨설팅은 일회성에 지나지 않는다. 역량을 내부화해서 나아갈 수 있는 좋은 방법은 아니다. 핀테크 소프트웨어업체들은 중소기업에 꼭 필요한 생산관리, 재고관리, 프로젝트관리, 급여, 세무, 환율 등의 서비스를 저렴한 가격에 제공한다. 경영의 효율성을 제고하는 애플리케이션 생태계가 만들어지면 중소기업은 내부 역량을 대기업 수준으로 강화하면서도 인건비를 절감할 수 있다. 〈월스트리트저널〉의 기사는 애플리케이션이 소상공인의 경영 환경을 얼만큼 효율화시킬 수 있는지 그 단면을 보여준다.

소기업들, '클라우드'로 날개 달다

의류 소매업체에서 레스토랑까지 미국 소기업 오너들의 클라우드 기반 소프트웨어 사용이 증가하는 추세다. 지난해 직원 수 20명 미만의 소기업이 소프트웨어에 쓴 돈은 약 630달러로 2013년의 590달러보다 7% 늘었다고 인기 세금 보고 소프트웨어인 '터보택스' 제조사 인튜이트가 밝혔다. 또한 소기업의 85%는 향후 5년간 소프트웨어에 대한 지출을 늘릴 계획이다. 최근까지만 해도 대부분의 소기업은 소프트웨어를 구입해 사내 컴퓨터에 설치해두곤 했다. 하지만 요즘 오너들은 출장이나 고객과의 미팅, 휴가지 등 어디를 가든 모바일 기기로 비즈니스 데이터에 접근하길 원한다. 바텐더로 일하다 3년 전부터 트럭에서 여성복 판매업을 시작한 크리스티나 루이즈도 그중 한 명이다.

루이즈는 월 30달러인 클라우드 기반 앱을 대여해 지불결제를 처리하고 재고를 관리한다. 지난달 트럭을 팔고 작은 가게를 얻긴 했지만, 루이즈는 뉴질랜드 소프트웨어 스타트업 벤드Vend가 개발한 이 앱 덕분에 가게와 전자상거래용으로 개설한 웹사이트 간 고객 및 판매 데이터를 통합할 수 있었다. 지난해 매출액은 20만 달러였으며 직원도 2명 고용했다.

"처음부터 클라우드 기반 앱을 사용한 게 도움이 되었어요." 루이즈는 직접 매장을 찾아오는 고객뿐 아니라 전 세계 어디에서든 인터넷 검색을 통해 고객이 생길 수 있다는 걸 알게 되었다.

팀 하몬 포레스터리서치 수석 애널리스트는 소기업들이 마지막으로 기술에 투자한 건 경제 회복세가 막 시작되던 5년 전이라고 설명한다. 하지만 당시엔 대다수가 '클라우드 기술을 받아들이길 조심스러워' 했으며 '기존 시스템을 업그레이드하는 수준에 불과' 했다. 그런데 지금은 오너들이 초기 단계인 사업을 보다 효율적으로 그리고 여러 장소에서 운영하길 원한다는 것이 달라진 점이다.

리서치·컨설팅업체 이머전트리서치Emergent Research의 스티브 킹 파트너에 따르면 현재 클라우드 기반 앱에 '완전히 적응한' 소기업은 37%다. 그는 2020년이면 이 비율이 78%에 이를 것으로 전망한다. 과거 소기업들이 클라우드 앱을 받아들이는 데 신중했던 이유 중 하나는 대기업처럼 IT팀을 따로 두고 있지 않았기 때문이다. 기술적 니즈를 오너 스스로 해결해야 했다는 의미다.

해킹을 우려하는 이들도 있다. 전미소기업협회 NSBA에 따르면 지난 5년간 소기업 675곳 가운데 절반이 비즈니스 데이터를 해킹당했다. 이런 사이버공격으로 발생한 평균 비용은 2013년 8,699달러에서 지난해 2만 750달러로 증가한 것으로 추산된다. 하몬 애널리스트는 소기업들이 기술벤더업체의 클라우드 기반 서버에 데이터를 저장하는 편이 '자체 컴퓨터 하드 드라이브'에 저장하는 것보다 안전할 수 있다는 것을 이해하게 되면 보안 우려도 자연스럽게 사라질 것으로 본다. 이어 대부분의 벤더업체들은 사내 보안 전문가를 두고 있지만 소기업 오너들은 그렇지 못하다는 점을 지적했다.

클라우드 이용이 확산되는 것을 감지한 클라우드 컴퓨팅 서비스 제공자들은 기업용 앱 제조사, 기술 기업, 심지어 은행들과도 손을 잡고 신제품 개발에 열을 올리고 있다. 벤드는 3일(현지시간) 애플과의 제휴를 발표했다. 벤드의 클라우드 기반 툴은 월 수수료 59~169달러에 노트북과 태블릿을 휴대용 계산대로 변신시켜 오너들이 판매 및 재고를 추적할 수 있게 해준다. 애플은 50만 곳 이상의 소기업을 고객으로 둔 클라우드 기반 회계 소프트웨어 제조사 제로 Xero와도 비슷한 계약을 체결했다.

캐나다 몬트리올은행BMO은 회계 소프트웨어 제조사인 프레쉬북스FreshBooks와 협력해 은행의 소기업 고객을 대상으로 송장과 타임시트(근무시간 기록표), 인터넷 지불결제 같은 비즈니스 데이터를 관리할 수 있는 클라우드 기반 툴을 제공하기로 했다. 영국 금융 소프트웨어업체 세이지Sage 역시 전 세계 고객사에게 회계·금융 툴을 제공하기 위해 지난달 샌프란시스코에 본사를 둔 글로벌 클라우드 컴퓨팅 서비스 세일즈포스닷컴과 제휴했다.

지난해 가을 인튜이트는 온라인 문서 공유 서비스 박스Box와의 제휴를 발표했다. 인튜이트의 소기업용 회계 소프트웨어 '퀵북스' 안에 문서 공유 툴을 만들기 위해서다. 마이크로소프트와 세일즈포스닷컴 역시 MS오피스용 고객관계 관리 플랫폼을 공개했다. 사티아 나델라Satya Nadella MS 최고경영자의 설명에 따르면 비즈니스 오너들이 '모바일 기기로 클라우드 서비스를 더 잘 활용하도록 하기 위한' 조치다.

SaaSSoftware as a Service로도 알려져 있는 글로벌 클라우드 기반 기업용 앱 시장 규모는 2018년경 508억 달러에 달할 전망이다. 2013년 223억 달러에서 연 18%씩 성장하는 셈이다. 반면 같은 기간 기존의 사내 전용 엔터프라이즈 소프트웨어 매출 성장률은 3.1%에 그칠 것으로 보인다.

월스트리트저널 / 앵거스 로텐Angus Loten 2015. 6. 5

핀테크의 네트워크를 활용하라

———

핀테크는 경험의 혁신이다. 더 간편하고, 더 초연결적이기를 원하는 인간의 본성에 맞게 기술은 진화하고 있다. 때문에 연결의 중심에서 경험의 혁신을 추구하는 핀테크 기업만이 적자생존의 법칙에서 살아남을 수 있다.

핀테크는 유비쿼터스로 존재해야 한다. 1988년 처음 등장한 컴퓨터 용어인 유비쿼터스는 언제 어디서나 자유롭게 네트워크에 접속할 수 있는 환경을 일컫는다. 언제 어디서나 접속할 수 있는 유비쿼터스 금융이야말로 진정한 핀테크다. 핀테크가 활성화되면 각자 생업에 열중하면서도 필요한 은행 업무를 볼 수 있고, 펀드 또는 보험 상품을 슈퍼마켓에서 물건을 사듯 쉽게 살 수 있으며, 자산관리나 대출도 복잡한 서류 없이 간편하게 처리할 수 있다.

한국 식당에서 김치찌개를 먹으면서 터키에서 시작하는 창업 기업에 버튼 하나만으로 창업 자금을 투자하고, 호주에서 잠자리에 들기 전 중국에서 등록금이 필요한 대학생에게 스마트폰 버튼 하나로 돈을 일대일로 빌려줄 수 있는 환경이 바로 금융의 유비쿼터스다. 또한 핀테크는 중소기업 회계 담당자가 클릭 한 번으로 직원들의 급여뿐 아니라 회계·세무 처리를 간편하고 완벽하게 완수하고, 개인의 실물·금융자산이 실시간으로 모니터링되어 적합한 투자의 기회를 포착하고 미래를 대비할 수 있게 한다. 모바일, 온라인, 오프라인을 넘나들며 어디에서 무엇을 하건 물 흐르듯 쉽고 편하게 금융거래가 이뤄지는 것이 유비쿼터스를 지향하는 핀테크의 미래다.

금융 소비자에게 혁신적인 편리함과 이익을 줄 수 있기 때문에 시장 수요와 산업으로서의 잠재 성장성도 엄청나다. 중국에서는 이미 발 빠르게 핀테크가 생활의 전 영역으로 파고들고 있다. 예컨대 앞서 말했듯 알리페이는 최근 상하이 제일부녀영아보건병원과 모바일 의료 서비스인 '미래의 병원' 서비스를 준비 중이다.

또 IT업체들은 교통 서비스도 출시했다. 스마트폰 가입자가 애플리케이션을 다운로드받으면 중국 35개 도시의 대중교통을 자유롭게 이용할 수 있다. 은행 등의 금융기관들은 IT업체의 수익성과 편리함을 갖춘 금융상품과 경쟁하기 위해 한편으론 신상품 개발에 뛰어들고, 또 한편으론 경쟁력 있는 IT업체와 제휴할 것으로 예상된다. 그 과정에서 우리나라보다 훨씬 빠른 금융의 IT화, 거대한 인터넷 금융기관이 출현할 것이다.

사전 예방보다 사후 관리로

앞서 강조했듯이 우리나라는 규제가 핀테크 기업의 발목을 잡아왔다. 따라서 최근 이뤄지고 있는 규제 완화가 지속될 필요가 있다. 특히 시장실패·취약 영역, 소비자 편익이 커지는 영역, 시장 확장성이 커서 시너지 효과가 큰 상품 영역, 고용 창출 효과 또는 전후방 효과가 큰 영역 우선으로 규제를 완화하는 것이 바람직하다.

핀테크의 대표적 인프라인 빅데이터의 경우 국내외 차이는 현격하다. 미국, 영국은 물론 중국까지도 거의 모든 금융권역에서 빅데

그림 45 ··· 향후 핀테크, IT금융 융합을 위한 금융정책 방향

규제의 방향성	주요 내용
규제 패러다임의 전환	• 사전 규제 최소화 • 책임 부담 명확화 • 기술 중립성 원칙 구현 • 전자금융업종 규율 재설계
오프라인 중심의 규율 재편	• 금융 분야 낡은 규제 정비 • 인터넷 전문은행 허용 검토 • 금융상품 판매채널 혁신 • 온라인 기반 크라우드 펀딩 활성화
핀테크산업 육성지원	• 핀테크 지원센터 설치 • 전자금융업 진입장벽 완화 • 전자지급수단의 이용한도 확대

이터를 다양하게 활용하는 반면 우리는 금융회사들의 빅데이터 활용에 대한 인식 부족 등으로 그렇지 못한 것이 현실이다. 예컨대 미국 자동차보험사 프로그레시브Progressive의 경우 자동차 운행기록 정보라는 빅데이터를 통해 보험 재가입 여부까지 결정하는 데 비해, 국내 보험업계에선 업무 효율 개선 정도에 활용할 뿐이다.

우리나라는 금융 보안, 금융기관 중심 그리고 사후 관리보다 사전 예방 중점 등의 정책으로 글로벌 시장의 흐름과는 괴리가 있었다. 핀테크, 모바일 금융이 발전할 수 있는 환경이 아니었던 셈이다. 예컨대 이전 '적격 PG사 세부 기준'의 경우 육성이라기보다 규제 중심이었다. PG사들이 카드 정보를 저장하려면 자본금 400억 원 이상에 자체 FDS, 재해복구센터까지 구축해야 했기 때문이다. 순부채비율도 200%(고객 예수금 제외)를 넘어서는 안 된다는 규정도 있어서, 기술력 있고 자금력이 부족한 벤처 성격의 새로운 기업은 진입이 어

려운 여건이었다고 할 수 있다.

또한 페이팔을 비롯한 PG사들은 신용카드 정보를 저장하는 방식으로 간편 결제 서비스를 제공하는 반면, 우리나라는 현실적으로 카드사 외에는 카드 정보 저장이 금지돼 있었다. 카카오페이 간편 결제 서비스를 실시 중인 LG CNS조차 적격 PG에서 제외됐었다.

그러나 최근 들어 정책 당국은 핀테크에 대해 전향적으로 바뀌고 있다. 최근 발표한 금융위원회의 핀테크 관련 정책 방향에 따르면 글로벌 경쟁력을 갖춘 혁신적 IT금융 융합 서비스를 창출하겠다 발표하고 있고, 2015년 금융시장 화두도 핀테크로 잡고 있다. 보다 세부적으로는 IT와 금융 융합 지원을 위한 규제 개선과 함께 소비자 보호 및 정보 보안을 동시에 고려함을 전제로, 첫째는 규제 패러다임 전환, 둘째는 오프라인 중심의 규율 재편 그리고 셋째는 핀테크 산업 육성 지원으로 되어 있다.

큰 틀에서의 전향적인 방향을 정한 만큼 앞으로 업계에선 업계 의견을 수렴해 금융투자업계와 핀테크의 상생과 시장 파이를 확대할 수 있는 방안을 마련하기 위한 제도 정책과 법 규정의 개정 보완을 적극 검토 및 건의할 필요가 있다.

현재 인터넷 전문은행의 허용 관점에서 보면 향후 금산분리, 금융 실명제 등의 부분 손질이 예상되며, 비금융기관의 금융업 진출에 대해서도 다른 국가처럼 허가제가 아닌 등록제로 전환될 가능성도 배제할 수 없다. 따라서 앞으로 '카톡은행', '네이버은행'의 출현도 불가능한 상황은 아닌 셈이다.

유럽의 경우는 한 국가에서 금융업이 허용되면 유럽 전 지역에서 금융업을 할 수 있으며, 일본의 경우 비금융기관의 금융업 진출을 등록제로 운영하고 있다. 중국의 경우는 한 걸음 더 나아가 IT 기업의 금융업 진출을 독려 중이기까지 하다. 따라서 향후 글로벌 표준이 어떻게 바뀔 것인가에 대해서도 깊이 생각해볼 필요가 있다. 미국은 몰라도 중국은 온라인 소비와 연계해 온라인, 모바일 금융을 확대시키기로 결정한 듯 보이고, 유럽도 현재 은행권의 어려움을 고려할 때 온라인, 모바일 등을 통한 우회 금융이 꼭 필요한 시점이다. 우리나라도 이러한 글로벌 변화에 발맞춰 전자금융업에 대해 보다 적극적인 관심을 기울이면서 투자해나갈 필요가 있다.

물론 규제를 풀더라도 금융거래의 안전성이나 개인정보 보호 문제가 소홀히 다뤄지지 않도록 하는 정책적 배려는 중요하다. 비금융회사가 유사 수신 또는 금융 업무에 너무 깊숙이 관여할 경우 금융 시스템 위기를 유발할 수 있기 때문이다. 그러나 이를 위해서는 금융 시스템 위험이 무엇이고 또 어느 선까지 막으면 되는 것인지 연구가 필요하며, 가능하면 위험 요소를 사후적으로 빨리 발견해 치유하는 기술을 개발하고 발전시키는 노력이 중요하다.

알리페이를 비롯한 핀테크 시스템이 아직 보안 안정성이 완벽하지 않다는 지적도 적지 않다. 금융산업은 플랫폼이 바뀌더라도 신뢰가 생명이기 때문에 지금까지는 글로벌 핀테크업체들이 큰 사고 없이 흘러왔지만 대형 금융 사고가 발생하게 되면 순식간에 전세가 역전될 수도 있다. 자칫 규제 완화에만 몰두하다 보안 문제에 발목이 잡힌다면 걸음마도 못 뗀 신생 산업이 위축될 수 있다는 주장을 가벼이 여겨서는 안 되는 이유다.

핀테크 생태계로 함께 성공하라

———

한국은 전통적인 IT 강국이고 일단 방향만 명확히 정해지면 모든 국민이 힘을 모아 빠른 속도로 달려가는 강점이 있다. 핀테크산업이 국내 금융산업의 효율화뿐 아니라 국내 금융회사의 해외 진출, 금융 수출에 효자 역할을 하기 바란다. 그러기 위해서는 핀테크 기업과 금융권이 가진 빈 곳을 채워주는 생태계가 육성되어야 한다. 핀테크 업체는 금융을 잘 이해하지 못하고 금융회사들도 핀테크 서비스에 대한 이해가 부족해 협력이 만만치 않다.

시행착오를 줄이면서 금융산업을 효율화하고 새성장산업으로서의 핀테크산업을 육성하기 위해선 핀테크업체, 금융회사, 정부 당국 간 협력과 활발한 소통 채널이 절실하다는 게 중론이다. 금융위원회는 2015년 3월 말 핀테크업체와 금융권이 서로 빈 곳을 채우고 상생할 수 있도록 판교 테크노밸리에 '핀테크 지원센터'를 설립했다. 핀테크 생태계를 조성하기 위한 첫걸음인 셈이다. 현재는 은행, 카드사를 중심으로 상주해 있지만 향후 증권, 보험 등 모든 금융권이 참여할 계획이고 이들이 핀테크 기업과 만나 신사업을 꾸려갈 수 있는 만남의 장이 되는 역할을 할 것이다.

한편 핀테크 인프라 구축의 미비는 핀테크 시제품 출시에 애로 요인이다. 금융위원회는 핀테크산업 육성을 위해 대대적으로 규제를 정비할 것이며 사전 예방 규제에서 사후 관리 규제 방안, 민간 자율의 위험 관리 체제 구축, 빅데이터산업 관련 규제 완화 방안 등을 마련할 방침이라 한다. 보안산업과 빅데이터 등 핀테크 인프라를 깔아

주고 혁신 서비스를 핀테크업체들이 만들 수 있도록 생태계를 조성해주는 일이 선결 과제다.

또한 벤처기업이 변곡점을 수월하게 넘을 수 있는 선순환적인 핀테크 생태계가 조성되어야 한다. 벤처기업이 겪는 가장 어려운 시기가 바로 첫 번째 매출을 일으키는 데스밸리다. 핀테크 기업이 엄청난 기술을 들고 나와도 사줄 고객이 없으면 무용지물이다. 금융권이 기존 시스템으로는 흡수할 수 없는 고객층을 핀테크 기업은 흡수해야 한다. 양측이 만나 시너지를 내야 한다.

핀테크산업의 육성은 금융뿐 아니라 전 산업의 글로벌 진출과 밀접하게 연관되어 있다. 핀테크산업의 생태계를 만드는 일은 대한민국의 도약을 위한 발판을 만드는 일이기도 하다. 핀테크 생태계는 IT와 금융이 만나고, 스타트업과 대기업이 만나며, 국내 중소기업과 해외 소비자가 만나고, 제조와 유통이 만나며, 부자와 빈자가 만나고, 모든 필요와 공급이 만나는 곳이다. 핀테크 생태계가 잘 조성되면 인간의 삶은 더 편리하고 윤택해지며 그리고 더 인간다워질 수 있다.

돈의 흐름을 바꾸는 금융 대혁명
핀테크, 기회를 잡아라

제1판 1쇄 인쇄 | 2015년 10월 21일
제1판 1쇄 발행 | 2015년 10월 28일

지은이 | 정유신 · 구태언
펴낸이 | 고광철
펴낸곳 | 한국경제신문 한경BP
편집주간 | 전준석
편집 | 황혜정 · 마수미
기획 | 이지혜 · 백상아
홍보 | 이진화
마케팅 | 배한일 · 김규형
디자인 | 김홍신

주소 | 서울특별시 중구 청파로 463
기획출판팀 | 02-3604-553~6
영업마케팅팀 | 02-3604-595, 583 FAX | 02-3604-599
H | http://bp.hankyung.com   E | bp@hankyung.com
T | @hankbp   F | www.facebook.com/hankyungbp
등록 | 제 2-315(1967. 5. 15)

ISBN 978-89-475-4050-6   03320